ce hua xue gai lun xin bian

媒体创意专业核心课程系列教材

宫承波 主编

策划学概论新编

成文胜 ◎编著

中国广播电视出版社
CHINA RADIO & TELEVISION PUBLISHING HOUSE

代总序

拥抱创意时代

在传媒业界,所谓"媒体创意"现象早已是司空见惯的客观现实,但若要问什么是媒体创意,人们却大多说不清楚。作为一种新生事物,人们对其语焉不详,甚至有些疑惑,都是正常现象。由于我们创办了一个媒体创意专业,所以也就时常有人向我询问,作为该专业的负责人,当然是回避不了的。

从逻辑学的角度说,一个事物的概念可以分为内涵性的概念和外延性的概念,内涵性的概念是对所指事物的特征和本质属性的概括,外延性的概念则是对所指事物的集合的概括。关于媒体创意,我们不妨把两者结合起来作一个界定:即创新性、创造性思维在传媒领域的运用,其要旨在于因势而变,不断推陈出新,它是市场化时代媒介生存与发展的必要手段,是传媒发展的第一生产力;其基本内涵,指现代传媒面向市场需求和变化,在信息建构与传播和媒介经营与管理的各个领域、各个层面、各个环节所采取的具有创新性或创造性的策略和构思——其视野开阔,内涵丰富,涉及传媒运作的方方面面,对此,可简要地概括为创意传播、创意经营和创意管理三大领域和范畴。

为什么要进行媒体创意呢? 有人说是媒介竞争的产物,这当然没有错,但仅仅认识至此还是粗浅的。其更为深层的原因,是随着经济发展和物质生活水平的提高,广大受众的精神文化需求提高了,这当然也包括对大众传媒的需求——正是广大受众这种不断增长的精神文化需求引发了媒介竞争,由媒介竞争进而催生了媒体创意。事实上,这是媒体创意热兴的根本原因,也是近年来媒体创意产业以至整个文化创意产业迅速崛起的根本原因。

创意产业的发展呼唤创意产业人才,呼唤创意产业教育。笔者认为,文化创意产业的发展大体上可以说需要三方面的人才,即创意方面的人才、创意经营方面的人才和创意管理方面的人才,这也就决定了创意产业教育的三大领域,即创意教育、创意经营教育和创意管理教育。媒体创意专业正是应媒体创意产业发展需求,由中国传媒大学创办的一个面向传媒领域的属于创意教育方面的专业,可以说是回应业界需求、拥抱创意时代的产物。本专业自 2003 年起开始招生,经过几年来的努力和探索,如今专业定位已经明确,办学模式已基本成型,专业培养方案和教学计划已基本稳定。

我们的媒体创意专业是如何定位的呢?

笔者认为,所谓媒体创意教育,从整体上说,其终极目标应当是培养面向传媒市场需求和变化,能够为大众传媒的信息建构与传播和媒介经营与管理等不断地提供创新性、创造性策略和构思的专业的职业化的媒体"创意人",也即人们常说的所谓"媒介军师"。从人才规格上说,这是一种以创新性、创造性思维为核心,集人文艺术素养、传播智慧以及媒介经营策略、管理策略等于一体,面向现代传媒整体运营的素质高、能力强的现代复合型人才。这是我们媒体创意专业的教育理想。然而,教育是循序渐进的,是分层次的,作为本科层次的媒体创意专业,其教育目标的设定还应当实事求是、从实际出发,目标过高、过大,不仅不能够顺利实现,而且实施起来容易失去重点和方位感,容易在办学上流于宽泛。

正是因此,我们采取了适当收拢、收缩培养口径,同时与一定的职业岗位相结合的思路。根据业界需求和本校、本专业优势,目前我们将媒体创意专业教育的重点定位在"创意传播"领域。所谓创意传播,根据笔者的理解和界定,它既包括信息传播与媒介运用的策略和智慧,也应当包括媒介信息建构的技能、技巧,即我手达我心,想到了就能做到——比如,为了强化视觉冲击力,利用现代电子技术、数字技术创造新潮的视觉语言,进行超现实、跨媒体的艺术表现、特技表现,等等。这样的专业定位,意在与当前传媒业界兴起的所谓创意策划职业相结合,同时兼顾到多数本科生毕业后要从操作层面的具体工作做起的现实。这样的专业定位,无疑也蕴含了抓创意产业教育"牛鼻子"的意图。根据上文所述创意产业教育的三大范畴,所谓创意传播,无疑属于创意教育范畴——创意教育是以培养创意人才为目标的,应当说是整个文化创意产业教育的基础和核心。因为,如果没有创意人才、没有创意,那么所谓创意经营、创意管理也就成了一句空话。

总之，媒体创意专业是一个以培养专业的媒体"创意人"为目标的专业，是一个创意智慧与创意的技术、技能相融合、相交叉的专业，其培养目标可以做这样的简要概括和表述：培养现代大众传媒创新发展所需要的传播"创意人"（也可以称作初级媒体"创意人"）。从人才规格上说，这是一种以创造性、创新性思维为核心，集人文艺术素养、传播策略和智慧以及现代传播的技能、技巧于一体的面向现代传媒传播业务的现代复合型人才。

从上述培养目标出发，本专业秉持中国传媒大学新闻传播学科多年来积淀而成的"宽口径、厚基础、高素质、强能力"的教育理念，同时结合本专业的内在要求，在办学模式上也就自然地体现出以下几方面的特色：

其一是综合性、交叉性。

智慧源于心胸，心胸源于眼界。创意不是从天上掉下来的，靠所谓天分，靠小聪明、小火花或许能竞一时之秀，但却不能长久。没有开阔的知识视野和理论视野，智慧往往就会陷于黔驴技穷的困境，创意就会成为无源之水、无本之木。只有在丰富的信息交流与碰撞中，在多学科知识、多维理论的交叉与融合中，智慧之树才能常青，创意活水才会"汩汩"而来。

为贯彻上述思想，我们认为，必须倡导学生广开视野、广取思维、广泛接触社会人生，即"读万卷书，行万里路"。在培养方式上，我们一直强调和重视基础知识与基本理论教学：一方面，以创新、创意能力的培养为核心、为旨归，打破现有的专业壁垒，强调多学科知识、多学科理论的交叉与融合；另一方面，则引导学生对大众传媒的信息建构与传播以及媒介经营与管理等现代传媒运作的主体领域及其前沿动态进行全面、深入的了解，对现代传媒运营有一个整体性、综合性把握。总之，我们要求学生应具有相对开阔的知识视野，较为扎实的理论功底，对现代传媒及其运营的全面了解和把握，并掌握创新思维原理，这是从事创意传播的必要前提。只有具备这样的前提和基础，才能进一步将创新思维原理成功地应用到现代传媒领域，形成相关领域的创意策划能力。

其二是艺术性。

我们知道，大众传媒的一个重要功能是消遣、娱乐，文艺、艺术传播是其中的重要组成部分，不懂艺术何谈创意？著名美学家王朝闻先生就曾经指出："不通一艺莫谈艺。"更为重要的是，想象力是创意之母，而艺术与美学教育则是培养想象力的重要手段。大家都知道英国是发展创意产业的先驱，在那里，作为创意教育的手段，文学艺术教育受到高度重视。1998 年英国国会的一个报告就曾指出："想象力主要源于文学熏陶。文艺可以使数学、科学与技术更加多彩……"

因此我们认为,艺术与美学教育是媒体创意教育不可或缺的重要组成部分,并坚持从以下两个方面予以保证:其一,在生源选拔方面按艺术类招生,从选才上把好艺术素养关;其二,从培养措施上对艺术素养和美学教育予以着重加强,设置一大批文学、艺术和美学类课程,从而使学生通晓文学艺术以及大众文化领域的基础知识、基本观念,并掌握有关必要的技能、技巧。

其三是实践性。

不言而喻,媒体创意专业是一个实践性较强的专业,加强实践教学本是专业教学的题中应有之意。所以,本专业教育的一个重点就是要面向传媒业界实践,开展强有力的职业化的模拟训练,强调高素质教育和强职业技能教育的互补与互助,从而有效地促进学生由知识向能力的转化。尤其对于本科生,将来一般都要从具体工作做起,为了有利于就业,操作层面的技能、技巧教育就更是必不可少的。

因此,我们充分发扬中国传媒大学的传统优势,重视媒介信息建构与传播的具体操作能力的培养,重视案例教学,通过一系列实践教学和职业化的模拟训练,努力使学生具备较强的传媒文本读解能力,熟练掌握对色彩、声音、画面、图形、文字等传播符号的操控技术,并能够在创造性、创新性思维指导下灵活运用媒介信息建构与传播的技能、技巧。另一方面,我们还通过"请进来"、"送出去"等措施,密切跟踪业界前沿,同时与业界展开必要的互动。几年来,我们曾聘请大量业界专家、校友走进校园授课或举办讲座,带来业界前沿的动态信息;同时,还借助于多年来中国传媒大学与传媒业界所结成的良好的业务联系,利用每年暑假时间成建制地安排学生到业界实习。经过几年来的实践,学生们普遍反映,摸一摸真刀真枪,感觉就是不一样!

其四是个性化。

所谓个性化,也即教育"产品"多向出口。现代传媒运营是一个庞大的系统,面对这样一个庞大、复杂的系统,作为本科教育,笔者认为,其教育目标还应当实事求是,有放有收。因此,在广播、电视、网络、报刊等多种媒体中,在信息建构与传播的多个领域,我们提倡学生既有专业共性,又有个性专长,倡导学生根据个人兴趣,自主选择主攻方向,发展创新思维,努力形成个人的业务专长和优势。

为支持和促进学生的个性化成长与发展,本专业在一、二年级主要学习公共基础课和有关现代传媒教育的平台性课程,从三年级开始则多向开设选修课,并全面实行导师制。几年来的实践证明,这些做法都是务实的、有效的,受到学生、家长的欢迎,得到传媒业界的肯定。

上述这些认识,已经成为我们建设媒体创意专业的指导思想。2005 年上半年以来,在学校支持下,我们承担了校级教改立项"媒体创意专业建设研究"项目。在该项目推动下,笔者与同事们一道,在研究、探索基础上,经过群策群力,已连续推出三个不断完善的培养方案版本以及相应的教学计划。

但是,我们也应当看到,对于一个新专业建设来说,有了成型的培养方案,还只能说是迈出了第一步,是起码的一步。如果说培养方案相当于一个人的躯干,那么它还需要两条强健的腿,才能成为一个健全的人,才能立起来、走起来,以至跑起来——这"两条腿",笔者认为,也即当前贯彻实施该专业培养方案,确保培养目标实现的两大当务之急:其一是教材建设;其二是实践教学机制建设。

关于教材建设。

自成体系的知识构架和核心课程是一个新专业得以确立和运行的基本支撑,因此,要想使该专业真正得以确立,就必须构建一个具有本专业特点的核心课程体系,同时还必须编撰一套相应的适应本专业教学需要的教材。

由于媒体创意专业具有交叉性、综合性特点,所以该专业教材编写的重点,也是难点在于,要以创意传播能力的培养为核心、为旨归,解决好多学科知识、多学科理论的交叉与融合问题。在深入研讨的基础上,我们通过组织、整合有关师资力量,关于"媒体创意专业核心课程系列教材"的出版已经启动。根据我们的计划,两年内将至少推出 15 部具有本专业特点的核心课程教材。但目前面临的困难还相当大、相当多,最为核心和关键的是人的问题,也即师资问题。

关于实践教学机制建设。

如上所述,媒体创意专业是一个实践性较强的专业,所以实践教学必须置于重要地位,贯穿教学工作的全过程。这不仅仅是几种措施的简单相加,还应当是一整套的有机体系。为了使实践教学切实有效,就必须保证这一体系的科学化和规范化。所以,对这一体系的构成及其运行机制作出全面探索,将本专业实践教学科学化并进一步制度化,是本专业教学基本建设中重要的一维。目前,虽然已经建立了几个实践教学基地,但还远远满足不了本专业全面开展实践教学工作的需要。

以上两个方面既是当前我们贯彻实施媒体创意专业培养方案,确保培养目标实现的两大当务之急,也可以说是媒体创意专业建设的"两条腿"。笔者认为,只有这"两条腿"强健起来了,该专业建设才能够获得实质性、突破性进展。

综上所述,媒体创意专业是适应创意时代需要而创办的一个崭新的专业,是一个新型、特色的专业,我们的办学模式和教学建设的方方面面都是既具探索性,又具示范性的。正是基于这样的认识和责任感,我们一直坚持既小心翼翼、深入研究,又实事求是、大胆实践、大胆探索,坚持在实践中探索、在探索中创新、在创新中发展的原则。在校方的领导和支持下,经过几年来的群策群力,目前该专业已基本创立成型。可以这样说,媒体创意专业抓住了创意时代大众传媒的本质,适应了市场经济条件下传媒竞争与发展的需要,是一个有时代感、有活力的专业,它有效地利用、整合了中国传媒大学的资源优势——如良好的传媒教育基础和丰厚的业界资源等,体现了中国传媒大学的办学特色。

当然也应当看到,我们的探索还是初步的,同任何新生事物一样,目前该专业还是幼小的、稚嫩的,它目前需要的是理解和呵护。我们殷切地希望学界、业界同仁们能够从事业大局出发,都来浇水施肥,遮风挡雨。我们相信,在传媒事业发展和文化创意产业大潮的双重促动下,这样一个新型、特色专业一定会尽快成长起来,我们也一定能够探索出一套既适应传媒市场需要,又符合教育规律且切合我校实际的专业办学模式,从而使它成为我校教学改革的一个亮点,成为中国传媒大学的一个品牌,成为我国传媒教育的一道新的风景,同时,也为专业扩张提供规范和标杆。

宫承波
2006 年 9 月 30 日初稿
2007 年 5 月 10 日修订
于中国传媒大学

目　　录

上　编

下　编

上 编

　　人类社会的竞争,在农业社会是以"力"取胜,在工业社会是以"物"取胜,到了21世纪的信息社会,则是以"智"取胜。在当今这个以"智"取胜的社会,策划大有用武之地。

导　论

　　策划作为一种技能，对于我们并不陌生，因为在我们的过去和周围身边，策划这一具有创造性的活动无处不在，始终不曾停止过。从我国古代的军事行动到农民起义，再到现今日常的婚丧嫁娶，策划在我们的工作生活中总是起着指导性作用，都需要有策划者的参与与实施。

　　策划成为一种学科或者称之为一种行业，在我们来说是近年来的事，由于经济社会的发展，对未来的诸多事件朝着一种明确的目标发展的要求越来越高，以求达到预期的效果，这便频繁地出现了一系列的策划活动。如今，策划的理念和行为已经延伸到商界、广告界、公关界、影视界、新闻界等各个领域，一些政府行为也开始侧重于事先策划。"集资不如集智，借钱不如借脑"，在当今的经济社会，策划可谓是无处不在。

　　正像著名的未来学家托夫勒曾预言的：主宰21世纪商业命脉的将是策划，因为资本时代已经过去，策划时代正在来临。21世纪是知识经济的世纪，是智力经济的世纪，也是创意与策划的世纪。

第一节　策划的基本概念

　　由于策划学是一门新兴学科，许多问题，包括一些基本概念的界定，都尚处于探索的过程之中，学术界的看法不尽一致。在本导论中，我们提出的一些看法综合了多方观点，但也仅是一家之言，是否妥当，还有待于进一步的探讨研究。

一、策划的基本含义

　　到底什么是策划？从"策划"的字义与词义来看，"策"的主要含义有：①头部带小刺的马棒，"策马奔驰"，引申为督促、勉励、响应，如策动、策反、策应；②计谋、谋略。《广韵·麦韵》中有"策，谋也"，如上（中下）策；③谋划、筹划。辛弃疾《美芹十论》中有"以臣策之，不若聚兵为屯，以守为战"，如策（谋）士，原指战国时代游说诸侯的人，后泛指出计策献谋略的人；

④探测预计。《孙子·虚实》中有"故策之而知得失之计",孟氏注:"策度敌情,观其施为,则计数可知";⑤筹。计算工具。

划(画)的原始含义是用刀在平面物(如竹筒、木板)上刻画标记或图式以助记忆备忘之用,后引申为对未来事项的处置和安排。《辞海》释"划"的主要含义为:①划分,②计划,③划拨。

显然,"策划"的成词,主要是取"策"字的第三义,即谋划、筹划和"划"字的第二义,即计划,其词义主要是指:计划、筹划、谋划。

其实,中文中对"策划"一词的使用有着悠久的历史,最早可见于《后汉书·隗嚣传》中"是以功名终申,策画复得"一句,其中的"画"与"划"相通互代,"策画"即为"策划",意思为计划、打算。

最近几十年,"策划"一词逐渐成为使用频率较高的时髦词。"策划学"是最近几年才出现的一个新名词。但是,今天人们所说的"策划",作为《策划学》的基本范畴,其含义已在原有词义的基础上更为扩展和丰富了,应该说比古代的理解更为现代而深刻。在《策划学》的视野中,"策划"具有宏观、中观、微观三种含义,宏观含义指人类在军事、政治、经济、文化等各个领域所进行的计划和谋划活动;中观含义指的是广告营销方面的创意、设计、谋划等活动;微观含义指的是个人在学习、生活和工作过程中对具体事务的谋划。《策划学》所研究的"策划"取其宏观含义,人类所有的计划、筹划、谋划和策略等活动均在研究之列。它关心广告、营销,更关心经济、政治、文化等各领域的创意方案,在这个意义上,策划是谋划天下,正像《史记》所说的:"运筹于帷幄之中,决胜于千里之外。"

至于策划的概念,则一直是"仁者见仁,智者见智",侧重于不同学科的专家对策划有着自己不同的理解和不同的研究侧重点,在策划概念的内涵与外延的界定上至今没有一个统一的说法。主要观点有以下几种:

1. 策划是一种思维活动

学者赫伯特·A·史密斯(Herbert A. Smith)等人认为:策划是对未来的一种构想,是对某种方案予以评价及达成方案过程中的各种相关活动,是策划者对于将来会左右其机制的因素的一种理性思维程序。

这类观点的基本要点是:策划是人们的一种思维活动,是人类通过思考而设定目标及为达到目标而进行的最基本、最自然的思维活动。

2. 策划是对所实施行动的事前设计

学者威廉·H·纽曼(William H. Newman)在《组织与管理技术》一书中认为:策划就是在事前决定做什么事情,计划是经过设计后的妥善行动路线。

韩国学者权宁赞认为:策划是为达成目标寻找最适当的手段,对未来采取的行动做决定的准备过程。

这种观点的基本要点是:策划是策划者为实现特定的目标,在行动之前对所要求实施的行动的设计。

3. 策划是对行动路线的选择决定

美国学者哈罗德·库恩兹(Harold Koontz)和塞瑞耳·O·多恩德(Cyril O. Donned)认为:策划是管理者从各种方案中,选择目标、政策、程序及事业计划的机能。因此策划也就是左右将来行动路线的策划,是思维的过程,是决定行动路线的意识,是以目标、事实及缜密思考为判断基础作出的决定。

这种观点的基本要点是:策划是一种决定,是在多个计划、方案中寻找最佳者,是在选择中作出的决定。

4. 策划是效率、智慧综合的结晶

日本企业经营策划大师和田创认为:策划是通过实践活动获得更佳效果的智慧,它是一种智慧创造行为。

日本企划师高桥宪行认为:所谓策划,就是为达成目的,组合一些因素并付诸实施的计划,是效率、智慧综合的结晶。

中国学者陈放认为:策划是指运用人的智能,对未来所做的事情进行预测、分析,使之有效完成。

5. 策划是一种有效的管理方法

哈罗德·D·史密斯(Harold D. Smith)认为:策划与管理属于一体,策划与管理相分离时,就无效率可言。

这种观点的基本要点是:策划与管理是密不可分的整体,策划是管理的内容之一,是一种有效的管理方法。

美国哈佛企业管理丛书编委会在综合了策划各方面的特征的基础上,提出了相对比较全面的一种看法,他们把策划定义为:"策划是一种程序,在本质上是一种运用脑力的理性行为。基本上所有的策划都是关于未来的事物,也就是说,策划是针对未来要发生的事情作当前的决策。换言之,策划是找出事物的因果关系,衡度未来可采取之途径,作为目前决策之依据。亦即策划是预先决定做什么,何时做,如何做,谁来做。"[1]

这个观点强调了"策划"应该包括四个方面内涵:

(1)策划实质上是一种理性思维活动。因此这就决定了策划必须立足现实,脚踏实地,它不是一种灵光乍现的点子,不能无中生有,而是基于实际情况考虑的科学程序。

(2)策划是针对未来事物的,是关于未来的策划。因此策划要能使人们正确把握事物发展变化的趋势及可能带来的结果,从而确定能够实现的工作目标和需要依次解决的问题。

(3)策划是根据事物的因果关系而作决策依据的。因此策划者要尽可能多地掌握各种现实情况,全面地了解形成客观实际的各种因素及其信息,包括有利的与不利的因素,并分析研究收集到的材料,寻找出问题的实质和主要矛盾,再进行策划。

(4)策划有一个具体"做"的方案。策划可以比较与选择方案,针对某一个目标,拟订多个策划方案,从中进行权衡比较、扬长避短,选择最合理、最科学的一种。

---

① 转引自杨荣刚:《现代广告策划》,机械工业出版社1989年9月版,第3页。

这个观点虽然说明了策划的基本内容,但是,根据这个定义,我们很难把什么是策划和什么是规划,什么是决策,什么是谋划等问题区分开来。显然,这个定义未能突出策划的最根本的特征。

二、关于策划的认识误区

策划是一项综合性的活动,一项成功的策划,涉及战略、管理、营销、广告等多方面内容,往往是多种方法、多个部门通力合作的结果。但人们常常对策划产生一些理解和认识上的误区。对这些常见的认识误区,我们有必要加以说明,以利于大家正确认识策划。

(一)策划不等于"点子"

所谓的"点子",就是人们通常所说的出主意。有为数不少的人把策划等同于点子,等同于小发明、小主意,或等同于一些喧嚣一时的促销招数。这种想法是不正确的。

在我国改革开放的初期,有些人,如曾经的"点子大王"何阳等,先从点子入手,为一些企业提供服务,红极一时,这是中国计划经济向市场经济过渡中所表现的现象。

以一个绝妙的点子赚了40万的何阳,登上了1992年《人民日报》的头版头条《何阳卖点子赚了四十万——好点子也是营销商品》,从此他由一名北京化工学院高分子专业毕业的某企业工程师,转向开咨询公司,专门给人出谋划策。何阳周游各省,到处应邀帮企业出点子、想办法,也的确造就了不少市场热点。一时间,何阳以"点子"多并将其商品化而闻名,他成了全国性的风云人物,在全国各地作报告四百多场,还担任了北京大学、中国人民大学等12所高校的兼职教授。之后短短几年,中国涌现出大量策划人和策划公司,当时有媒体报道称,中国进入"点子"时代,一时间,策划热潮席卷大江南北,"点子大师"或"策划人"成为当时最炙手可热的群体。这也就使得许多人误认为点子就是策划,策划就是出点子。

实事求是地讲,正是何阳的"点子"推动了中国策划业后来的发展。在中国策划处于完全的混沌阶段时,作为最早提出点子可以卖钱的人,何阳的点子适应了当时社会的某种需求,以何阳为首的"大师们"凭借敏捷的思维轻易成为营销的奇兵,在当时的社会环境下,也堪称是一种进步。

但同样是《中国青年报》,1996年12月23日刊出《追查"点子大王"》,一时间各方质疑和大肆渲染充斥坊间。2001年3月15日,"点子大王"何阳最终却因以做广告之名,涉嫌诈骗百万巨款,在宁夏被判12年徒刑,锒铛入狱。中国策划业也由狂热走向理性。何阳的成败从另一角度说明,一是"对于点子的作用过于夸大的宣传,导致中国的企业家们过于迷信'灵丹妙药'的点子"。二是"点子并不等于科学的全面策划,点子着眼于跨越眼前的障碍,而无法对企业的长远发展战略提出整合的方案"。[①]

其实,一些偶然的、"灵光一现"的点子,短期内可能会给企业带来问题的解决,带来些许辉煌。但点子就是点子,之所以不能成为策划,因为点子没有详细的执行过程,没有针对市

---

① 吴粲:《策划学》,北京师范大学出版社2008年7月版,第66页。

场具体的分析和论证,不能复制,还有就是风险的评估系统,这些都是企业迫切需求和策划应该提供的。因此,简单的点子可以成为企业经营的一种参考,而不能成为持续性发展的动力。例如:

[案例]

服装厂的积压产品销售"妙计"

有一家服装厂积压了很多衣服,于是厂里请来一个据说擅长策划的人来策划怎样把服装销售出去。这个所谓的"策划大师"想了一条自认为的"妙计",他利用平时人们爱贪小便宜的心理,建议先把价格提起来,当批发商来进货的时候,悄悄地在每十件衣服的包装里故意多放一件。货确实很快发了很多,但很快来退货的批发商也越来越多,但退回来的每件包装里却只有包装上标明的十件衣服。

这是典型的误把"小手段"、"小聪明"当策划的案例。耍"小手段"、"小聪明"只是一种短期行为,往往会舍本逐末,捡了芝麻丢了西瓜。

显然,策划不等于点子。关于策划与点子之间的关系,我们需要明确的几点是:

(1)点子是零散的,只是一个主意、一点思想火花而已。点子是一个"点",策划是一个"面"或"体"。

(2)一般出点子的任务比较简单,出点子的人只要把点子想出来,任务就算完成了;而策划则不同,提出方案只是策划过程中的一个环节,在提出方案前、提出方案后还有许多工作要做。所以说,点子只是策划中的一个环节,策划应该是一个整体的、系统的过程,而不是一个片面的环节。

(3)我们区别点子与策划的关系,但并不否认点子的价值作用。点子是策划过程中的一个重要、关键性的一环。一个好的点子是策划必不可少的基础与核心,许多大的策划往往从一个点子开始,一个杰出的策划往往就包含有一个好的点子。策划离不开点子,一个一个点子连起来就是一个好的策划,充分运用点子,有利于策划的发展。

(4)点子的作用是有限的,它像是珍珠,需要通过策划将其串成项链才有综合的价值。也就是说,一个好点子从产生到获得成功,这中间需要系统的、全面的策划。点子的具体实施就是一个精心策划的过程,必须考虑实施过程中管理、实力、人才等诸多因素,还需要各方面的综合协调、系统实施,才能最终取得成功。每一个细小因素都有可能影响整个点子的成功与否,能否达到预期的效果。

(5)策划与点子在规范化上程度不同。科学的策划要求具有理论根据,有科学的论证,更偏重于理性。而点子的提出往往是非规范化的,多数情况下凭的是经验、是直觉,往往是灵机一动,计上心来,一个点子就出来了,点子偏重于感性。有的点子从表面上看,乍一听是好的点子,但在具体实施时却难以实际运行操作或操作失败,原因就在于有的点子是一些自诩为"点子大师"、"企划高手"闭门造车或只从理论上进行不切实际的空想,没有从实际的方方面面包括很多细微之处考虑点子能否通过策划实施。比如下面这个案例:

[案例]

荒唐策划,用烈酒来"敬"老银杏①

成都某酒厂为使自己的酒能尽快打开销路,给他们的酒取了一个和银杏树同名的酒名,并在产品上市前专门策划了一次活动。酒厂在成都市内找了三个有银杏树的地方,将价值二十多万元的酒在树下免费向路人发放。但是其中有一处活动地点是在成都市的中心交通要道——天府广场,由于占道促销,造成当地交通一度中断。更让人觉得荒唐的是,活动进行中,这个酒厂的促销员竟然将酒瓶启封,准备把酒倒在银杏树下的土壤里,以此向那棵百年银杏树"敬酒"。这一行为被群众当即阻止。如果酒厂当真把那些酒倒在树下,百年银杏将"烂醉如泥",后果不堪设想。市民们对酒厂这种只顾追求所谓的轰动效应的举动非常气愤,纷纷表示他们绝不会喝这种酒。

(6)一个点子并非对所有企业、单位都是"灵丹妙药",即使是同一行业的企业,一个点子也许在这个企业能成功,而在那个企业就很难或不能成功。因而一定要根据每一个企业、单位,每一次具体事件情况想出好的点子,做好策划方案。

(二)策划不等于计划②

策划是一种非常复杂的创造性活动,不同于计划、规划。策划近似英文 strategy 加 plan,而计划则近似于英文的 plan。策划是软性的,是研究"去做什么",是一种围绕既定目标而开展的具体创意的设计;计划、规划则是硬性的,是研究"怎么去做",具有硬指标的意义,是一种围绕已定设计而组织实施的具体安排,基本无须创意。因而计划往往具有极端性、单一性,而策划具有丰富性和灵活性。策划更多地表现为战略决策,包括分析情况、发现问题、诊断把脉、优化方案、整合优势。而计划往往表现为在一定的原则和范围下,按部就班的工作流程,是具体的实施细则。从对象上看,策划一般运用于工商企业和商业性活动中,计划一般运用于政府组织的指导性活动中。

策划与计划都需要面临众多的信息处理和反馈。但不同的是,企业在制订计划时,有些计划可以只从企业本身的各种资料中获得信息来源,而策划则一定是需要从企业以外的方方面面获得信息。也就是说,策划要求大量的多方面的各种资源,而计划可以仅需单一的信息资源就可以制定出来。足够的信息来源和对信息的正确运用和处理,会使二者都能获得理想的结果。一旦信息缺失或发生偏差,对计划造成的扭曲就会远远大于对策划造成的误差。

策划与计划的区别还有:策划表现出主动性,是主动地迎接市场挑战,是目标性很强的行为;计划表现为被动性,是被动地选择市场,是规划性很强的行为。因此,它们的市场意识不一样,策划时时都在适应市场并力争找到在市场中取胜的手段,而计划只是机械地规划;

① 吴黎:《策划学》,北京师范大学出版社 2008 年 7 月版,第 436 页。
② 部分内容参考何成:《我型我塑:磨炼策划》,南京大学出版社 2006 年 1 月版。

它们服务市场的态度自然也不一样,策划是主动为市场服务,而计划不考虑服务态度能否被消费者接受。

任何策划都必须有计划,都必须"计划化",即最终落实到用一个或几个计划来实施,但不是所有的计划都有策划,有的计划是长远的目标打算,不具备现实操作性,有的计划是常规的工作流程,不具备创新性。

计划的理性色彩和策划的多样思维,都应该是企业或经营者所具备的,从这一角度而言,策划与计划是所有企业或策划人都必须具备的。策划人或经营者在进行企业经营决策时,强调策划;而在执行这一策划时则强调计划。计划是体现企业执行力的一个重要因素,策划则更多地展现企业的创造性。因此,企业在不同的时段或阶段,对策划和计划会有不同的重视程度。同时,它们也会由企业不同的部门来制定或执行。

例如,出版社的编辑,如果他做下列工作:确定出书的方向、开拓图书选题、开发作者群、图书的封面设计包装等,那就是"策划"。而如果他做下列工作:定标题、校对、联系印刷等,那就是"计划"。也就是说,作为策划的编辑要掌握原则,决定出版些什么书,在出书的方向确定后,至于每本书要怎么完成,那就是"文字编辑"的事了。

(三)策划不同于决策

决策作为现代管理学上的一个术语,是美国首先使用的 decision - making,意思是做出决定。表述得明确一些,决策就是个人群体为实现其目的,制定各种可供选择的方案并决定采取某种方案的过程。决策重在优选方案,以抉择为重点,以聚合思维为主。也就是说,决策的核心是"决",是"决断",这是决策活动的本质之所在,离开了"决断"就称不上决策。

策划与决策的联系表现在以下几个方面:[1]

1. 策划与决策都是一种有意识的活动

两者在本质上都属于一种指向未来、运用脑力的理性行为,都是属于自觉能动性的范畴,是人类特有的有意识、有目的的自觉能动性的表现,都属于同一个认识过程。

2. 策划与决策相互依赖、相互制约

其一,决策以策划为基础。策划在先,决策在后,先谋后断。没有策划,没有策划出多种可供选择的方案,就谈不上决断;没有经过周密策划,没有经过对不同策划方案的比较、鉴别,就不可能作出科学的决断、决定。

其二,策划的质量制约着决策的质量。没有策划就没有决策,但有了策划,还要看策划的质量如何,不同质量水平的策划,直接影响到决策的高下。

其三,策划以决策为指导,为决策服务。为什么而策划,策划要解决什么问题,都是由决策决定的。策划拟订的方案,也是为决策者进行抉择作准备的。离开了决策的需求,仅仅是为了策划而策划,那是一种毫无意义的脑力劳动;而偏离了决策思想的指导,策划活动也就迷失了方向;策划的质量如何,最终的评价标准也是由决策的要求来制定的。

---

① 沈骏等:《策划学》,上海远东出版社 2006 年 3 月版,第 24~28 页。

3. 策划与决策相互包含、相互渗透,谋中有断,断中有谋

从策划的全过程来看,决策是其中的一环,策划活动包含有决策。策划是一个制定方案、选择方案和调整方案的持续动态的过程,其中对方案的选定,就属于决策的抉择、决断的环节。没有这样一个环节,策划的实施就不可能进行,也无法对策划进行检验、评价,持续不断的策划活动过程就会中断。在实际操作中,策划者之所以提出某种方案而不提其他方案,或反对某种方案,或提出几种方案供决策者选择,这里面无疑包含有策划者对方案的肯定或否定态度,或倾向性意见,就具有鲜明的决策思想。

反过来,从决策的全过程来看,决策过程中包含有策划,策划亦是其中的一环。策划是决策过程中抉择、决断的准备工作。否则拿什么去决策? 又决策什么呢? 而且决策者之所以觉得选择此方案,不选择彼方案,这里不仅仅是拍个板、作个决定了事,它蕴涵着对这种策划方案的战略、策略意图的深切了解和对其具体步骤、措施的把握,即在决断、抉择之中蕴涵着决策者的智谋和韬略。

4. 策划与决策在一定条件下可以相互转化

一般情况下,策划在前,决策在后。但就人类自觉能动活动的动态过程来说,这两者其实是在同一活动过程中各有侧重点的不同阶段,往往是相互交替的。在做出决策之前,大量的工作是调查研究,收集处理信息,拟订方案的策划工作。一旦方案拟订,便转化为决策阶段,需要对方案做出决定,对今后的行动做出决策。而当决定做出之后,具体如何实施,如何将决策贯彻下去,又需要就其细节进行具体的进一步策划,这时决策又转化为策划。策划的具体细节方案还需经过决策部门评估、审核、批准,也就是选择、决断,之后才能付诸行动,这时策划就又转化为决策。

策划与决策虽然密切相连,但两者有着本质的区别。

如果说策划是决定于干好干坏,那么决策就是决定干与不干,这是两者的本质区别。

这个本质的不同也决定了两者在任务上是不同的。决策的主要任务是确定行动的方向、目标、大政方针;策划的主要任务是制定行动方向、目标、大政方针实施的具体方法。

也因此,决策对于行动方向、目标、方针、政策、行动计划、规划、办法、措施、人员的组织、财力物力的调配等有决定权,而且具有必须贯彻执行的权威权。而策划一般对于上述问题只有建议权,没有决定权,它可以影响、左右决策,但不具有权威性。

决策属于对一个事物的判断,并不需要瞬间完成,但拍板定案前必须进行一系列活动,否则就会出现主观臆断。它有时候也不需要创意和论证,不需要实施和评估。

策划的四个程序"创意——论证——操作——反馈"在决策中都是不强调的。决策显然是建立在论证(调研)的基础上,但决策对创意(提出概念)这个环节并不强调,论证只是决策的前奏,某些决策,如经验决策(也称个人决策)是不需要论证的。策划强调创意创新,这是策划的灵魂,没有创意创新就不是策划。

(四)策划不等同于咨询

咨询和策划应该说是一种智业活动的不同阶段,中国咨询是智业的初级阶段,而中国策

划是智业的现在进行时。"策划"一词,凝结着浓厚的中国本土文化特点,它的内涵和外延,是任何外来词汇都无法包含的,只有"策划"一词,才能表达中国智慧产业大军所从事的行业和特色。[①]

两者有相通,也有区别。

第一,从某种意义上来讲,中国策划是结合中国实际和外国咨询业特点发展与创造出的新型行业。"咨询"是完全西化的称呼,而"策划"是具有中国特色的称号,在国外找不到与之完全一样的词。在国外,有的叫规划,有的叫咨询,有的叫顾问,但在英文中,找不到一个准确的词语能翻译成策划,英文单词 plan、strategy、scheme、plof 都是指战略、策略、计谋、计划等含义,也没有策划的意思。中国"策划"也不能叫"咨询",在汉语中,咨询有询问、商量、切磋的意思,与之对应的英文是 consult 或 cousultation 一词,更多含有磋商、评议的意思。咨询企业在国外被称为"软件企业"、"头脑机构"或"智囊团",这类活动与策划很相似。人们在进行策划活动时,为了把事情想得更周到,策划得更周密,往往要和别人商量,征询别人的意见,请别人为自己的行动提出建议、意见,也就参与了策划活动,这时咨询之中也就包含了策划内容。所以从这个意义上看,国外的咨询业近乎于中国的策划业。

第二,本质上,有问有答是咨询,咨询是询问、磋商、答疑,是一种知识、信息的交流活动。咨询的主要任务是提供信息、知识方面的服务,对人们提出的一些问题做出解答,进行释疑,任务便告结束。而策划则不同,它的本质内涵是谋划、筹划,它不能仅仅停留在有问有答上,需要更进一步地针对问题,提出解决的办法。其任务是对未来的行动如何办,要提出具体的方案,这样任务才算完成。

如果说咨询注重企业诊断的话,而策划注重的是企业的发展;如果说咨询注重被动请教的话,策划则注重的是主动出击;如果说咨询注重点线层面的话,策划更注重整体层面。这是因为,它们所走的路不一样,策划人与咨询人所从事的行业是有区别的。中国咨询是从工程咨询、法律咨询、农畜牧业咨询到科技咨询、管理咨询这样一条路走过来的;而中国策划是从广告策划、公关策划、营销策划、战略策划、品牌策划这样一条路走过来的。例如,我们可称"广告策划",就不能叫"广告咨询",可称"公关策划",不能叫"公关咨询",可称"营销策划",不能叫"营销咨询"。反过来,在有些行业,只能叫咨询,叫策划是不通的,如"心理咨询"就不能叫成"心理策划","法律咨询"就不能叫"法律策划","工程咨询"就不能叫"工程策划"。

第三,从业务范围来看,策划所从事的业务可以包涵咨询所从事的业务,而咨询从事的业务,不能完全涵盖策划的业务。

战略咨询与管理咨询,是咨询业从事的主要行业,而中国策划已从科技战略、管理这个层面走向了营销、广告、公关、形象、品牌、文化以至于新闻、影视、危机处理、房地产业等多个层面。咨询与策划虽然本质上都属于智业,但中国策划涵盖更宽,运用行业更多,这也是策划为何是中国特色产物的原因。只是由于在同一个智囊性的组织机构中,往往同时进行咨询和策划工作,因而不容易看出两者的区别。随着社会的发展,分工越来越细,咨询工作和

---

① 申良君:《谈中国智业的历史与发展》,博锐管理在线 2005 年 8 月 20 日。

策划工作的区别也日益显露出来。现在社会就已经出现了一批职业的策划人员和策划机构,这些机构和人员的工作和承担咨询任务的工作之间的界线是非常明确的。

(五)策划不等同于创意

广告大师奥格威认为,"好的点子即创意。"当然,我们并不能否定,有些案例的创意是有点子因素的,但我们也应该看到,点子与创意不完全是一回事。点子是每个人都具备的,而创意是要具备专业知识的,这就是两者的本质区别。

所谓创意,是在市场调研前提下,以市场策略为依据,经过独特的心智训练后,有意识地运用新的方法组合旧的要素的过程。[①] 本质上说,创意是创造性的思维活动,它是策略的表达,其目的就是要创作出有效的思想、点子、主意、想象,来实现策划总目标。

策划是一种创新行为,策划活动的关键是要创新,而创新是以创意为前提的,并贯穿于策划的全过程之中,通过创意来创造理想的活动效果,才能实现真正的创新,否则,就可能只是翻新,或者顶多是更新。创意成功与否,是策划是否出新的关键,从某种意义上说,创意是策划的灵魂。具有创意的策划,才是真正的策划。

但作为针对未来事物的策划,在具有创新性的同时还应该具备可操作性。创意尚处于策划的观念层面,只是策划的初始阶段,策划的实现需要根据时势、客观条件等现实层面的因素,将创意进一步落实到操作层面。因而依照策划方案的需要设计的创意还要有实际的效果,否则,停留在思想中的创意也只能是创造想象中的空中楼阁。空想式的创意只是幻想,不是策划。

(六)策划不等于谋略

策划在古代本质上是一种谋略,由于中国古代诸侯纷争,政治、军事斗争激烈,加之生产力落后,所以产生了层出不穷的斗智斗勇的谋略,"策划"的概念由此而来。由于这种"谋略"更多地运用在政治和军事上,这也在很大程度上制约了它的应用和发展。

古代谋略可继承,可用于现代策划,但谋略只是策划的创意方面,是机智用计,谋略往往缺乏现实的可操作性,所以它不能等同于策划。

三、策划的定义

根据以上对美国哈佛企业管理丛书编委会关于策划定义的分析,以及对策划与点子、计划、决策、咨询、创意、谋略等的辨析,我们初步将策划定义为:

策划就是策略、谋划,是个人、企业、组织机构在专业策划机构或职业策划人的协助下,为达到特定目标,在调查、分析有关材料的基础上,遵循一定的方法或者规则,按照一定的程序,运用现代的科学方法手段,对未来某项工作或事件事先进行系统全面地构思和谋划,制订和选择合理可行的执行方案,并根据目标要求和环境变化对方案进行修改、调整的一种创

---

① 杨明刚:《营销策划创意与案例解读》,上海人民出版社 2008 年 8 月版,第 73 页。

造性的社会活动过程。[1]

在有关"策划"的这一定义里,我们强调了这样几点:

(1)策划总是以一定的策划对象为立足点,为一定的策划目标服务的。没有意图和目标就没有策划。

(2)策划一定得有创意,能设计新理念,打造新主题。

(3)策划是前瞻性、创造性和现实可行性的统一。也就是说,策划不能违背现实性原则,不能离开现实资源而随意遐想,要在现实所提供的条件的基础上进行谋划。

(4)策划必须以现代的科学方法为基础,能将各种资源,实物的、信息的、历史的、现实的进行全面的分析整合。

(5)策划应该包括制定方案、选择方案和调整方案,是一个持续的、动态的过程。一项策划在具体的实施过程中,策划者应根据反馈的信息对策划的局部方案作相应的调整。

从中我们可以看出,策划存在观念、操作和现实三个层面因素,而且这三个层面因素相互依赖、相互制约。"嫦娥奔月"可能是一个绝佳的创意,但如果仅仅停留在观念层面,而不将这一创意落实到操作层面和现实层面,则肯定不能成为一个策划。而"阿波罗登月计划"之所以被称为一个策划,并且是一个成功的策划,原因就在于它是一个集观念层面、操作层面、现实层面于一体的庞大的系统工程。[2]

[案例]

肯尼迪策划阿波罗登月

20世纪50年代,美苏两个超级大国的争霸战发展到白热化阶段,竞争领域由地面发展到空间,空间技术成了一个竞争焦点。50年代后期,苏联成功地发射了世界上第一颗洲际导弹和人造卫星,消息传来,美国举国震惊,人们认为让苏联首先创造出这一成绩是美国的耻辱,纷纷指责政府无能。在强大的压力下,美国政府在极短时间内成立了国家宇航局,设立总统科学顾问,成立火箭和卫星研究小组,以便在这个领域赶上苏联的步伐。

1958年,美国终于成功地发射了人造卫星。但是,不容美国稍作喘息,三年后,苏联又发射了第一颗载人卫星"东方一号",又走在了美国前面,美国再次陷入被动局面。这时,肯尼迪总统认为:不能再跟在苏联后面了,美国必须在一个全新的项目上遥遥领先,才能变被动为主动。

1961年5月,肯尼迪总统公布了一个为世人所瞩目的实验计划,这就是著名的"阿波罗登月计划",要求本国科学家全力以赴,赶在苏联之前把人送上月球。他任命副总统约翰逊为国家太空委员会主席,主持全面制订详细行动计划。9月份,国家宇航局改组成为执行"阿波罗计划"的主体。

1961年美国成功发射推动力达725.6吨的二级液体火箭"土星1号",这成为阿波罗登月计划的技术性起点。六年后,又成功发射了三级火箭"土星5号",推动力高达3469吨,时

---

[1] 何成:《我型我塑:磨炼策划》,南京大学出版社2006年1月版。
[2] 陈火金:《策划学全书》,中国社会出版社2009年3月版,第4页。

速达到了音速的十倍。在火箭技术突飞猛进的同时，美国又进行了十多次训练宇航员的"双星子座"飞行实验，宇航员有机会学会了登月时的各种技术。

在各方面准备都已充分之后，1967 年初，肯尼迪下令发射第一艘载人飞船"阿波罗号"。不幸的是，1 月 27 日，在预定发射前夕，工作人员正在给飞船进行纯氧增压时，船舱突然起火，三名宇航员无一生还。

1968 年 10 月，"阿波罗 7 号"飞船顺利升空，三名宇航员驾驶飞船绕地球飞行了 163 圈，11 天后安全返回地球。几个月后，又进行了环绕月球飞行的实验，并且进行了登月尝试。宇航员将登月舱降到离月球表面只有 15 公里的地方，成功地实行了衔接。登月计划的最后一项准备工作就绪。

1969 年 7 月 16 日，宇航员阿姆斯特朗等三人驾驶着"阿波罗 11 号"飞向太空。经过近 50 万公里的飞行，四天后到达月球上空。阿姆斯特朗和奥尔德林进入登月舱，准备在月球上着陆。16 时 17 分 43 秒，登月舱安全地降落在月球上，六个多小时后，舱门打开，阿姆斯特朗走下扶梯，踏上了月球，他成了第一个走上月球表面的人。他们在月球上立下一块纪念牌，上面写着："1969 年 7 月，人类从行星地球来到这里，第一次踏上了月球。"

阿波罗登月计划成功了！

不可否认，策划中的创意，是决定策划处于高级层次还是低级层次的首要因素，但毕竟所谓的点子、创意、奇思妙想等都属于策划的观念层面，点子或创意只是策划的初始阶段。

策划的操作层面包括手腕、手段、技巧、措施、预案等。策划特别强调可操作性和可执行性。策划的操作层面即策划的可执行性，是决定策划成败的关键要素。

策划的现实层面最直观表现就是时势、机缘等。时势、机缘等现实层面的因素，对于策划而言有至关重要的意义：策划不能离开现实资源而随意遐想，脱离客观的现实条件的策划，无异于纸上谈兵。天才睿智的诸葛亮，其令人叹为观止、堪称天衣无缝的赤壁大战策划，尚且未能算出华容道的漏洞而让曹操逃遁。俗话说得好：人算不如天算。抛开其中的神秘或迷信的成分不谈，这里的"天算"，即指现实层面的要素，指现实条件的制约、客观规律的约束。可见，策划的现实层面即策划的客观现实性，是决定策划可行与否的根本要素。①

总而言之，策划融观念、操作和现实于一体，是一种创造性的智力行为；是一种以观念层面上的某种思想，尤其是某种创意为起点的执行指南。这种指南性的智力行为是在现实层面上的客观规律的约束范围内，为实现某一特定的目标，给操作层面制定出一系列具有可操作性、可执行性的策略、计谋、方法、程序、措施、手段、预案等。

四、关于策划学

顾名思义，策划学是以策划活动作为研究对象，专门研究策划的一门学科。作为一门综合性的学科，它与许多学科有着紧密的联系，特别是与运筹学、决策学、预测学、系统论、控制论、信息论以及古代的谋略学说和现代的市场竞争理论等有更密切的关系。

① 陈火金：《策划学全书》，中国社会出版社 2009 年 3 月版，第 4 页。

从学科的广义内容看,策划学应该包括"策划哲学"、"策划原理与方法"和"策划技术与工程学"几个部分,分别研究策划活动所涉及的哲学问题;策划的基本原理和方法;策划的操作方案和案例分析。这门新兴的学科力图把科学的认真严谨和艺术的创意创造巧妙地统一起来。

在过去,无论是国内还是国外,都没有策划学这个学科。应该说,策划学是起源于中国并发展于中国的一门新兴学科。它兴起于中国改革开放之初,经过几十年的发展,正逐渐成熟并被广泛应用于实践中。

策划学作为完全来自中国的一个学派,之所以得到认可并逐渐发展成熟,学者吴粲认为,一个重要原因是这一学派的实践或理论对中国的企业更有针对性,也更了解本国的国情。外来的一些理论由于不了解中国的国情,进入中国后有时显得水土不服,不能发挥作用或脱离实际。所以中国的企业非常渴望符合国情的一些理论,这样策划学便应运而生。他还认为,策划学主要来自中国,这也印证了世界经济发展的重心在哪里,理论发展也应出现在哪里。中国经过这么多年的发展,成就是不容置疑的,但在经过发展过程中必定会遇到很多新问题,而要解决这些新问题又必然产生一些新理论,策划学便在这样一种背景下产生。

第二节 策划的分类

策划活动涉及面十分广泛,它几乎涵盖了社会经济发展的各个方面。根据不同的标准,策划可做如下分类:

一、按策划的活动主体划分

可分为群体策划和个体策划。

群体策划又可具体分为关于国际组织的策划,如联合国的维和行动等;关于国际间的策划,如中美建交的策划等;关于国家大型活动的策划,如2008年我国举办第29届奥运会的策划等;关于团体活动的策划,如政党组织、协会活动、家族活动、学术活动等的策划;关于地方政府的重要活动的策划,如厦门市政府主办的"对台贸洽会"的策划、联合国教科文组织授予成都"美食之都"称号的策划等;关于企业集团的,如联想集团的发展战略的策划等。

个体策划也可具体分为很多方面,如个人成长的自我设计,明星的包装策划,等等。

策划主体不同,将会使策划的目的及策划的内容有根本的不同。策划者不能仅以营利为出发点,而应首先明确为谁及为了什么而进行策划。

二、按策划的活动范围划分

可分为整体策划、区域策划和局部策划。

由于策划对象的范围不同,策划的内容也完全不同。根据范围划分策划并进行策划时,应注意各相邻区域(局部)之间的关系及各区域(局部)的作用。如近期安徽省策划的皖江城市带承接产业转移示范区建设,已获得国家有关部门的正式批准立项。此策划就要考虑与相邻的长三角地区的关系,需要以长三角地区为主攻的目标方向,体现出"主动上门、加强对接,主动融入、迎接辐射"的原则,才能实现互利共赢、合作发展。

三、按策划所涉及的不同功能划分

可分为发展战略的策划(如企业发展战略的策划、军队发展战略的策划)、竞争战略的策划(如市场竞争战略的策划)、对抗战略的策划(如军事对抗战略的策划)、扩展战略的策划(如跨国集团拓展市场的战略策划)、转移方式的策划(如企业经营中心转移的策划)等。

四、按策划活动的不同阶段划分

从企业不同的发展阶段角度,分为战略策划、战术策划和实施策划。

战略策划是解决做什么的策划;战术策划是解决怎么做的策划;实施策划是解决如何做的策划。

从策划者的角度出发,根据策划具体业务的不同工作阶段,可将策划分为:调查业务策划(现状调查,主题调查,可能性调查,等等);分析、判断业务策划(现状分析,问题分析,假设判定,等等);实施业务策划(设想实施,方案组合,等等)。

策划者应该明确自己负责的范围,以及企业经营各战略阶段所追求目标的不同,合理地进行相应的策划工作。

五、按策划所涉及的领域划分

大体可分为经济策划、文化策划和政治策划。

因为军事斗争在政治斗争中总是非常突出的,所以经常合称政治军事策划。每个领域又包含更具体的分支,如文化策划包括影视、图书、展览、庆典等方面的策划。

六、按策划所涉及的行业划分

可分为旅游策划、体育策划、新闻策划、教育策划、科技策划、文化策划、商业策划、影视策划、书刊发行策划等等。

七、按策划的不同手段划分

因为策划中经常用到新闻、促销、广告、公关等手段,所以策划又可分为:形象策划、公关策划、广告策划、促销策划、新闻策划等。

八、按策划的频度划分

一定周期必须重复进行的周期性策划(如每一年度必须进行的年度销售策划);一定时间阶段内必须重复进行的阶段性策划;一次性单独策划。

九、按策划的动机划分

可分为依赖性策划、自主性策划、主动性策划。

依赖性策划是指为了谋求上级或委托者认可而进行的策划。自主性策划是指为了达到企业自己的目的而独立进行的策划。主动性策划，其策划动机是主动出击，获取最佳效益。

十、按策划的性质划分

可分为处方型策划、开发型策划、预防型策划、改善型策划。

处方型策划是解决已发生问题的策划；开发型策划是从现实可能性出发，开发出的面向未来、求知的策划；预防型策划是防止未来问题发生的策划；改善型策划是探索问题，改善现状的策划。

思考题

1. 策划的基本定义是什么？
2. 策划有几个层面？它们之间是什么样的关系？
3. 辨析策划与点子的不同。
4. 辨析策划与计划的不同。
5. 辨析策划与咨询的不同。
6. 说出一个你认为最有创意的策划。

第一章

策 划 的 发 展 沿 革

策划是人类有史以来一直存在的一项古老的活动，并随着时代的进步不断被赋予新的意义和内容，逐步由自发走向自觉，由经验走向科学。

第一节 中国策划的发展沿革

一、策划源自中国古代

中国是策划的鼻祖。在中国古代，由于诸侯纷争，政治、军事斗争激烈，加之生产力落后，策划广泛应用于军事、政治和外交领域，所以产生了层出不穷的斗智斗勇的谋略，不但对中国社会的进步，而且对整个人类文明的繁荣都起到了巨大的推动作用。可以这样说，策划是中国智慧的代名词。

策划人在我国早已有之，从有文字记载的史料中，我们得知，早在奴隶社会，中国就已经出现了专门从事策划工作的人，如夏商时期的家臣，两周时期的命士，春秋战国时期的食客、养士等。这些军队的军师、官府的师爷，还有藏身于豪门富户中的谋士等，都是非常典型的个人咨询，这些人的主要职责就是以自己所具有的知识和才能，接受咨询，提供处理方法，安排具体行动，为某些领导人出谋划策。

中国的策划第一次大发展是在春秋战国时期，这一时期是中国古代策划最兴盛的时代，时势造英雄，这个时代"策士"辈出，高手林立，这个时代所创造的一个个策划经典案例，可谓中国策划思想史的一个宝库。其中的齐王与田忌赛马、周忌讽齐王纳谏、孝公识贤轶变法、苏秦合纵齐抗秦、张仪连横破六国、信陵冒死窃兵符等，堪称中国古代策划的典型案例。

在那个时代的许多典籍里都有关于"策划"的论断，如《论语·述而》中的"地谋而成者也"的"谋"字，就是指的计谋；《孙子兵法》中的"妙算"，也是讲的计算、计谋；《汉书·高帝纪》中的"运筹帷幄之中，决胜千里之外"，都已经记录了策划的意思了；西汉刘安的《淮南鸿烈·要略》有"擘画人事之终者也"，《后汉书·隗器传》"是以功名终申，策画复得"，是中国古代关于"策划"一词的最早记载,这里的"擘画"、"策画"就是今天的"策划"一词。三国时期,诸葛亮的《隆中对》可以称为古代精妙绝伦的军事战略策划案,这一篇案例,至今仍为中外学者称赞。中国古代出了许多杰出的策划人物,其智慧是劳动人民的结晶,许多经典思想至今仍为人们借鉴。

毫不夸张地说,中国五千年的文明史也是一部谋略史、策划史。

中国古代的策划主要集中在权、势、术这几个层面之中。

权,即政权,古代的许多策划案例都是围绕着巩固政权而进行的。如:周公,我国古代最早的谋臣之一,周武王牧野之战,一举克商,武王一年后即去世了,太子成王年幼,就由武王弟周公旦辅政,周公是周朝制度的制定者、策划者,为了巩固周王朝统治,他首先提出敬天思想,周公这一思想的提出,就像企业的经营理念,首先要有统一认识、统一价值观念,周公要求全国上下都信仰上帝,上帝又被称之为"天",他提出"惟命不于常",大意为,上帝赐予的大令是固定不变的。周公制造的上帝,实际上就是一个莫须有的东西,周公是个绝顶聪明的人物,有人说他根本不信上帝,提出全民信仰上帝,完全是为了政治的需要,这实际上是一种策划。

还如古代的商鞅变法、吴起变法、王安石变法等,变法本身就是一个观念更替,变法风险很大,因此,必须进行周密的策划才能提出具体的方案。变法实质也是一种权力更替过程,通过变法个案可以看见中国古代"权术"的运用策划。

势,就是形势或局势,比如对局势的分析和论证,最典型的可谓三国时诸葛亮的《隆中对》。

术,就是战术或办法,中国古代的"术",主要是提出一种办法,如《曹刿论战》中,曹刿对战事的分析、《牧野之战》周武王对战事的分析、赤壁之战诸葛亮对战事的分析和决策,都是一种"术"的运用,也是采用策划而取胜。

可以看出,中国古代的"权""势""术"策划,局限于政治、军事和外交之中,策划的目的是为政治、军事、外交服务的,可以说主要是为封建统治者服务、为国家服务的,这是当时的历史所决定的。并且由于不同的时代背景,其服务对象也各不相同,这也是中国古代策划的一大特点。

中国的智慧经典也就是中国的策划经典,如《三十六计》集中记载了这一时期的谋略成果,它不仅是春秋战国时期三十六个脍炙人口的故事,更是三十六个令后人叹为观止的经典策划。其他如《孙子兵法》、《鬼谷子》、《资治通鉴》、《三国演义》等等,它们不但是中国的智慧象征,而且也是全世界思想库的重要组成部分。但中国古代的策划思想,应该说并不成系统,虽然在中国古代典籍中对策划人物、策划案例和策划思想都有精彩的记载,但它往往体现在一些重大政治事件、军事活动、外交活动之中,并不独立成章。

二、中国策划在改革开放的大潮中再生

我们今天所讲的"策划",是作为现代的一个职业、一门学问在论述。"策划"作为一种行为,已有几千年的光辉历史,而作为一个行业,则是从中国改革开放以后才有的,至今只有三十多年的历史;真正开始具备成为一门学问的特质也是从市场经济进入中国开始的,所以说策划仍然是一个年轻的学问。

为什么沉寂了上千年的中国策划,直到 20 世纪 80 年代才又重新活跃? 一个重要的原因

是,市场的开放和活跃为策划奠定了经济基础。也可以说,改革开放使中国策划获得了新生,中国策划是中国改革开放后市场经济的产物。

(一)自发形成阶段:20 世纪 80 年代中期至 90 年代初期——"点子时代"

由于策划在古代本质上是一种谋略,更多地运用在政治和军事上,加之流传故事的高深莫测,策划逐渐远离了大众,这在很大程度上也制约了它的应用和发展。总的来说,中国策划在 20 世纪 80 年代以前,对经济发展的贡献率很小,反而落后于美国的战略计划和日本的企划。随着改革开放的逐步深入和市场经济的日趋活跃,改革开放以后才开始兴起了中国策划史上新的热潮——以市场为中心,以商务活动为对象的商务策划。

近年来,我国策划业得到了迅速发展,各种策划服务遍地开花,小到婚庆典礼、求学求职、人生规划,大到公司创业、企业兼并、制度设计等,都能找到相应的策划咨询服务。特别是在广告、营销、演艺、影视、出版等领域,策划更是大显身手。

中国现代策划业到底从什么时候开始发端呢?无论是业界还是学界,都基本认同这样一个观点:应从中国改革开放开始,也就是从 1978 年十一届三中全会以后算起。最初它是以点子公司的形式出现的;到 80 年代后期,政府开始创办咨询策划企业,主要集中在投资、科技和财务咨询领域;90 年代初一批外资和私营"信息咨询"、"市场调查"公司开始涌现,并为企业提供规范化服务。

有专家学者认为,中国改革开放的领军人物——邓小平应该是策划业的开创人物。小平同志被誉为中国改革开放的总设计师,这一提法是由时任国家主席的杨尚昆同志提出的,时间大约是在 80 年代中后期。在总设计师这一称呼中,显然有"策划"的含义。因为这个"设计"的意思,显然不是那些画图纸的设计者,而是总设计师,就是出思想的、指点江山的、运筹帷幄的,这样的人,就是今天我们所指的策划家。所以,据 1998 年内蒙古人民出版社出版的《兰德咨询》一书作者称,最早将"策划"称呼在伟人身上的是诺贝尔获得者杨振宁博士,他称邓小平为"国策的总策划人",这是有书可查的称邓小平为"总策划人"的历史记载。[①]

今天看来,对小平同志的这一提法是再准确不过了。这是因为改革开放的总号角是由小平同志吹响的,邓小平时代实际上是改革开放时代,也就是中国从计划经济向社会主义市场经济的转型时代,时势要求我们最重要的是搞经济建设,所以,当时邓小平指出:"经济建设是最大的政治。"邓小平同时还提出"发展才是硬道理"。在这样一个总目标指引下,我国开始了从计划经济向社会主义市场经济的转型。如何转型?小平同志提出的解放思想、改革开放、一国两制等国家大政方针,让我们这个庞大的国家重新焕发了勃勃生机。

在经济体制转型的过程中,产业结构发生变化,经济增长方式越来越依赖于知识更新及科技更新和科技含量的提升,知识在经济发展中的地位、作用日益显示。这时候,任何单位和个人仅仅靠自身的智力已赶不上形势发展的要求,那种"拍脑袋决策、拍胸脯保证、拍屁股走人"的方式已经行不通了,从而社会经济发展的新形势产生了对"外脑"支援的需求。

---

① 雷鸣雏:《中国策划业的回顾与现状》,《顶尖策划》Ⅲ序言,企业管理出版社 2003 年版。

正是社会新的需求的出现,策划业才应运而生。

最初,它是以信息服务、咨询公司的形式出现的,还没有用"策划"的名称,策划业以隐性的状态存在于这些公司之中;后来出现了点子公司,策划才逐渐由隐性转向显性,逐步以独立的形式出现于社会。

所谓"当局者迷,旁观者清"、"外来的和尚好念经",这些被借的"外脑"就是中国的第一批策划人。从 20 世纪 80 年代中叶到 90 年代中叶,短短几年,中国大地上出现了一批以智谋为业的"策划人"。他们一会儿在这里讲课,一会儿到另一个企业出谋划策,这些人非常受企业尊重,他们从中也尝到了乐趣,这时一些媒体上将这种人称为"策划人"。[①] 他们以独特的视角进入市场,以常人闻所未闻的创意指点企业,创造了一个又一个令人拍案叫绝的策划。这个时期的代表人物是何阳。他曾先后发明了近二十项民用新产品,获得十几项国家专利,并获得各级政府的奖励。1992 年 9 月 1 日,《人民日报》第一版上刊登了一篇报道《何阳卖点子赚了四十万——好点子也是营销商品》,紧接着《经济日报》、《光明日报》、《中国青年报》、《文汇报》等全国数百家新闻媒体争相报道。何阳一夜成名,被捧为"点子大王"。于是,盛名之下的他创立了以出点子为盈利的新生事物——点子公司,《何阳的点子》一书,立刻成为畅销书,一时间,社会上纷纷谈论点子,谈论点子可以使人暴富,由此,策划也就成为人们议论的话题,策划人也开始逐渐在社会上活跃起来。

在社会主义市场经济初级阶段,中国策划的标志性特点是"点式创意",即:一招鲜吃遍天。当时,由于改革开放的大门刚刚打开,一方面全社会对市场和经营知识的普遍缺乏,另一方面市场中又充满了各种各样的财富机会,刚刚从计划经济年代过来的人们,对物质生活的改善和物质产品的渴求达到了高峰,供小于求使得任何一个产品都可以在市场大行其道,即使是后来随着市场经济不断深化,供给的产品逐渐增多了,竞争相对激烈起来,但在供小于求的现状没有发生本质的改变的情况下,"产品差异化"就有了用武之地,以何阳为代表的"一招鲜吃遍天"派走红也就不足为奇了。所以出一个与众不同的点子,对于企业来说仿佛如获至宝。在当时,一个点子往往就能救活一个企业或使一个产品红遍天下,有时甚至可以创造惊人的奇迹。所以这个时期也可称为策划的"点子时代"。

这个自发阶段,传媒对于"点子"在市场营销中的作用的热捧与夸张,其实是培养、误导了公众观念,以为"点子"就是"策划"。但是,一方面,点子策划严重缺乏系统性;另一方面,80 年代中期,品牌概念传入中国,一时间备受瞩目,"唯品牌论、企业形象论"等概念,又使一些中国策划人迷失在水土不服的西方经典理论中不能自拔;加之在具体执行环节上的某些失误,致使点子策划的失败案例层出不穷。如被称为"野太阳策划"的郑州亚细亚商场,创造空前 CIS 神话的广东太阳神,勇夺央视广告标王的秦池酒、爱多 VCD 等等,它们使红极一时的"点子"策划迅速跌入了低谷。

"古老的策划智慧与轰轰烈烈的改革开放事业相碰撞,不但产生了一批道破天机、引导潮流的策划专家、点子大王,而且催生了一个全新的事业,这就是年轻的中国策划业",[②]使中

---

① 雷鸣雏:《中国策划业的回顾与现状》,《顶尖策划》Ⅲ序言,企业管理出版社 2003 年版。
② 周培玉:《中国策划正在焕发第二次青春》,在第三届中国策划大会上的发言,2004 年。

国开始有了真正意义上的策划行业。正是在这个自发时期,中国策划和中国策划人第一次从幕后走到了前台,在经济领域里大显身手。"特别是在同一市场中,与从西方进入中国的咨询业分庭抗礼,展现出独特的魅力,许多咨询方法和手段不能解决的问题,策划可以迎刃而解。"①只是这个时候的中国策划业还是婴幼儿阶段,尚处于初步形成时期,由于中国特定的历史背景,那些所谓的"策划人"、"点子大王"天生营养不良,后来大多数都变成了"昔日英雄"。

(二)自觉发展阶段:20世纪90年代中后期——"战术策划时代"

这个时期也可称为"战术策划时代"。90年代中后期,点子策划迅速衰落,迫使策划界的一些仁人志士开始反思,这就是策划必须随着时代的发展而发展,中国策划必须与专业和学科结合,必须注重战术的组合运用。他们开始从盲目地崇拜西方经典理论的窠臼中脱离出来,以战略家的眼光重新打量中国市场,一大批实战性策划专家,开始向策划的广度和深度进军。到90年代末,一些国内专业策划公司开始崭露头角。他们将策划与热门专业或新兴行业结合起来,通过整合资源,发挥个人的专业特长和策划智慧,创造了一大批策划成果。这也促使国内的策划业告别自发的"点子"时代,进入自觉发展的专业化时代。

将中国策划人推向社会的标志性事件是1996年一本名不见经传的小杂志——广西《金田》推出"中国十大策划人"。当时一批比较炙热的策划人戴上了此项桂冠,他们是:①"点子大王"何阳;②策划界大姐崔秀芝;③博士策划人余明阳;④创意大侠秦全耀;⑤亚细亚风暴制造者王力;⑥南派广告策划人李光斗;⑦落地派策划人赵强;⑧营销策划大亨孔繁任;⑨策划少帅叶茂中;⑩地产大佬策划人王志纲。

"今天看来,1996年推出的十大策划人,尽管没有任何评选标准,但仍然是有代表性的,而且是成功的。"②这十大策划人中,除何阳、李光斗后来被抓,王力写了一本《恩波智业》,记述了河南郑州的一家并不出名的"亚细亚"商场一下子风靡全国的过程,之后逐渐退出江湖,其余的策划人依然还奋战疆场,而且是越战越猛、越战越酣。

如:余明阳2000年到2002年曾被沱牌啤酒请去当总经理,从策划人到总经理,成为大学教授担任上市公司总经理的第一人。2005年,余明阳正式调到上海交通大学,任管理学院教授、博士生导师,上海交通大学品牌研究中心主任。他是中国策划研究院的首任院长,并接着担任中国策划研究院终身院长;他是中国第一位以品牌研究取得博士学位和进行两站博士后研究的学者;他是中国第一位取得"全球十位品牌领袖"(印度孟买,2009年)称号的人士。从1992年至2011年的20年间,他率领其精锐的策划团队足迹踏遍大江南北,创造出无数点石成金的神话与奇迹,如乐百氏、雅戈尔、长安汽车、沱牌曲酒、舍得酒、谭木匠木梳、海澜之家男装、波司登、德力西电器等,是中国实业与智业有机结合的典范。

赵强当了百龙矿泉壶的策划人后,出了一本《找不着北》的小说,后在《为你服务报》当专刊主持人,还曾出任"名人掌上电脑"销售总经理,到"格兰仕"企业任总经理,当起了

---

① 周培玉:《中国策划正在焕发第二次青春》,在第三届中国策划大会上的发言,2004年。
② 雷鸣雏:《中国策划业的回顾与现状》,《顶尖策划》Ⅲ序言,企业管理出版社2003年版。

职业经理人。

秦全耀曾为一老板策划了在电视中喝油漆,在业内传为佳话,在业外引起轰动。

孔繁任在上海办了奇正策划机构,其策划的营销人"金鼎奖",号称是中国营销人的"奥斯卡奖",影响颇大。

叶茂中近几年更是从少帅走向大帅的地位,可谓广告、营销策划的大腕级人物,其策划的几个大手笔广告,轰动神州。他所编著的《转身看策划———一个广告人手迹》、"新策划理念"系列丛书、《圣象地板策划实录》等书籍,成了策划界的必读专业教材。

王志纲所创造的"碧桂园"神话在中国房地产界掀起大波澜。他的《谋事在人——王志纲策划实录》讲述的是他在珠江三角洲卖脑的故事,使人们开始认识到策划在企业经营中的重要性。

虽然在1996年没有挤进中国十大策划人之列,但在1997—1998年,有两个人无疑是中国策划界杀出的两匹黑马。一个是京派陈放,有闪电创意大侠之称,号称创意九段。一个是南派少帅朱玉童,擅长务实营销。陈放所编著的《策划学》、《文化策划学》等一系列专著,可谓开了中国策划业的先河。朱玉童的《曝光一个广告人的阴谋》一书,使我们看见了策划界新生代的新希望。

当时在这个新兴行业中,小天鹅副总裁徐源可称得上是中国企业界第一个专业策划家,他提出了"小天鹅末日管理"策划,并将这一理论成功地运用到实践中。在他的推动下,中国企业界开始注重培养自己的策划人,或称企业自己生产的策划人为专业策划人。

在策划不断向前推进的时候,平台工作也不断推进。广州《南风窗》评出了"1997年中国十大策划案例",这十大策划案例是:

➢ 八运会:从8000万到60亿的金钱魔术
➢ 中央电视台:从香港走向世界
➢ 彩虹电视:赞助"飞黄"一夜成名
➢ 罗布泊探险:西线有战事
➢ 光大国际:入主香港熊谷组
➢ 爱多:当"标王"的感觉很好
➢ 双月园:沂蒙山的"贵族学校"
➢ 汇展阁:深圳 '97 第一楼
➢ 海尔彩电:借无形资产"换地盘"
➢ "金布老虎":悬赏百万征稿

1998年,经济日报集团所属的《名牌时报》又推出"1998年中国十大策划个案",入选策划案例包括:

➢ 百世基业:抢注"泰坦尼克号"
➢ "创意魔王"推出"千年"创意
➢ 沈阳飞龙抢注"伟哥"
➢ "快捷"抢占民航网
➢ 山西鹏宇:600万元请王克

- 今日集团:1200 万元买"指路"
- 科利华:斥资 1 亿元推销《学习的革命》
- 秦全耀点题:5.6 亿元资产属于谁
- 长岭专家广告:实在人说实在话
- 中国首家策划系成立

1999 年《中国经营报》评出了"中国十大经典案例",评选范围不是很大,主要是在报上发表的案例作为入选范围。

其实这一时期的大型策划远不止这些,其他如:柯受良壮举飞黄河;1998 年之夏长江大洪水,8 月 16 日中央电视台举办赈灾电视文艺晚会,中央电视台广告部郑加强主任携众策划家、企业家万众一心,创下了一夜晚会募集赈灾款达 6.4 亿的全国最高纪录;广州李阳疯狂英语风靡神州,吼遍全国城市;北京大地广告艺术公司以策划为中心,业务再创新高,一年拿下5 个亿,这些个策划都是经济增长点的真实写照。

当然,不可否认的是,这一时期策划人也是满天飞,一时间,策划机构和策划人员泥沙俱下,鱼目混珠。1999 年下半年,中国点子大王何阳被抓,这一事件被媒体炒得沸沸扬扬,在社会上引起了一些误解。本无过错的"点子",仿佛成了过街老鼠,谁也不愿说自己是靠点子吃饭,出点子的人仿佛成了最没点子的人,"点子"成了一个非常不受人尊敬的名词。[①] 策划人、咨询公司、点子公司名声大降,策划业一度冷落。这是人们对策划业还缺乏认识所出现的现象,其中包括一些原来从事策划业的人也纷纷退出"江湖",这反映出这些人还没有进入自觉阶段。

仅仅十几年,中国策划业就出现了混乱的局面,暴露了许多至今仍然存在的深层问题。如果说,中国策划业发展的第一个时期,其盛因中国的改革开放、市场经济的诞生,可谓千载难逢,占尽天时的话,那么,中国策划业的衰落则因内外两个方面的原因:"从外部来看,从 80年代中期到 90 年代中后期,市场经济在中国突飞猛进,特别是 90 年代以后,企业改革任务十分艰巨,竞争在日益加剧,中国企业不但要与同行竞争,而且要与外国公司甚至要与跨国公司展开较量,所以企业面临的形势十分复杂,与改革开放初期大相径庭,而此时的策划大多还停留在'点子'层面,无法为企业的改革和经营创新提供有效的和完整的解决方案;从内部来看,经过十多年自由式的快速发展,策划界产生了许多流派,一时间明星灿烂,由于过度炒作和任意夸大策划的作用,在社会上造成的负面影响也很大,甚至令人不胜其烦。特别是行业规范的缺失和交易价格的随意性,使策划人和策划业声誉大减,一段时间许多策划公司几乎到了门可罗雀的地步。"[②]

时任 WBSA(世界商务策划师联合会)中国总部主任周培玉曾经将同时于 80 年代中期开始兴起的策划业与广告业做过比较,结果发现两者有十倍之差,他认为,一个重要的原因是,广告因行业的规范和学科的建立而逐步专业化、产业化,而策划因点子的局限性和理论体系的支离破碎而不得不"个体化"、"明星化",其教训值得我们记取。

---

① 雷鸣雏:《中国策划业的回顾与现状》,《顶尖策划》Ⅲ序言,企业管理出版社 2003 年版。
② 周培玉:《中国策划正在焕发第二次青春》,在第三届中国策划大会上的发言,2004 年。

(三)学科建设和职业化阶段:21 世纪以来——"战略策划时代"

进入 21 世纪后,以何阳入狱为标志,靠"点子救国"的时代正式结束,中国智业真正进入策划时代。

2000 年之后,人们经过深刻反思,认识到不能因为个人问题而贬低甚至否认策划的地位、作用,应该为策划业正名。他们首先宣告策划不等同于点子,点子太浮躁、太肤浅,不可能成为中国智谋的主业。

之后,随着知识经济的到来和中国加入 WTO,企业之间的竞争越来越激烈,战术策划治标难治本的问题越来越突出,企业对策划的要求越来越高,这种背景下,引发了"企业全程策划"和"战略策划"的新概念。

但与此同时,创新人才的严重短缺和自身发展的局限性,也正成为行业发展的瓶颈之一。为解决这些问题,一批现代商务策划理论专家,致力于将中国谋略智慧与西方管理科学进行整合,从人才规范和学科建设两个方面深入进行了积极的探索,取得了一些突破性的进展。一些对策划业具有较高认识的人士开始多方面做启蒙宣传教育工作。

其一,起过较大作用的一个是中国生产力学会的策划专家委员会。

十多年来,策划专家委员会除了与学术界、理论界、企业界、策划界人士联合,积极建设策划理论体系外,为解决策划业的形象危机问题,他们推出了策划人奖评选活动。

自 2000 年起,中国生产力学会策划专家委员会每两年举办一次中国策划大会,主要以品牌公议和品牌活动的形式,向社会展示策划界的创新成果,评选优秀策划人物。这不仅凝聚了一批策划界高层人士,而且吸引了大批创新企业的参与,促进了策划界与企业界的合作了解,而且通过新闻媒体广为宣传,人们对策划业的地位、作用有了较为实际的认识。正像时任中国生产力学会副秘书长、策划专家委员会主任雷鸣雏所认为的,在策划业及策划人被广泛误解的情况下,推出策划业的正面形象是十分及时和必要的。一个行业要被社会广泛认可并得到快速健康发展,首先得有若干个吸引人的重大活动,需要更多人来了解策划,特别是企业对策划业的了解,以此为正面形象来提升策划业的形象,给这个年轻的行业更多的关爱、关注。

作为中国策划业的一个高端平台,中国策划人奖评选活动不是简单地将"策划人策划一把",而是肩负起引导与整合策划业发展的使命,强力打造的是策划人的品牌,以树立中国策划人的优秀品牌为手段,从而塑造中国策划业的优秀品牌。

策划业进入成熟时期,是以 2000 年中国十大策划案例和十大策划人的出炉为标志。2000 年 6 月 29 日在北京,从四面八方来的国内策划人云集人民大会堂,接受国家领导人为他们颁奖。颁奖后,他们又云集在北京四星级亮马河饭店的国际会议厅里,参加"2000 年世纪策划大会"。这一活动命名为"首届中国企业著名策划案例暨策划人评选活动",这一活动的总策划人是雷鸣雏先生,当时的主办单位为《人民日报》(海外版)策划中心、中国社会经济决策咨询中心、美国国际策划学会。《人民日报》、新华社、《经济日报》、中央人民广播电台、中央电视台、《工人日报》、《经济参考报》、《中国经营报》、《中国企业报》、《中国青年报》、《中国乡镇企业报》、《人民日报市场报》等,作为媒体支持单位,作了全方位的新闻报道。这次评选的类别主要分为以下几个方面:企业战略策划、企业管理策划、企业营销策划、企业形象策划、企业广告策划、企业公关策划、企业品牌策划、企业项目策划、企业 CI 策划、企业 SP 策划、企业上市策划、企业兼并策划。2000 年评选出来的"十大策划专家"是:①徐源;②叶茂中;③朱玉童;④舒淳;⑤徐殿龙;⑥曹刚;⑦陈立群;⑧陈晓潮;⑨祝刚;⑩谭新政。

首届颁奖活动的意义在于:企业策划案例第一次有了评选原则,"中国十大策划人"第一次有了较高规格的评选单位,第一次由国家领导人为策划人授奖,中国的策划人第一次站在人民的圣殿——人民大会堂领奖。特别值得一提的是,这次评选的"十大策划专家"是中国第一次授予策划人这样高的称号,以前所评选的策划人,还是以人的称谓出现,现在成了策划的专家,这从某种意义上也意味着中国策划业也开始升级了。①

"2002 年中国企业策划案例暨策划人奖评选"是 2000 年评选的一个延续。由于首届评选中的第一主办单位《人民日报》(海外版)策划中心已撤销,这次活动的主办单位已换成了中国生产力学会和中国企业文化促进会、中国国际策划学会。

为使这次活动更加规范,在首届评选的基础上作了一些修改,一是将"中国企业著名策划案例暨策划人评选"改成了"中国企业策划案例暨策划人奖评选",强调了"奖"这一评选概念;二是主办单位全由"国"字头单位直接担任,比首届由二级单位主办更有权威性;三是在组织方式上,以"中国企业策划案例暨策划人奖评选组委会"为组织单位;四是制定了"三A 制"评选规则。这个规则正如《企业研究》讲的一样,"让案例说话",不管你这个策划人名气有多大,水平多高,资金多雄厚,评委会只有一个标准——"让案例说话"。这是首次利用规则对评选案例和个人进行打分,可以说又将策划评选推进了一步。评选出来的"2002 年十大策划专家"是:①王晖;②王瑞吉;③王树森;④严培元;⑤张鸿雁;⑥武则之;⑦翁向东;⑧聂继军;⑨韩志辉;⑩赵辉。

《人民日报》、新华社、中央电视台、《中国青年报》等国内几十家媒体对"2002 年中国企业策划案例暨策划人奖评选"活动都作了报道。

2004 年 6 月,第三届中国企业策划案例暨策划人颁奖大会在北京中华世纪坛举行。这届评选设置三个类型的奖项:一是案例奖;二是策划人奖;三是机构奖。其中,案例奖又分为:金奖(10 名)、银奖(20 名)、铜奖(30 名)、优秀奖(若干)。策划人奖分为:十大策划专家奖(10 名)、最佳策划师(20 名)、优秀策划人(30 名)。机构奖分为:最具竞争力策划机构奖(20 名)、十大诚信机构奖(10 名)。获得 2004 年中国十大策划家的是:①2008 年北京奥组委文化项目主管王平久;②北京世邦联合广告有限公司郝彤;③深圳研成策划中心副总裁张希;④上海灵诺文化策划传统有限公司总经理张家祎;⑤吉林天成广告有限公司运策总监王雨龙;⑥北京始创策划公司董事长张武;⑦北京蓝猫公司副董事长石岩;⑧辽宁红网科技有限公司策划总监王宪军;⑨希望食品有限公司市场总监聂文强;⑩山东青州卷烟厂策划程永增。

获得 2004 年中国著名企业策划家奖的是:玉溪红塔烟草有限责任公司总裁姚庆艳、青岛海尔集团公司副总裁周云杰、佛山石湾鹰牌陶瓷有限公司董事总经理钟应洲、山东青州卷烟

---

① 雷鸣雏:《中国策划业的回顾与现状》,《顶尖策划》Ⅲ序言,企业管理出版社 2003 年版。

厂厂长党委书记尉严春、湖南唐人神集团董事总裁陶一山、江苏健治一号高科技集团有限公司董事长桑凌月。

获金奖的案例包括：

➢ 海尔航天展

➢ 2003 红塔皇马中国行

➢ "鹰牌"陶瓷连环公关 引爆华南市场

➢ 中国联通新时空整合营销策划方案"绿色飓风行动"

➢ 东方企业的新儒家思想

➢ 新"赢"销塑造新品牌——河北衡水老白干十八酒坊品牌成长纪实

➢ 追逐理想 传递真情——亿达之声系列文化活动策划案

➢ 美的浴霸整合推广纪实

➢ 2003 奥康品牌工程

➢ 宜宾蜀南竹海游人中心全案、成都娇子品牌形象广告创意提案

第四届中国企业策划案例暨策划人奖颁奖会 2006 年 6 月 17 日在人民大会堂举行,大会由中国生产力学会、中国企业改革与发展研究会、发改委财经界杂志社、中国策划联合会共同举办。

第四届中国企业策划案例暨策划人评选活动历时一年,共决出案例策划奖 53 名,十大及百佳个人奖 94 名,十佳及年度优秀策划机构 34 家。其中十大企业策划家是:①山西亚宝药业集团股份有限公司董事长任武贤;②四川什邡卷烟厂厂长吴宪;③深圳飞亚达集团股份有限公司总经理徐东升;④河南瑞贝卡发制品股份有限公司董事长郑有全;⑤淮安商业银行董事长陆岷峰;⑥创维集团中国区域营销总部执行副总黎杰伟;⑦香港国威国际(集团)有限公司董事长程玉山;⑧广东省佛山市顺德威王电器有限公司董事长梁武;⑨广东艾美有限责任公司总经理巴文武;⑩香港太平洋国际集团投资顾问有限公司首席执行官贾卧龙。

获得十大卓越策划专家称号的是:①北京中广凤凰广告艺术中心董事长刘巧玲;②福建德尔惠体育用品有限公司副总裁何苦;③广州东方船广告有限公司总经理王郁斌;④石家庄东方城市广场有限公司总经理王二梅;⑤广州蓝色火焰广告有限公司董事总经理袁莹;⑥广州时代雨辉服装有限公司品牌运营总监韩世友;⑦国玄咨询策划(中国)机构首席策划刘国伟;⑧湖南远景咨询策划机构董事长北冰;⑨大西南国际文化传播有限公司总经理廖银全;⑩香港绅绮国际服饰有限公司总经理安建忠。

山西亚宝药业集团由一个濒临倒闭的药厂扭亏为盈发展壮大的过程,就是一个自主创新的策划过程;河南瑞贝卡发制品股份有限公司由一个出口外销型的企业进而占领国内市场,也是一例经典策划;深圳飞亚达(集团)凭借决策者的敏感,策划搭乘"神六"上天的轰动效应,塑造自己的品牌。这些充分说明我们的企业决策者具备了高智慧的策划头脑,因而理所当然地赢得了这届企业策划案例奖。

这届评奖活动共接到全国各地包括香港、台湾地区的参评资料近 1500 份,参评人数之多,地域之广泛,竞争之激烈,涉及行业之全面,创造了历年来之最,充分显示出策划行业欣欣向荣的局面。值得一提的是,本次评选活动香港和台湾地区都有案例来参与评选,并且脱

颖而出,一举夺得奖项。

第五届中国策划大会2008年6月21日在京举行,由中国生产力学会、中国智慧工程研究会、中国策划联合会(香港)联合主办,2008中国企业策划案例暨策划人征集活动颁奖同期举行。

太子龙控股集团有限公司董事长王培火、上海均瑶文化传播有限公司总经理史飞、江苏吴地雅舍置业有限公司董事长段海飞获得这届成功企业策划家称号,和成东方品牌营销咨询机构董事长曹建敏、北京嘉骏国际传媒广告有限公司董事长王俊科、北京中讯信诚广告有限公司总经理马彦文、上海电力公司市南供电公司主任陈伟明、河南伟峰广告设计策划有限公司总经理李静伟、广州市颐丰企业管理顾问有限公司董事长郑泽国、杭州瑞德设计有限公司艺术总监李琦、中山华帝燃具股份有限公司营销总监蓝剑等获得这届卓越策划专家荣誉称号。

获得2008中国企业策划金奖案例奖的有:

➢ 东药集团整肠生2005—2008年央视广告投放策划案
➢ 价值营销,开创黄山品牌新世界
➢ 有容乃大　有势恒强——推动广东中烟工业有限责任公司由大到强策划案
➢ 原香稻 ——生态民俗养生农庄一个全功能的新农村模式
➢ 深圳市东方正圆危机管理顾问有限公司的危机处理策划案例
➢ 五粮液老酒品牌塑造
➢ "时尚东购　诚信十年 十全十美"十周年店庆活动策划纪实
➢ 湖南省新田县旅游发展总体规划
➢ 特殊环境下的10千伏供配电策划
➢ 上海2010年世界博览会特许产品策划
➢ 鲁花花生油案例
➢ 一个炒股软件的品牌崛起之路
➢ 东方地毯奥运传播策划方案

2008年北京举办奥运会,为此,这届评奖还特别设置围绕着奥运营销活动进行了策划评选,海尔奥运城市行、奥康奥运圆梦公关推广活动、"看奥运,上搜狐"活动获得2008中国企业奥运营销经典策划案例称号。

其二,另一个起过较大作用的是中国策划学会、中国策划学院。

中国策划学院是由国际智业集团投资创办、并香港登记注册的教育机构。它致力于引进国外先进策划咨询理念及港澳台地区经验,将之与国内改革开放的实践相结合,建立了具有中国特色的学术与实践基地,并与国内许多大专院校开展交流合作,每年为数百家企业策划,每年为社会培养策划师两千多人,为社会开办各类讲座上百次,对策划业在国内的发展起了巨大的推动作用。

还有一个起较大作用的是国家人事部全国人才流动中心和WBSA(世界商务策划师联合会)中国总部。这两家合作,引入国际商务策划原理,在全国范围内40个城市开展商务策划师培训认证业务,为策划业在我国的发展打下了人才基础。

此外,有些高校也积极行动,纷纷开设策划系或策划专业,开展了策划学的研究。1998年,民营大学北京商品经济学院首创设立策划系,对尚没有策划专业大学生的中国是非常有意义的。只是后来这个系没办下去,至今好像已不存在了。这些院系立足于未来,将学科建设与人才培养紧密结合起来,调整教学结构,自编教材,撰写专著,开办培训班,从而标志着中国策划业在由自发转向自觉的过程中,已经进入了一个崭新的阶段。

许多实战型的策划专家,在加强自身修养的同时,也开始加强团队建设,人们逐渐认识到企业管理、市场营销等各项策划是一项庞大的系统工程,需要由各种各样的人才、专家联合起来,共同发挥各自的专长,形成智慧优势组合,为社会提供优质服务。由此,出现了一批有一定实力、一定规模的策划组织,这也标志着策划业由单打独斗向着团队群体通力合作的方向转化。

第二节　中国策划行业现状分析

一、中国策划业正在发生历史性的变化

如果说,2000 年前,新时期的中国策划多是一种自发行为,更多地表现为个性化和无组织化,那么,经过一段时间快速衰落和痛苦的反思,今天,中国策划业少了一些躁动而多了几分成熟。进入 21 世纪以来,策划业正在悄悄地发生变化,这种变化是令人欣喜的,这种质的变化,突出表现在以下三个方面:

(一)中国市场经济的深刻变化,大大提高了策划人的认知水平

2000 年以前,我国策划界的一些人往往急功近利,只注重自身的经济效益,注重策划的短效应,而对中国策划业的整体长远发展却考虑较少。20 世纪的结束,宣告策划的"点子时代"已经结束了。一个时代过去了,中国策划业何去何从? 进入 21 世纪以来,许多有识之士开始注意到策划业的发展仅仅靠打造一些策划明星,宣传一些策划案例,继续在一个较低的层面上徘徊是远远不够的,必须将中国策划学科的建设作为策划业的基础来抓,基础打牢了、打深了,策划业才有可能在知识经济时代发挥其应有的作用。这关系到社会创新机制的建立、人才培养、管理、咨询、决策等软科学能否进一步繁荣,智慧产业能否成长、壮大等一系列重大问题。这种认识标志着中国策划界的真正觉醒。[①]

(二)从只注重个人权威,到开始注重组织团队和品牌建设

改革开放的前 20 年,中国策划为市场注入了许多鲜活的东西,使策划这个概念深入人心,并受到各行各业的普遍重视。今天,无论做什么,言必策划,就是那时候打下的基础。但是,那时的策划界自身也有很多问题,如比较注重和突出个人形象,一味树立个人威信,动辄

---

① 沈骏等:《策划学》,上海远东出版社 2006 年 3 月版,第 124 页。

标榜某某大师、"点子大王"、"九段高手"等等,仿佛策划无所不能;个人英雄主义一度盛行,强调个人智慧,单兵作战;策划行业内部不太团结,互不服气,相互补台的少、拆台的多,这些必然影响策划业的整体形象。

进入21世纪以来,人们逐渐认识到,无论什么样的策划,都是一项庞大的系统工程,需要由各种各样的人才、专家联合起来,共同发挥各自的专长,形成智慧优势组合,才能为社会提供优质的服务。无论怎样杰出的专家,都有自己的专业局限性,能力再强的策划专家,也只能是领衔组织开展策划工作,而不可能包打天下。而且国外一些大型跨国咨询机构也已经大举进入,如果国内的策划组织机构再不发挥团队优势,就将难以在竞争中生存发展。

于是,策划界出现了非常好的动向:一是许多实战性的策划专家在加强自身修养的同时,开始加强团队建设,将主要精力投在了组织机构实力的塑造上,注重对自己所领导的企业员工加强培训和管理;二是一批有识之士高举"全心全意为策划人服务"的大旗,以"挖掘、培养、服务、发展"策划人才为宗旨,他们不直接从事项目经营,更多的是为策划业进行策划,典型的一个是中国生产力学会的策划专家委员会,自2000年起,每两年举办一次中国策划大会。这种具有社会影响力的品牌活动不但凝聚了策划界的高层人士,而且也吸引了大批创新企业的参与,真正实现了策划界与企业界的互动,增进了双方的合作和了解。由此,国内策划公司的形象有所提升,出现了一批有一定规模、一定实力的策划组织。这也标志着策划业由单干独斗的局面向着团队群体通力合作的方向转化。

(三)从无序化,到正在发展中规范,在规范中发展

由于我国策划业是一个刚刚兴起的新兴行业,先前缺乏必要的基础,加之我国改革开放初期由计划经济向社会主义市场经济的过渡阶段,法制不够健全,策划业基本处于一种无序化的状态。从事策划的人员鱼龙混杂,有些人为一些企业、个体经营者出谋划策时,钻政策的空子,获取非正当的利益;某些策划人更是把自己标榜成神仙,漫天要价,不讲信用,策划活动极不规范。

针对这种情况,国家有关部门曾多次制定文件,发布公告,加以引导。如1982年中国科协和财政部联合颁布了《科协系统及所属学会团体科技咨询服务收费的暂行规定》,1994年国家计委发布了《工程咨询业管理暂行办法》和《工程咨询单位资格认定暂行办法》等等,对我国策划业的无序化起到了一定的制约作用。尽管至今策划业中这种无序化尚未得到彻底解决,但无疑策划业正在朝着规范、有序的方向发展已是不争的事实。

近几年来,行业自律正在成为一种自觉行为,主要表现在:

一是策划业运行操作趋于规范,策划公司的专业化程度在迅速提高。如在同行中议定合理的收费标准;在服务方式上,遵循同行回避原则,防止互相倾轧,不正当竞争;在经营范围上,策划人不再包治百病,实事求是的多了,许多公司对自己不熟悉的策划项目能够做到不为所动;设立企划部门的企业越来越多,企业借用外脑或采购策划成果时,改变以往老板与策划人一对一地讨价还价的方式,有组织有体系地谈判和合作。

二是对策划人资格评审进行规范化试验。中国策划学会、中国策划学院、国家人事部全国人才流动中心和世界商务策划师联合会共同制定了个人认证规范、机构认证规范等许多

规范性条款,国家劳动和社会保障部也向社会公布,策划师是社会的一种新兴正式职业,并对进入这一行业的人员提出了明确要求,这些都对规范策划行业起到了积极的推动作用。

二、存在的问题

策划自身也存在一些问题,突出表现在以下两个方面:

(一)策划行业缺少规范

目前我国还缺乏对策划业的宏观管理机制,因此,无序化尚未得到彻底解决,至今策划业没有行业规范,也没有行业管理组织。

策划业、策划人的行业和角色定位不够清晰,其职能范围不够明确。有的时候与提供知识、信息服务的咨询业相混淆,不能突出其策划能力,职责不够明确;有的时候又不能准确定位,常常充当起决策者去决策而非建议,造成越权取代、角色冲突。

(二)策划的专业程度不高

我国策划界一度盛行"策划无学",一切让个案说话,甚至讥笑学院派的空洞,有些人似乎只要凭小聪明出几个点子就成了策划大师,而不进行缜密的论证、科学的规划、慎重的决策。这种小点子显然缺乏理论底蕴,科技含量不高。

一方面策划人员专业知识水平总体上不高,另一方面既具有较高专业知识,又具有广博而综合的知识结构的高级策划人才更少。如何形成既具有专业化又具有综合化的新型策划公司,是一个新的课题。

三、中国策划行业的未来前景

经过 20 世纪近二十年的发展和锤炼,中国谋略艺术与西方管理咨询的碰撞与结合,使中国策划正在成为一门崭新的学科。这门崭新的学科既非中国古代的谋略,也不是过去的传统策划,更不是西方程式化的管理咨询,而是充满哲学思辨、正合奇胜,集理论体系、通用发放和数理技术于一体的经营创新工具。走下神坛的策划,开始成为社会大众乐于接受的一项基本技能。

21 世纪的中国策划将大有作为。

从宏观战略的角度来看,作为一种高级智力活动,策划也是生产力,而且是紧缺生产力。21 世纪是知识经济时代,也是创新的时代。我国政府提出要逐步建立理论创新、观念创新、体制创新和技术创新等系列的创新机制,并把创新提到了复兴中华民族大业的政治高度。今天,很多人已清醒地认识到,经济社会的发展为极具创新思维和创新手段的中国策划提供了广阔的舞台。无论是国企改制,还是城市经营;无论是西部大开发,还是振兴东北老工业基地,最重要的首先是观念的转变,而观念的转变需要借助创新工具。策划的核心是创新,以知识资本为主要经营资源的各种策划活动将越来越成为承载政治、经济、科技与文化的高度集合体。

从中观的角度来看,进入新世纪以来,由于经济全球化的飞速发展,市场竞争越演越烈。

得人才者得天下,古今中外,概莫能外,随着知识经济的发展,这种现象越来越明显。其中,创新人才作为现代企业最稀缺的资源受到广泛的关注。在日益激烈的竞争推动下,以策划师为代表的智慧型创新人才已经闪亮登场,并逐渐走上专业化和职业化发展的道路。近年来,全国大中型以上企业,半数以上开始设立企划部门,从业的专业人员超过 200 万人。他们为企业的经营创新,特别是在市场营销方面立下了汗马功劳,蒙牛、奇瑞、波司登的超常发展就是典型的代表,这些企业的巨大成功,使中国企业界越来越重视策划的作用。

从微观的个人职业生涯谋划的角度来看,策划不仅可以破解企业营销问题、组织创新问题,而且可以有效地指导和解决个人职业生涯问题。对当代大学生来说,他们不缺知识,他们最缺的是与市场对话的语言。如何把书本知识迅速转化成市场语言,这是今后相当长时期在校大学生们的一门必修课。所以,有专家学者倡议:策划应该成为当代大学生继外语、计算机、驾驶之后人生的"第四项修炼",它是所有职场经理人必备的一项基本技能。

只有当策划变成社会的需要、企业的需要、组织的需要、人生的需要,成为市场创新必不可少的工具,成为人生必不可少的竞争武器,中国策划的第二次春天才会真正到来,中国策划才能进一步地发扬光大。

思考题

1. 策划起源哪里? 中国古代的策划主要集中在哪几层面中?
2. 列举中国智慧经典著作。
3. "三十六计"分别有哪些?
4. 什么时候中国开始有了真正意义上的策划行业?
5. 结合实例,谈谈我国策划业现在存在的问题。

第二章

CHAPTER 2

策 划 学 的 理 论 源 流

　　策划是一项系统性的理性思维活动，它既是科学的，又要遵循一定的法则，那必然是要形成一套理论思想，有一系列的理论依据，在具体操作中还需要有多学科的知识背景。

　　需要强调的是，今天的中国策划，大多数思想来源于西方经典理论，这里有科特勒的营销，也有奥格威的广告，这些理论在一定程度上帮助中国策划完成了"形的建立"，但它们不可也绝对不能帮助中国策划实现"魂的塑造"。因为中国特殊的市场经济体系与环境，决定了中国策划在根源上的特殊性，这种特殊性应该表现在对中国市场和中国消费者更深刻地认识，而非对西方经典理论的中国化改造。[①]

第一节　中国策划思想

一、主要流派

　　中国策划思想既产生于兵家，也产生于哲学家、思想家和社会活动家，他们的理论和思想不但对当时的社会活动有着直接的指导作用，而且也极大地影响着后人的思维和行为。作为重要的思想流派和对后世有巨大影响力的策划思想，主要集中在春秋战国时期，大略可分为四大思想和理论流派：儒家之智、法家之略、道家之术、纵横家之说。[②]

（一）儒家之智

　　儒家是春秋末期由孔子创立的一个学派，它是先秦百家中影响力最大的学派之一。从西汉汉武帝采纳董仲舒的"罢黜百家，独尊儒术"到五四运动前的两千多年间，儒家思想一直统治着中国人的思想。作为中国传统文化，它至今仍是中国文化的主流。

[①] 马晓宇：《迷失的中国策划》，《中国中小企业》2010 年第 1 期。
[②] 程道平：《策划学》讲义。

儒家的策划思想主要体现在它的"仁、义、礼、智、信"上。儒家以"仁"、"义"为理想人格,以"礼"为行为规范,以"智"、"信"为评价道德的标准。儒家提倡的"仁、义、礼、智、信"是相互关联的一个整体,要求凡事三思而后行,这也是儒家策划思想的精髓所在。

儒家的智慧集中体现在"谋圣"和"谋天"上,并通过这两个环节来谋人世之大利。"谋圣"是儒家策划治国的方法和目标,谋是方法,圣是目标。"谋"即设定、设计、筹划,"圣"即具有完美性格的圣人,是榜样。这种尊重知识、崇尚能力、树立榜样的做法,对于引导人们追求"圣"之境界是有相当促进作用的。"谋天"是儒家策划治国营造的一种神秘力量。如果说"谋圣"是在人间树立榜样,让人去追求和模仿的话,那么,"谋天"则是通过设计"天"这个虚拟的世界来制约人的思想和行为,给人以"要想人不知,除非己莫为"的心理压力。加之对皇帝和皇权的神圣化,如皇帝是天子,即天之子;皇权是天授、神授等等。这套有神论断,结合社会实践,一旦被民众接受,就会产生巨大无比的威力。

"谋圣"是让被统治者处于一种积极主动的服从状态,而"谋天"则是一种混合着恐惧的神秘性威慑与服从,两者的要害都在服心。服心之道,在于感召。儒家的修身养性着重于培养自己的德性去感化别人,其核心是道德。要感化他人,是不能欺骗的,因此有诚和信;要让人感动恩服而不能暴虐夺杀,因此有德和义;要使人心悦诚服,四方归来,而不能冻饿饥寒,因此有体民、恤民、保民、惠民,有安民、富民,养而后教之的仁政;要让天下有条不紊,又不能乱伦乱矩,因此有男女之别、礼教之数、三纲五常。在这些近乎完满、完备的体系化措施中,感化服人最基本的法则是"推己及人"的仁和恕。

目前,不少亚洲的企业家把《论语》作为工商企业的"圣经",把其中的思想作为企业经营管理的根本方针。如日本在发展成为世界经济大国过程中,儒家文化的作用功不可没,"团队精神"成为日本企业制胜的保证。这里面以日本松下电器为最甚。日本松下电器公司的创始人松下幸之助以一本儒家《论语》起家,主张经济与儒家伦理的结合,他曾说,儒家文化讲合作,其团队精神所形成的合作文化成了诸多企业发展的动力,松下电器公司在著名的旅游胜地琵琶湖畔建立的松下电器商业学院,用儒家"仁"的哲学思想来培养他们的管理干部。松下幸之助确立的经营管理理念,如"恪尽实业家的职责,致力于社会生活的改善与提高,以期对世界文化的发展作出贡献",和儒家文化强调的"人文关怀"、"社会责任"、"民族大义"以及"杀身成 仁"等理念一脉相承,松下企业的每一个人都能在这种激昂而高尚的宣言中得到一种精神的提升。

松下受《论语》的影响绝非个案,《论语》中宣扬的精神理念,促成了许多韩国企业的迅速崛起,韩国的龙头企业三星集团就是受益最大的企业之一。三星集团创办人李秉哲就曾说过:"对我影响最深的是《论语》。吴越尚能同舟,我们还有什么做不到的呢?"

(二)法家之略

法家的主张与儒家的由上而下,然后再自下而上的仁义道德不同,主要体现在五个强调:权力的应用、严格的管理、权威性、实力和严格执法。

法家的三个代表人物各有侧重点,商鞅重"法",申不害重"术",慎到则重"势"。为保证君主的权势,申不害建议君主必须用术,君主应以"独视"、"独听"、"独断"的手段来实行统治。慎到主张君主可以"握法处势",强调"法"必须与"势"结合起来,以"法"获"势",以"势"之"法","法"、"势"结合,相辅相成。

法家权谋最具特色的是驭臣策略。君子对臣子,首先是用防并重、既夺且予的关系,其基本原则是不仁、不亲、不信、不贵。《管子》对之总结为"用臣八策";韩非子则有"结智五法"的精辟论述。法家的驭臣之谋又可具体分为三大策略——独断独揽、深藏不露和参验考察。

法家谋略在整体策划上的基本特征是法、术、势的综合运用。从内在精神看,分为抱法、处势、守术,这三者是权谋的不同形态。从势出发,法家极其强调君王的绝对权威性,都强调独自决断和大权独揽。而在法与势的关系上,势也是加强法的权威性的保证。法、势相备,天下大治而人君不劳。

秦王统一天下用的是法家之智,但秦政被人们喻为"暴政"、"苛政猛于虎",最终成于"法"又灭于"法"。法家在中国王朝的历史演变中创造了许多辉煌的统治业绩,但其刻毒尤为世人所非议。

(三)道家之术

道家有老庄学和黄老学两大派别构成,前者以《老子》、《庄子》、《列子》等书为代表,后者以《管子》、《淮南子》等书为代表。

尽管道家内部有黄、老之分,但道家的"无为而治"、顺其自然的思想却是统一的。需要澄清的是,黄老所主张的"无为"并非不闻不问、不管不束,而是以"无为"的手段达到"有为"的目的。黄老的智慧在于以软克硬,以柔克刚,以"无为"制"有为"。

儒家以仁礼治天下,黄老以心智王天下。黄老心智心术有两个方面的含义:第一,洞观天下厉害所必需的精神修养、应对态度和能力,属于"得道"。第二,得道之后,御道而行的具体施用,属于"道用"。所谓"道术",就人的体悟、掌握、施用而言,乃是心智心术。

道家十分强调修身,站在以智慧王天下的立场上,修身积德。内得神明,才能归化天下,使天下人归之若水之就下。因此,内德修身是治国王天下的开始。

老子认为,静、虚、一、守是达到"元境"的主要途径。静者,静观其变,以静制动,静以待之,冷静的思考是获得智慧的主要途径。虚者,即不去追求现实中的杂乱无章的实际利益,淡化名利,不为凡人俗事所烦扰,把自己有限的精力放在优于世俗的高雅领域,使自己站得高、看得远,从而达到统领全局、指挥若定的境界。一者,即简洁、统一、一致,还有原始、质朴、真实的意思,就是道家所说的"道"。老子说:"道生一,一生二,二生三,三生万物。"强调道是万事之本,只要掌握了万事最根本的部分,凡事就可以迎刃而解。守者,即保持、坚持,凡事都可以守为攻,以静制动,以不变应万变,融会贯通。

作为一种处世智慧,黄老道术提倡"慈"与"忍"。"慈"是对爱的谋算,是主体趋利避害的法宝,其功能是"持而保我";"忍"是对真诚的回避,已不再是出于正义和原则,而是纯粹出于个人应对天下利害的心机。这已不仅仅是一种计谋,而是内化为一种精神状态,成为影响中国人性格、心理的重要思想。

（四）纵横家之说

纵横家实际上就是策划家，他们中的代表人物是苏秦和张仪。

这些人没有固定的政治信仰，也不从属于任何学派，他们只是利用自己的知识为统治者分析形势，提供政治、军事、外交等各方面的策略，以此换取高官厚禄。

纵横家的策划原则是见机行事，见势而谋。纵横家有三大特征：无从一而终的固定事主；无固定的政治主张；无势利赢求之外的道德束缚。这决定了他们具有其他诸家难以比拟的策划彻底性。

纵横家十分重视"说"的作用，即"游说"。策划方案本身的科学性和可操作性自然重要，但策划者如果无法将这些科学性和可操作性传达给他人，那么，再好的策划也可能胎死腹中。

纵横家为了实践其策划方案，总是不断游说诸侯，"说"在他们的活动中居于核心地位，因为无论是进言献策，还是外交周旋，都要通过"说"的环节来实现，在说话中实现权谋，"不战而屈人之兵"。

纵横家游说列国，往往都取得了成功，最关键的就是学会"揣情"，这是纵横之智的基础和核心。所谓"揣情"，就是了解被说服者的内心需求。"揣情"的手法有摩、揣、诱、钓等。摩，即猜测，通过察言观色，估计对方；揣，即以我之心，揣他人之意，以常人之情，揣他人之情，然后通过面对面的询问或调查获得对方的真实信息；诱，即以利益诱导，通过宣传应用某策划方案的巨大利益，让对方看到希望，看到成功的可能；钓，即通过一点一滴的利益和成功，取得对方的信任，最终被其完全说动。

无论是儒家之智、法家之略、道家之术还是纵横家之说，这些中国传统的策划思想在中国策划史上发挥了不可磨灭的贡献，甚至对中国人的人生观和处事态度产生了深远的影响，但同时它们又各有利弊之处，我们在学习的时候应该取其精华，弃其糟粕。

二、中国智慧经典

策划是对中国智慧的应用，同时也为中国智慧提供给养和来源，其经典著作集中反映了中国策划和谋略的高深，它们不但是中国的智慧宝藏，而且是全世界思想库的重要组成部分。人们熟知的《孙子兵法》、《三十六计》、《资治通鉴》、《三国演义》等正是这些智慧经典的杰出代表。

（一）《孙子兵法》

《孙子兵法》是由两千五百年前大军事家、谋略家孙武所著，是我国也是世界上最著名的军事著作。它深刻地总结了春秋末期及以前的作战经验，揭示了战争的重要规律，奠定了中国古典兵学的理论基础，现被纳入哈佛大学的经济学教程，更是美国西点军校的必修课程。

图2-1 《孙子兵法》

1. 知己知彼

《孙子兵法》主张指导战争必须从客观情况出发,将战争建立在"知己知彼"的基础上,只有这样,才能保证战争的最后胜利。它明确指出决定战争胜负有以下五大因素:一曰道,二曰天,三曰地,四曰将,五曰法。"道",是指政治,战争的胜负首先取决于正义和非正义,正义的战争才会得到支持,只有名正言顺,才能为战争的胜利奠定基础;"天",即天时;"地",即地利;"将",即将帅才德和人和;"法",即方法,是军队组织、指挥、训练、供应、赏罚等方面的法令制度及其执行情况。

如在蒙牛与伊利的商战中就运用了《孙子兵法》中的许多策略,整个过程上演的"知己知彼"、"管中窥豹"、"不问出处"、"以退为进"、"出奇制胜"、"巧借东风"等,无不体现着《孙子兵法》的精华。

2. 奇正相生

商战中的"正",无非是指保证商品的质量,保持诚信经营,按正常做法完成买卖的全过程。《孙子兵法》中说,作战的方法不过奇正两种,但奇正的配合、变化,却是无穷无尽的。

[案例]

瓶口开大一点儿

日本市场上出售的番茄酱牌号有很多,但最受欢迎的是"可果美牌"。后来又出了一种叫"森永牌"的,销量也不错,但也只有"可果美"的三分之一。尽管森永厂家想尽各种办法,吸收可果美厂家的经验和优点,尽管"森永牌"比"可果美牌"在质量、包装、价格上都不逊色,人们还是喜欢"可果美"。于是森永大做广告,宣传费用掉不少,但仍不能与"可果美"匹敌。森永厂就发动全体成员找原因,想办法,一定要使销量超过"可果美"。

有两个年轻的推销员聚在一起,他们拿了一瓶"森永"、一瓶"可果美"反复品尝比较。两瓶番茄酱调来调去,甚至他们后来连自己吃的是哪种牌号也记不得了,还是品尝不出优劣,因为两种番茄酱的口味基本上是一样的。两个推销员继续探讨着,甲问乙:"在这种情况下,你处在一般顾客的地位,将选用哪一种?""可果美!"乙回答道,接着又反问:"你将选用哪一种?"甲也回答道:"可果美。"

他们是熟悉顾客心理的,一旦对某物品产生了信任感后是不会随意调换的。这两个推销员品尝着、谈论着,像发疯似的将两瓶番茄酱几乎要吃光了。

就在这时,他们不约而同地发现了一个问题,就是不论"可果美"还是"森永",都是装在小口瓶里倒而食之的。到快要吃完时,总有一部分番茄酱倒不出来而留在瓶内。甲说:"我们不但要研究'可果美'的优点,还应注意'可果美'的缺点。"乙说:"可是我们在吸取'可果美'优点的同时,把它的缺点也一股脑儿地取来了。"

于是,这两个推销员立即向厂方建议,将"森永"牌番茄酱的瓶口开大,大到可以用汤匙伸进去掏。这一招果然产生了奇效,"森永牌"番茄酱的销售量立即直线上升,超过了"可果美"。由于以往的瓶口太小,要倒出来得用力摇、碰,越到后来越困难,以至于吃到最后,还会留下不少番茄酱在瓶内倒不出来,一般人却觉得可惜。而现在"森永牌"番茄酱将瓶口开大,它吸取了"可果美"的长处,又把其存在的问题加以解决,自然就能战而胜之了。

3. 避实击虚

《孙子兵法·虚实篇》中说:用兵规律像水的流动,水流动的规律是避开高处而流向低处;用兵的规律是避开敌人的实力而攻击其虚弱的地方。商战中的各方往往会各有所长,各有所短,即使在实力上劣于对手的情况下,只要能够充分发挥自己的优势,并且针对对手的弱点,巧做文章,使自己的经营更具有特色。

(二)《三十六计》

《三十六计》是一个流传性读本,由《易经》演变而来,约于明、清之际成书,集兵家谋略之精华,是谋略学、策划学的渊源之一。全书有 36 条计策,记载了春秋战国时期 36 个脍炙人口的故事,也是 36 个令后人叹为观止的策划经典案例。

《三十六计》包括"胜战计"、"敌战计"、"攻战计"、"浑战计"、"并战计"和"败战计"六套,每套六计,共六六三十六计。

1. 胜战计

胜战计是策划者处于优势地位(即我强敌弱)时所采取的计谋,它包括瞒天过海、围魏救赵、借刀杀人、以逸待劳、趁火打劫、声东击西等六计,其共同的特点是利用自己的优势,如何以强待弱、趁势取胜。

[案例]

拉对手就等于在帮自己

1997 年 8 月 6 日,IT 界传出一个惊人的消息,微软总裁比尔·盖茨宣布,他将向微软的竞争对手——陷入困境的苹果电脑公司注入 1.5 亿美元的资金!

此语一出,IT 界为之哗然。比尔·盖茨大发善心了吗?

作为世界首富,比尔·盖茨在世界各地捐资。但这一回,他却不是捐资,更不是行善,他向苹果注入资金是出于商业目的。

图2-2　微软总裁比尔·盖茨

　　苹果电脑公司的创始人之一是乔布斯。苹果的成功，在于乔布斯将电脑定位为个人可以拥有的工具，即"个人电脑"，它就像汽车一样，普通人也可以操作。更为重要的是，苹果公司还开发出了麦金托什软件，这是一个划时代的软件业的革命性突破，开创了在屏幕上以图案和符号呈现操作系统的先河，大大方便了电脑操作，使非专业人员也可以利用电脑为自己工作。

　　苹果公司靠着这些核心竞争力，诞生不久就一鸣惊人，市场占有率曾经一度超过IT老大IBM。然而，在进入20世纪90年代后，随着网络经济突飞猛进之际，苹果公司却未能抓住网络化这一先机，市场占有率急剧萎缩，财务状况日益恶化，1995—1996年连续亏损，数额高达数亿美元。

　　苹果公司使出全身解数，但种种努力都没有产生太大的效果。就在苹果公司上上下下愁眉不展之际，微软突然伸出了援助之手。难道天下真的有救世主吗？当然没有。

　　微软自有自己的如意算盘。它知道，苹果公司作为一家辉煌一时的电脑霸主，尽管元气大伤，但其潜在的实力却非常巨大。

　　在这个时候，很多电脑公司包括微软的一些竞争对手如IBM、网景等，都利用苹果乏力之机，提出与苹果合作，来达到和微软竞争的目的。显然，如果微软不与苹果合作，对手的力量就会更强大。

　　更为重要的是，美国《反垄断法》有规定，如果某个企业的市场占有率超过规定标准，市场又无对应的制衡商品，那么这个企业就应当接受垄断调查。如果苹果公司垮了，微软公司推出的操作系统软件市场占有率就会达到92%，必然会面临垄断调查，仅仅是诉讼费就将超过从苹果公司让出的市场中赚取的利润。而和苹果公司合作，则可以把苹果拉到自己这一边，苹果和微软的操作系统软件相加，就基本上占领了整个计算机市场，微软和苹果的软件标准就成了事实上的行业标准，其他竞争对手就只好跟着走了。当然，微软实力比苹果强大，微软不会在合作中受制于苹果。

由此可见,拉苹果一把,是百利而无一害,比尔·盖茨扮演一回救世主一点都没有吃亏,反而获利不少。

人们常说,商场中没有永远的朋友,但也没有永远的敌人。在很多时候,商战中的敌人比商战中的朋友更重要,更能帮上大忙。关键在于,你要能够化敌为友,那么这样的朋友比你以前的朋友更能帮助你。

2. 敌战计

敌战计是策划者与竞争者处于相当地位(即敌我对抗)时所采取的计谋,它包括无中生有、暗度陈仓、隔岸观火、笑里藏刀、李代桃僵、顺手牵羊等六计。敌战计为我们提供了大敌当前,如何与敌人对阵,如何审时度势,如何隐蔽自己、保守秘密、保存实力的办法。

3. 攻战计

攻战计是策划者与竞争者在进攻与防守过程中所采取的计谋,它包括打草惊蛇、借尸还魂、调虎离山、欲擒故纵、抛砖引玉、擒贼擒王等六计。

[案例]

万事发免费赠送,促销香烟

日本的万事发香烟公司在创业之初,就做了大量的亏本生意。有一段时间,万事发香烟的销路打不开,公司面临关闭的威胁。为此公司决定以"免费赠送"进行促销。公司老板在各主要城市物色代理商,通过代理商向当地一些著名的医生、律师、作家、影星、艺人等按月寄赠两条该牌子香烟,而每过若干时日,代理商就会寄来表格,征求对香烟的意见。一直持续了半年多,才停止赠送。你不送了,我也已经上瘾了,怎么办? 那好,拿钱来买。于是,万事发成了那些上流社会人士的名烟,而那些没有多少财富或名气的人出于想有面子的心理,也买这种香烟。这样,万事发香烟很快获得众多的顾客,万事发香烟的销路就自然地打开了。

4. 浑战计

浑战计是策划者与竞争者的较量处于混乱无序状态时所采取的计谋,它包括釜底抽薪、浑水摸鱼、金蝉脱壳、关门捉贼、远交近攻、假途伐虢等六计。浑战计的精髓就在于"浑",在纷繁复杂的浑战条件下,一个精明的军事家可以借乱用计,乱中取胜。而在现代策划活动中,成功往往取决于策划者能否在错综复杂的环境中保持清醒的头脑,理清策划要素,变乱力为我力,在浑中取胜的能力。

5. 并战计

并战计是策划者与竞争者双方势均力敌、相持不下时所采取的计谋,它包括偷梁换柱、指桑骂槐、假痴不癫、上屋抽梯、树上开花、反客为主等六计。当敌我双方势均力敌、相持不下时,任何一方都不存在速战速决、浑水摸鱼和乱中取胜的机会。

6. 败战计

败战计是策划者竞争失败时所采取的计谋,它包括美人计、空城计、反间计、苦肉计、连环计、走为上计等六计。失败是竞争的常见结果,有竞争就必定会失败。战争如此,策划以及其他任何工作也都是如此。

(三)《资治通鉴》

《资治通鉴》是北宋著名政治家、史学家司马光历经 19 年创作完成的历史巨著,上起战国,下至五代,纪事 1362 年,该书系统地总结了封建统治和帝王们的经验教训,涉及政治、军事、文化、经济,是一面历史"巨镜",所以宋徽宗评价它是"鉴于往事,有资于治道",并赐名《资治通鉴》。

(四)《三国演义》

《三国演义》是在《三国志》的基础上,由元末明初小说家罗贯中所著。该书融汇了中华民族的智慧,写的是一千七百多年前魏、蜀、吴三分天下,互相征伐的故事。中国四大古典名著分别讲述了人世间四个关键字:《红楼梦》讲的是"情",《水浒传》讲的是"义",《西游记》讲的是"斗",而《三国演义》讲的是"谋"。"谋"的化身是诸葛亮。

诸葛亮是个策划高手,在《隆中对》中,没有什么奇妙高深的语言和思想,只不过是根据当时的形势,结合他的一些思想做出的一份战略参考图。因为这份参考图来自于现实,所以参照系数非常大,刘备也据此蓝图,实现了自己的帝王之梦。

由此经验可知,策划一定要根据自己的实际情况,结合时事才能取得最佳的效果。

诸葛亮不仅解决了刘备的生存问题,后又部分解决了刘备的发展问题,但在与另一位谋略家、为曹操服务的策划总监司马懿的斗志中,因战略的偏差(如过分依赖、相信与吴国联盟)、下级执行人水平差(如马谡)、管理与策划不协调(刘备的后代无管理才能)等原因,"出师未捷身先死"。但诸葛亮"鞠躬尽瘁,死而后已"的忠诚和敬业精神一直为后人所称道。

读过《三国演义》的人都能明白这个道理:每一件让人激动的大事背后都必然有一场精心的策划。成功是从谋划开始的。

中国策划不但充满智慧,而且极富艺术性、戏剧性。如同武术、书画、京戏、烹饪一样,中国策划其实是一门功夫。

第二节 西方主要相关理论

一般认为,与策划学相关的西方主要理论有:营销、CIS、咨询、公关、广告。这些西方理论其实都是围绕市场在开展研究。如果从整合营销的手段来说,广告、CIS、公关,还有咨询、新闻等手段都包含在营销里面;而如果从严格的学科分类来说,广告、公关与营销一样,都是研究市场的相对独立的学科,有着自己的特点、研究范围和界限,只不过各自强调的重点不一样,研究范围有时也会交叉。CIS 只是一个学派而不是独立的学科,咨询则既不是一种学派也不是一门独立的学科,它应该是一种服务、行业或机构。作为一门独立的学科,新闻根本就不是研究与市场有关的理论。[1]

一、营销学

营销是市场营销的简称,译自英文 marketing。对于 marketing 的翻译,当它作为一种市场活动时,译为市场营销,而作为学科名称时,可译为市场营销学或营销学。多数时候大家习惯直接叫市场营销或营销。

关于市场营销的定义可说是多种多样,1985 年,美国市场营销协会对其的定义是:市场营销是为了实现个人和机构的目标交换,而规划和实施理念、产品、服务的设计、定价、促销和配(分)销的过程。

现代营销学发源于美国,后来传到欧洲和亚洲的日本等国,在我国,随着改革开放确立社会主义市场经济地位,市场营销才逐渐进入我国的经济市场。

营销学在美国走过的百年历程并非一帆风顺,其被美国社会尤其是企业界所接受经历了一个波浪起伏的过程,学术界内部对其科学性一直争论不休。考察美国市场营销学的发展历程,特别是对美国学术界关于市场营销学科地位的争议进行研究,对解决目前中国对策划学的认知以及策划的发展显然具有一定的启示。

经过百年的发展和丰富,市场营销学形成了一套以经典 4P 理论为基础的形式多样、不断丰富的综合体系。其中,随着环境的变化,市场营销学的基本理念曾发生过几次变化,形成了三种典型的营销理念,即:以满足市场需求为目标的 4P 理论、以追求顾客满意为目标的 4C 理论、以建立顾客忠诚为目标的 4R 理论。

(一)4P 理论

20 世纪初期,美国生产力水平不高,产品不丰富,百姓收入水平较低,商品处于供不应求的状况,买方市场大于卖方市场,消费者只能是生产什么就买什么。因此,这个阶段企业主要奉行的是以产品的生产为中心的经营思想。但后来,随着美国社会经济的发展,商品的供求关系逐渐发生了变化,分销商的作用越来越重要,这时早期的市场营销学应运而生。作为近代美国市场营销学诞生的标志,美国的一些大学如加州大学、伊利诺伊大学、密歇根大学等开始开设"工业分销"的课程。到了 20 世纪二三十年代,有关市场营销的文章和论著大量出现,逐渐形成比较完整的理论框架,其中最有代表性的是克拉克的《市场营销学原理》和梅纳德、贝克曼、韦德勒三人合著的《市场营销学原理》。

1931 年,美国市场营销协会成立,标志着市场营销的研究已成为一种企业和学术界共同重视的社会化活动。

20 世纪三四十年代,由于生产的发展、竞争的加剧和商品的丰富,开始出现了供大于求,消费者对商品的选择性和主动权增强了,这就迫使企业开始重视产品的销售问题。但这时

---

① 吴黎:《策划学》,北京师范大学出版社 2008 年 7 月版,第 3 页。

候企业的产品销售本质上仍然是以产品的生产为导向,其核心是通过诱劝用户购买、强行推销、滥用广告等手段,强制性地推销企业所生产的产品。直到 20 世纪 40 年代,强制推销越来越失败,企业逐渐认识到企业必须生产其所能卖得出去的商品,必须以消费者的需求为市场经营的原则,这时企业才开始从产品导向的生产者观念转向市场导向的用户观念。

1957 年,美国通用电气公司的约翰·麦克基里特提出了市场销售观念,即以企业的目标顾客及需求为导向,以市场为中心组织产品的设计、生产和销售,实现商品交换和企业的经营目标。市场观念开始贯穿于企业经营的全过程。

但是,在学术研究方面,20 世纪 40 年代以前发表的有关市场营销领域的研究还主要是描述性的,市场营销学还远未成熟,因而对市场营销学的学科地位一直存在争议。1945 年,保罗·康沃斯发表了《市场营销科学的发展》一文,对营销学是否具有科学性提出了疑问,引发了营销学发展史上长大五十多年的"科学与艺术"之争。

到 20 世纪 50 年代,这种争论达到白热化。1951 年,巴尔特斯发表了《市场营销能成为科学吗?》一文,在对市场营销学的研究目标、科学的含义、当时市场营销学的研究状况进行了深入、透彻的分析后,他认为,虽然当时的营销研究运用了一些科学的方法,但由于明显缺少理论、原理与法则,因此还不具备成为一门科学的资格。然而通过持续的系统的努力,营销学迟早会成为一门科学。

后来,哈佛大学的鲍顿教授提出了旨在指导企业营销实践的 12 因素,就是产品计划、定价、厂牌、供销路线、人员销售、广告、促销、包装、陈列、扶持、实体分配和市场调研,开始采用"市场营销组合"这个概念。

到了 20 世纪 60 年代,市场竞争虽远不如现在激烈,但卖方市场已开始向买方市场转变,主张营销能成为科学的学者在这个时候取得了决定性的胜利。杰罗米·麦卡锡和普利沃特在合著的《基础市场营销》一书中,对鲍顿的营销实践 12 因素进行了高度的概括和综合,第一次将企业的营销要素归结为四个基本策略的组合,即著名的 4P 理论:产品(Product)、价格(Price)、地点(Place)和促销(Promotion)。这一理论主要是从供方出发来研究市场的需求及变化,以求得在竞争中取胜。它重视产品导向而非消费者导向,认为,企业必须以顾客为中心,以满足顾客的需求和欲望为出发点,开展整体营销活动。企业只要能生产出"质量上乘"的产品,即可根据成本和竞争设定一个能赚取很多利润的价格,然后只需对代理商、经销商予以支持与控制,并经常搞点广告和促销,就能使企业顺利发展。

4P 理论最早将复杂的市场营销活动加以简单化、抽象化和体系化,构建起营销学的基本框架,使人们从较为繁杂的营销变数中找到了最为重要的因素。4P 理论自提出之日起,通过市场应用以及对市场发展的影响,被营销经理们奉为营销理论中的经典。因而后来它逐渐取代了此前的各种营销组合理论,成为现代市场营销学的基础理论,今天几乎每份营销计划书都是以 4P 理论框架为基础拟订的,几乎每本营销学科的教材都以其作为基本教学内容。这一理论的提出者麦卡锡后来执教于密歇根大学,成为营销领域的一代宗师。

然而随着环境的变化,4P 理论逐渐显示出它的弊端来:一是营销活动着重企业内部,对营销过程中的外部不可控变量考虑较少,难以适应市场变化;二是随着产品、价格和促销手段被企业相互模仿,在实际运用中很难起到出奇制胜的作用。

20 世纪 70 年代,市场营销发生了一些改变,一方面是消费者需求的多样化与企业大量生产的单一性发生了矛盾,企业希望从社会出发协调消费者与企业的利益;另一方面是企业为了追求高额利润而损害消费者利益的事件不断出现,保护消费者利用的运动开始兴起。这也促使企业的市场营销观念需要与社会公众利益保持协调一致。

1980 年,菲利普·科特勒出版《营销管理——分析、计划、执行和控制》一书,从企业管理和决策的角度,系统地提出了营销环境、市场机会、营销战略计划、消费者行为分析、市场细分和目标市场以及营销策略组合等市场营销的完整理论体系,使市场营销学理论趋于成熟。

1986 年,科特勒提出了"大市场营销"理论,将麦卡锡的 4P 组合理论扩展为 6P 组合理论,加上政治力量(Political)和公共关系(Public Relations),使企业得以冲破国际贸易保护壁垒及其所在国公众舆论的障碍,顺利进入被东道国保护的市场。

后来,科特勒又将之发展成为 10P 组合理论,加上了市场调查(Probing)、市场细分(Partitioning)、目标优选(Priortizing)和市场定位(Positioning)。这样,科特勒构建的"大市场营销理论"就将市场营销组合从战术营销转向了战略营销。在科特勒看来,4P 是市场营销的战术,其目的是在已有的市场上提高本企业产品的市场占有率,而 10P 组合的目的是要打进和占领新的市场。因而产品、价格、地点、促销可称为"战术 4P",研究、细分、优选、定位可称为"战略 4P",企业在"战术 4P"和"战略 4P"的支撑下,运用"政治力量"和"公共关系"这 2P,就可以排除通往目标市场的各种障碍。

应该说,从 4P 营销战术组合到 10P 营销战略组合的发展,市场营销组合在理论上取得了重大突破,如今市场营销学已经发展成为一门非常成熟的学科,科特勒也被誉为营销之父。

(二)4C 理论

随着工业的飞速发展,世界进入到"需求中心论"时代,以企业为中心的封闭式的营销理论越来越难以适应市场的发展。1990 年,美国被卡罗莱纳大学的劳特伯恩教授提出了与传统营销的 4P 理论相对应的 4C 理论,就是消费者的需求与欲望(Consumer needs & wants)、成本(Cost)、便利性(Convenience)、沟通(Communication)。

与市场产品导向的 4P 相比,4C 理论有了很大的进步和发展,它强调企业首先应该把追求顾客满意放在第一位,首先研究消费者的需求和欲望,不再是卖你能制造的产品,而是要卖消费者想要买的产品;其次是努力降低顾客的购买成本,应了解消费者为满足需求与欲望所愿意付出的成本,而不是先给产品定价;然后要充分注意到顾客在购买过程中的便利,而不是从企业的角度来决定销售渠道的选择与策略;最后还应该以消费者为中心实施有效的营销沟通,通过互动、沟通等方式,把顾客与企业双方的利益无形地整合在一起。

4P 理论的思维基础是以企业为中心,因而适合供不应求或竞争不够激烈的市场环境,而4C 理论的思维基础是以消费者为中心,它的提出实际上是当今消费者在市场营销中越来越居主动地位,市场竞争越来越激烈的营销环境下市场对企业的必然要求。在 4C 理念的指导下,越来越多的企业更加关注市场和消费者,与顾客建立起一种更为密切的和动态的关系。

但从企业的实际应用和市场发展趋势来看,4C 理论依然存在着不足。一是 4C 理论仅提出以消费者为导向,但市场经济不仅存在消费者导向,还有竞争导向,企业不仅要看到消费者的需求,还需要更多地注意竞争对手,冷静分析自身在竞争中的优势劣势,采取相应的措施,才能在激烈的市场竞争中立于不败之地;二是在4C理论的引导下,企业往往会失去自己的方向,只会被动适应顾客的需求,为被动满足消费者的需求付出更大的成本代价。

(三)4R 理论

为更高层次建立企业与顾客之间的更有效的长期关系,20世纪90年代后期,美国西北大学的教授舒尔兹与人合著了《整合营销传播》一书,其中提出了4R,即关联(Relation)、反应(Reaction)、关系(Relation)、回报(Retribution)。这就是4R理论。

其中关联是指企业以种种方式在供需之间形成价值链,与顾客建立长期的、较为固定的互需、互助、互求的关联关系;反应是指企业对瞬息万变的顾客需求变化作出反应的能力;关系是指关系营销,认为企业营销是一个与消费者、竞争者、供应者、分销商、政府机构和社会组织发生互动作用的过程,通过建立、维护和巩固企业与顾客及其他利益群体的关系的活动,使企业的营销目标在与各方的协调关系中得到实现;回报是指企业以满足顾客需求为前提,在顾客满意、社会满意和员工满意的基础上来实现企业满意,而企业满意在很大程度上取决于企业的回报。市场营销的真正价值就在于其为企业带来短期或长期的收入和利润的能力。

4R理论对满足市场需求的4P理论和追求顾客满足的4C理论进行了进一步的发展和补充,最大的特点就是以竞争为导向,以建立顾客忠诚为最高目标。它认为,应通过与顾客建立关联,提高市场反应速度,加大关系营销力度来进行营销策划,最终实现企业收入和利润的回报。

进入21世纪电子商务时代后,舒尔兹又把4R理论修订为5R理论,增加了感受(Receptivity),也就是说,客户什么时候想买或什么时候从厂商那里知道了这个产品。

二、CI 或 CIS

CIS是英文Corporate Identity System的缩写,CI是Corporate Identity的缩写,CI则是CIS的简称。

Corporate可译为企业、团体、组织;Identity可译为标志、个性、身份、认同、同一性;System译作系统。所以,CI直译为"企业形象识别"、"企业形象"、"企业识别",还有人译为"同一视觉识别"、"企业形象设计"、"企业的统一性"等。CIS直译为"企业(组织)形象识别系统",也有人译为"企业形象战略"。

CI的准确定义是什么,尚没有统一的说法。一般认为,CI是指企业有意识、有计划地将企业理念、企业文化、企业行为及企业视觉标志通过统一设计加以整合,向社会公众主动地展示与传播,使公众在市场环境中对某一个特定的企业有一个标准化、差别化的印象,以使组织迅速提升自己的知名度、美誉度和公众的认可度,达到产生社会效益和经济效益的目的。

每个人各有各自的形象,企业同样应该有自己特有的形象。由此,延伸出CI的定义:由特别理念所反映的个性意识,融会于个性的视觉设计,经由资讯表达,使公众乐于认同,一贯沟通的企业经营战略。CIS战略覆盖了企业文化、企业战略、视觉设计、理念塑造、行为策划、品牌战略,以及广告战略、公关战略等。

也有学者认为,CI只是市场营销中的一个学派,没有系统的理论,没有形成一门完整的独立的学科,但这个学派在市场营销中曾经产生过很大的影响,到现在影响日渐衰落,已经逐渐淡出销售理论,越来越少提及。

(一)主要构成内容及内涵

1. 从构成内容上来看,CI由MI、BI、VI三个子系统构成,CI战略的实现,基本上都要从这三个内容要点来考虑

(1)MI(Mind Identity),组织理念识别,属于企业思想系统

它是指企业在长期的经营实践活动中形成的与其他企业组织不同的经营管理的观念和指导思想,是企业最富有能力、最具有鼓动意义的无形的价值因素。主要包括:①企业使命:包括经营目标、经营方针;②企业性格:主要指企业的本质特征、企业定位、企业精神、企业文化;③企业信条:主要指经营理念或经营信条;④企业座右铭:主要指企业经营管理的宗旨、原则;⑤企业精神标语:包括企业精神标语和口号,企业广告宣传的主题用语(也称广告主题词、标准广告语)。如日本著名的百货商店银座松屋店曾将"顾客第一主义"作为其理念,麦当劳的企业理念是"时间、质量、服务、清洁、价值"。

组织理念识别(MI)是企业识别系统的核心和起点,始终处于领导、中心地位,统帅、决定整个CI系统的表达与设计。只有先建立起自己的企业理念,才能给自己的企业形象一个清晰而明确的定位,才能塑造企业形象,达到企业识别的目的。

具体来说,企业理念形象识别系统企业理念形象的定位既要准确把握本企业的历史和现状,又要准确把握本企业的发展和前景,还要充分考虑行业、市场及竞争对手等环境因素。

《南方日报》的理念形象设计堪称典范。南方日报报业集团针对媒介受众市场细分化、专业化、小众化的特点,确立了多品牌发展战略,每个品牌都有其具体而针对的目标受众,表现出强烈、鲜明的形象差异,形成了与众不同的独特个性。集团各子报(刊)的办报(刊)理念、媒介口号如下表:

理念形象 集团子报(刊)	媒介定位(市场定位)	办报(刊)理念	媒介口号
南方日报	华南地区高端读者	做主流新闻,办高端报纸,抓高端读者,占高端市场,把《南方日报》办成一份区域性、国际化的权威政经大报	高度决定影响力
南方周末	有良知的知识分子	深入成就深度,与全国读者分享智慧	记录时代进程
南方都市报	珠三角地区的市民阶层	办中国最好的报纸;提供资讯,引导消费,服务生活	办中国最好的报纸
21世纪经济报道	全国大城市的白领阶层、决策者、研究者	与加入WTO的中国一起成长;彻底新闻,彻底领先;打造高品质专业财经报纸	新闻创造价值
南方农村报	农民和农村专业户	南方农村第一媒体; 服务农村经济,维护农民权益	为农民说话,为农民服务

理念形象 集团子报(刊)	媒介定位(市场定位)	办报(刊)理念	媒介口号
南方体育	全国体育爱好者	传媒新势力,跟他们不同;以娱乐的方式做体育,以快乐的原则做体育	以有趣对抗无趣
新京报	北京地区高端读者	积极参与全球报业竞争,融入国际主流社会,接轨世界资本通道,创报业最现代化的经营体制,建国家最职业化的报业团队,办北京地区最国际化的严肃报纸;坚持"三贴近"原则——贴近北京群众,贴近北京实际,贴近北京生活;扎根北京,报道北京,服务北京,越是北京的,就越是中国的,也越是世界的,北京化就是国际化,北京特色就是国际特色;咬定高端市场,吸引中端市场,团结低端市场,成为北京政治界、经济界、文化界和主流社会的首选和必读的报纸	负责报道一切
城市画报	受过良好教育的中青年,喜欢尝试新生活的人	新生活的传播者,新生活的引领者	新生活的引领者
名牌	高学历、高收入,具有较高社会影响力,年龄在28—45岁之间,对生活品位有追求,更对自身精神境界有追求的精英男性	除完全涵盖了其他所谓男性杂志时尚、休闲、生活等内容外,更创造性地将男性关注的社会政经、战争历史、科技旅行以及著名男人的家族、班底、对手,以及女性等整合一体,忠实反映 男性的爱与梦,更强调精英男性对社会的责任与社会担当	精英男性杂志
南方人物周刊	中高端读者	以"平等、宽容、人道"为理念,关注那些"对中国的进步和我们的生活产生重大影响的人,在与命运的抗争中彰显人类的向善力量和深邃驳杂的人性魅力的人",为历史留存一份底稿,为读者奉上一席精神的盛宴	记录我们的命运
21世纪商业评论	主流商业人群	聚商业领袖和意见领袖之力,面向企业真实焦虑,以深刻的商业洞察力和有效的商业方法,引导本土实践,成为一个既有坚实内容又有友好界面,实用与品味兼备,最有用、最受尊敬的主流商业杂志	商业思想家

（2）BI（Behavior Identity），行为识别，属于行为规范系统

它是将企业组织理念思想转化为企业行为的物化过程，是企业组织理念识别的动态表现，通过企业思想指导下的员工对内对外的各种行为，以及企业的各种生产经营活动，来传达企业的管理特色。它包括：①对内行为：组织制度、管理规范、行为规范、员工教育、工作环境、生产设备、福利制度、劳动保护、劳资关系、公害对策、废弃物处理等；②对外行为：产品研发包括产品研制、产品质量；市场开发包括市场调查、走访用户、流通对策；公共关系包括公益性、文化性活动；促销活动、广告活动包括广告策划与创意、设计与制作及媒体选择与发布等。

BI 是将 MI 的本质物化在企业行为上。企业理念需要通过企业的行为传播出去，才能使企业的形象得以树立，而观念形态上的企业理念也只有通过企业行为的实施，才能变成人们看得见摸得着的客观实在，从而获得企业员工和广大消费者的识别与认同。这样对内提高了员工的凝聚力，对外加强了和广大消费者的沟通与联系，缩短了企业管理人员与一般员工之间、企业与消费者之间的距离。

（3）VI（Visual Identity），视觉形象识别，属于品牌视觉系统

它是在 MI、BI 的基础上通过统一化、标准化、具体化、视觉化的设计，是向外界传达的全部视觉形象的总和，它包括基础要素和应用要素两大部分。基础要素是指企业名称、品牌标志、标准字体、印刷字体、标准色、标准图形、宣传标语组合、经营报告书、产品说明书等；应用要素包括产品及其包装、生产环境和设备等，可细分为办公用品、公关用品、环境展示、专卖展示、路牌招牌、制服饰物、交通工具、广告展示等。

它为一种静态形式的识别符号系统，是企业组织理念识别系统在视觉上的具体化，意在将企业组织的一切可视事物进行统一的视觉识别表现和标准化、专有化，以此来塑造企业的形象，体现企业的个性，形成企业独特的风格。

标识的意义在于引人注目，给公众鲜明深刻的印象。通过标识标志塑造媒体形象是 CIS 战略常用手段。

图 2-3 《新京报》标徽

如《新京报》标徽为"圆形长城烽火台"。圆形,象征地球和眼球,象征观察世界,象征全球视野和国际眼光。长城,象征中国和北京,象征守土有责的媒体责任意识,象征对国家和人民的发展、富足和安宁负责,象征媒体要讲政治意识、大局意识和责任意识;烽火台,中国最古老的媒体和传播方式,中国传统特色中效率最高的传播方式,象征媒体终极价值和基本元素,象征媒体要发挥预警和监督的战斗性。凤凰形火炬,火炬象征光明,寓意光明日报报业集团;凤凰作为南中国的神鸟,寓意南方日报报业集团;火炬和凤凰所传达的指引、探路、尝试、先锋、新生等内涵,寓意《新京报》就像不断扩大光明范围的探照灯,成为照亮时间和空间的良心。《新京报》标准字是天安门城墙色底方正大标宋字体加粗反白。《新京报》符号总是跟天安门城墙颜色出现在一起,时刻提醒新京报人和国内外读者:《新京报》有浓厚的北京特色和中国特色;方正大标宋字体,表达与国际接轨和借助科技进步的愿望;加粗反白,突出镂刻效果,增强视觉冲击,象征《新京报》要成为一块传世招牌。

2. 从内涵上来看,CI 由表层子系统、基层子系统、深层子系统三个部分构成

与 CI 的构成内容相对应,CI 的表层子系统主要是由企业的外部视觉形象要素构成,如企业的标志、标准字、标准色、名称、图案等视觉符号,以及企业的广告、口号、企业的各种活动、员工的行为等能为外界感知的行为要素;基层子系统主要由企业的各种制度、关系、结构、素质、竞争力、组织等要素构成;深层子系统包括企业理念、企业文化、企业价值观等精神要素。

从三个子系统的内在联系来看,显然深层子系统是最根本的决定性因素,基层子系统和表层子系统则是深层子系统的外化。企业的观念层次支配着企业的行为,企业的一切外部表现和行为都是由企业理念和价值观念发动的,都是企业文化的外部形象。因此,我们可以通过企业的行为和外部视觉形象来判断一个企业深层次的经营理念与价值观念,以及企业的文化底蕴。

(二)CI 的功能和目的

1. 提高企业的知名度

一个企业的产品在市场上能占多大的份额,很大程度上取决于其在消费者心目中有多大的知名度。CI 战略通过统一的视觉设计,通过对产品包装、广告等的一致性设计,通过一系列同一化、整体化、全方位的理念识别、行为识别和视觉识别的运用,反复植入,可以帮助企业在社会公众中留下强烈的、鲜明的印象,紧紧抓住消费者的心,从而提高企业的知名度。

2. 塑造企业良好的形象

企业形象是无形资产,良好的企业形象会给企业带来不可估量的社会效益和经济效益。CI 的实施可以帮助企业在社会公众中树立起优良的产品形象、独特的品牌形象和良好的企业形象,从而对企业产生良好的印象和意识,使企业在市场竞争中处于有利地位。

3. 创建一流的企业文化,增加企业内部的凝聚力

企业文化的最大作用就是强调企业目标和企业成员工作目标的一致性,强调群体成员的信念、价值观念的共同性,强调企业对成员的吸引力和成员对企业的向心力。CI 的实施可

以增进企业内部的团结和凝聚力,增强企业员工的主人翁精神,使员工能明确意识到自己是这个集体中的一员,在心理上形成一种对集体的"认同感"和"归属感"。

4. 为企业创造一个良好的经营环境

CI 的实施可以使企业与政府、供应商、经销商、股东、金融机构、新闻界、消费者等保持良好的关系,使环绕企业的经营环境转变为有利于企业的经营条件,使社会公众了解、识别、接受企业及其产品。

(三)CI 的发展历程

CI 的发展过程中经历了三种模式:一种是以视觉识别为中心的美国模式,一种是以理念识别为中心的日本模式,一种是注重行为统一的德、韩模式。

1. CI 的起源

CI 的实践最早源于德国。1907 年,德国通用电气公司在其系列电器产品上,首次使用了由德国著名设计师彼得·贝伦斯设计的统一的商标标识 AEG,并成功运用于各种经营活动,这标志着统一的视觉形象的"CI"雏形的确立。接着,英国工业设计协会负责规划的伦敦地铁,创造了全世界实践"设计政策"的经典之作。

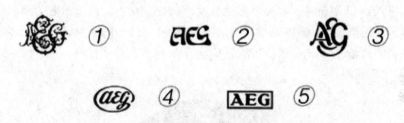

图 2-4 德国通用电气公司曾经用过的标识

2. CI 在美国的发展

美国则是 CI 理论的发源地。早在 20 世纪 30 年代初期,美国著名的设计师雷蒙德·洛伊和保罗·兰德等人就提出了 CIS 这一用语。二战后,国际经济复苏,企业经营者逐渐感到建立统一的识别系统以及塑造独特的经营观念的重要性,于是,现代意义上的企业识别系统整体概念开始产生。1950 年,美国专业设计刊物《平面设计》杂志首次使用"CI"这一术语。到 50 年代中期,美国首先推行 CI 设计。

国际商业机器公司(International Business Machines Corp)于 1955 年在美国各大企业中率先导入 CI,开创了 CI 设计的先河,并获得了巨大的收益。

CI 设计师艾略特·诺伊斯认为,国际商业机器公司的全称不但难以记忆,而且不易读写,在形象宣传方面存在障碍。他将公司名称浓缩为"IBM",创造出富有美感的八线条纹的标准字造型,并选用蓝色为标准色。这个公司标志体现了 IBM 富有独特个性的开拓精神和创造、服务的现代意识,在消费者心目中留下具有强烈视觉冲击力的形象印记。后来,IBM 公司利用一切可以利用的项目,传达 IBM 的优点和特色,并在与公司有关的一切物体上,如办公用品、员工服装、公司车辆、广告等,广泛使用统一化、标准化设计,通过设计创新、产品设计和生产,以及优秀的售后服务,体现出"IBM 就是服务"的理念,最终使 IBM 公司成为社会公众信任的计算机界的"蓝色巨人"。

图 2−5　国际商业机器公司的标识

这个兼具标准图、标准字、标准色的 IBM 标志,后来被许多评论家给予了极高的评价——IBM 从单一识别功能发展到代表性、说明性、象征性等多种功能,鲜明地体现了 IBM 的经营哲学、品质和时代感。

IBM 公司总裁小沃森把树立企业形象融会于生产经营的远见卓识,对美国企业界由单纯的生产经营方式向现代观念的科学管理方法的转变,产生了极大的推动作用。20 世纪 60 年代初期,欧美一些大中型企业纷纷将能够完整树立和代表形象的具体要素作为一种企业经营战略,投入到 CI 潮流中。像美孚石油公司、东方航空公司、西屋电器公司。到了 70 年代,可口可乐公司革新了世界各地可口可乐的标志,采取统一的形象识别设计,以强烈震撼的红色、独特的瓶形、律动的条纹所构成的 Coca Cola 标志震惊了世界,导致世界各地掀起了一场企业形象新热潮。

图 2−6　可口可乐公司的标识

3. CI 在日本的发展

20 世纪 70 年代,CI 理论引入日本,在日本兴起了企业形象建设浪潮。

日本早期实行 CI 设计的公司并没有准确把握 CI 的完整概念,开始时全盘接受了美国式的 CI 模式,重点放在视觉识别系统的设计和传播上,以标准字、商标标准化作为 CI 战略的核心。后来有些企业注意到,单单在商标的视觉效果上动脑筋,似乎并不能完全达到预期的目标。于是,设计师与企业家联手,将 CI 战略的实施重点转向企业理念和企业文化,开始创造日本模式的 CI 设计。80 年代后期,日本企业界将美国创造的以视觉识别系统为核心的 CI 与日本企业文化相结合,融合企业理念开发、企业经营活动和企业视觉要素,形成了颇具日本特色的 CI 策划设计和运作体系,并借助企业识别系统使企业体制和员工观念产生了质的变化,有力地推动了日本经济的高速发展。

日本模式的 CI 理论认为,CI 设计不仅仅是视觉符号上的表现,而且是整体性、系统性的设计规划,特别要注重企业文化与经营理念的传达;整个 CI 设计应体现人性管理精神,要注重调查研究、开发经营、发展战略等未来走向的长期规划。

应该说,日本对 CI 的理解与定义比 60 年代登场的美国式 CI 更完整,更富有时代性。因此,人们对 CI 战略的理解、运用也逐渐由过去的美国式 CI 形态转向日本式 CI 形态。

4. CI 在中国的发展

我国台湾、香港的企业在 20 世纪 70 年代引入了 CI 设计,80 年代中期,随着中国的改革开放,CI 也开始登陆中国内地,并逐渐被社会所认可。

(1)第一 CI 时期

1974 年,苏州轻工职工大学袁维青教授在《包装装潢》杂志上首次向国内推介了 CI。但是,直到 1987 年,中国并没有一家企业运用过 CI。1988 年,这是 CI 在中国划时代的一年。这一年,在中国设计界创立了首家以 CI 战略为经营理念的私营设计机构——新境界设计群。由新境界设计群主导的广东省东莞市黄冈保健饮料厂实施 CIS 战略,成为我国企业导入 CI 的第一个成功的案例。该公司变更了厂名和品牌,同时注入全新的思想和市场战略,其推行结果表明:同样产品,叫"生物健"时仅五百多万元营业额,称"太阳神"后有二千多万元,从而确立了国人皆知的"太阳神"形象。

图 2-7 太阳神集团的标识

在"太阳神"的 CI 策划方案中,最著名的首推其视觉部分(VI)的设计。醒目的黑三角上,圆形的红色太阳鲜艳夺目,热烈四射,象征一个企业蓬勃向上、勇往直前的精神和气概。这套 VI 经由各类媒体广告的大力传播,曾经家喻户晓、妇孺皆知。

除 VI 部分外,太阳神集团的整套 CI 方案在理念(MI)部分、行为(BI)部分也做了卓有成效的工作。比如,在其 MI 中,提出了集团的最高宗旨(最高价值观)是:提高中华民族的健康水准;经营理念是:以市场为导向,以科技为依托;管理理念是:以人为中心;发展理念是:以专业经营为中心,市场专业化,科研市场化;团队精神是:真诚理解,合作进取。

在太阳神集团 CI 策划中,值得注意的还有其企业文化的建设。从 1991 年开始,太阳神集团新年第一天均公开发布新年献辞。太阳神的员工和全国各类人群都可以在当地的主要报纸上看到太阳神集团的"新年献辞"。第一次的献辞内容是太阳神商标的设计创意,这一文本后来还被标准化后在有关太阳神简介中被广泛使用。第二年和第三年献辞内容及功能有了进一步拓展,其鲜明的特点尤以第三年最为突出:《不满,是人类永远向上的车轮!》这一口号成为太阳神人 1993 年最高的经营管理哲学,并且进一步丰富和发展了企业的理念系统。

当太阳神那象征"太阳与人"的红色圆形与黑色三角经由媒体的宣传和推广深入人心,并为企业带来滚滚财源时,CIS 开始被中国企业家认识并迅速接受。之后,中国南方的一些企业,如健力宝、三九、红豆、康佳等品牌,都通过 CI 设计使企业树立了良好的形象,也成为最早的受益者。1990 年,第十一届亚运会在北京举行,这是中国大型运动会第一次大规模全面导入 CI,产生了巨大的影响。

(2)第二 CI 时期

中国的 CI 由南向北、从沿海到内地在全国逐渐形成一股热潮,CI 开始由"表象化"走向深入和成熟。与第一时期以乡镇企业、集体企业、合资企业为主不同,这一时期是一批已具备雄厚经济实力和优越市场地位的大型国有企业纷纷导入 CI。它们实施 CI 的主要目标不是为了产品的上市销售,而是希望改善企业的整体形象,提升企业的知名度,尤其希望借助 CI 的导入,转变企业经营管理的理念,在经营管理上同国际接轨。由此,中国的 CI 开始渗透到企业经营管理活动之中。

(3)第三 CI 时期

严格地说,发轫于 1988 年,盛行于 90 年代上半期的中国本土 CI 策划,是从美国式和日本式的 CI 中汲取了部分元素,以适应改变了的市场竞争机制,打造统一个性形象塑造,从而与消费者建立一种更持久更稳固的关系。这一时期的 CI 导入主要是一种广告策略的更新,这种更新大体在两个方面进行:一是借 CI 的整体化意识及其视觉基本元素的定格,将企业广告宣传统一起来,加强视觉冲击力。二是建立企业形象广告和产品广告之间的视觉统一性,并借助不断明晰和深化的企业理念将广告的短期性行为降低到最低限度。因此,这是特殊意义上的中国式的 CI。

毋庸讳言,与 CI 在其理论发源地美国、繁荣地日本的实施周期相似,进入 21 世纪后,CI 在中国进入了衰落期。中国本土的 CI 实践对于大部分企业来说,直到今天仍然是局部的、探索性的、不成熟的,真正成功的案例并不多见。许多企业在导入 CI 后其经营状况并没有什么明显改善,因此开始对 CI 产生质疑。而最早运用 CI 理论的如太阳神等,也日落西山,加之更多新的理论不断涌入,CI 在新的市场环境中已完成其历史使命,新的市场理论的产生已成必然。

三、咨询

咨询业在西方被称为"智力服务业"，现代咨询业是人们对第三产业中以智力型服务为特点的新兴行业的总称。

咨询业以科技为依托，以信息为基础，综合运用科学知识、技术、经验、信息，按市场机制向用户提供各种有充分科学依据的可行性报告、规划、方案等创造性智力服务，为解决政府部门、企事业单位、各类社会组织面临的复杂问题提供帮助。

咨询业起源于英国，1818年，在欧洲工业化发展初期，以建筑学家约翰·斯梅顿成立"英国土木工程师协会"为代表，英国开始有了咨询业，至今已有百余年历史。20世纪50年代以后，现代咨询业在西方发达国家获得了高速发展，至今已是规范明确、组织完善的行业。

国外的咨询业经历了个体智囊、智囊团以及思想库三种主要组织形态。从产品购买方的实践意义来看，企业咨询一般分为产业咨询、管理咨询、战略咨询与项目咨询。通俗地说，产业咨询就是告诉企业你的生存发展环境是怎样的；管理咨询就是告诉企业你自身的体制结构、绩效评估等是否合理；战略咨询就是告诉企业如何结合内外环境来发展；项目咨询就是为具体目的（非整体战略目标）的实施提供信息服务。其中，管理咨询是从1895年泰勒做"效率"顾问工程师开始的，最初出现于美国，后来移植到西欧、日本。在20世纪40年代以前，管理咨询服务的领域主要限于生产现场的改善、作业研究、生产技术的合理化建议和会计业务等方面。资本主义工业大生产之后，企业家为了生存和发展，管理咨询进入了企业战略研究之中，主要对经营战略的长期计划、经营决策、组织机构设置等方面进行咨询。目前，咨询业务已从技术咨询发展到政府、企业的战略咨询、管理咨询。

各咨询强国有着各自的强势领域，比如英国在工程咨询方面，美国在企业管理方面，德国在国际组织方面，日本在产业情报方面，都独树一帜。美国的兰德咨询公司（以军事研究和咨询为主）、麦肯锡咨询公司（以战略、管理咨询为主）、斯坦福国际咨询研究所（以政府、企业、团体为服务对象）、布鲁金斯研究所（以经济、外交政策和政府活动为主）、英国的伦敦国际战略研究所、日本的野村综合研究所等，都是一些著名国际代表企业。美国是世界上咨询业最发达的国家，咨询机构数量高居世界榜首，咨询服务几乎涉及社会生活的各个方面，而且市场运作规范、专业化程度高、收费合理，已形成相对稳定的咨询行业和服务体系。

我国咨询业真正形成独立工作机构是从1980年开始的，党的十一届三中全会后，中国逐步转变机制，咨询组织开始萌芽，在各地科协领导下，各地建立了科技咨询机构，后来一些大学、研究所、学会也成立了咨询机构，主要从事科技方面的咨询。目前，我国咨询业也经历了一个从科技咨询向管理咨询、战略咨询发展的过程。国内的许多称为咨询公司的企业，主要从事于企业管理和战略方面的业务，正处于由起步向发展过渡的阶段。

（一）咨询的特点

应该说，咨询既不是一种学派也不是独立的学科，咨询是一种服务、行业或机构。作为一种专门的行业，咨询业具有独立化、专业化、标准化和法规化的特点。

（1）独立化是指咨询业的机构和利益独立于所服务的企业之外,咨询机构与一般工商企业相分离。

（2）专业化指咨询机构作为顾问应当拥有一批专家级的专业咨询人员,如会计师、审计师或咨询策划师等,提供专业化的咨询服务。

（3）标准化是指咨询行业通过行业竞争已经形成业内通行的服务理念、服务项目、效果标准和收费标准。

（4）法规化是指国家通过颁布立法或发布行业管理法规,对咨询业从业人员资格、咨询机构设立标准、收费标准甚至提供的解决方案的法律后果都要作出规定。

咨询业的产品是信息与智力,这类产品有助于产品购买方实现其目的。但信息和智力产品是非物化的,它的提供不存在标准化的分析模式,也不存在客观判断优劣的理论体系,其产品效益往往缺乏客观价值体系的评判。所以,凭什么能让客户相信产品的提供者比他们更有智慧,又能以什么来证明咨询的价值,而人的流动性更会让企业充满经营的风险,这些都成为咨询业发展中的困惑。

（二）世界著名咨询公司简介

麦肯锡和兰德是世界著名的咨询公司,它们的发展和成功代表了咨询业的发展道路和典范。两家公司的经营范围和业务特色不尽相同,分别代表了企业咨询和政府决策咨询的两大领域。

1. 麦肯锡咨询公司

麦肯锡咨询公司创立于1923年,创始人就是企业科学管理的倡导人麦肯锡。随后,这家以他姓氏命名的会计及管理咨询公司得到了迅速的发展。到20世纪30年代,麦肯锡已逐渐把自己的企业形象塑造成一个"精英荟萃"的"企业医生",把麦肯锡的远景规划描绘成致力于解决企业重大管理问题的咨询公司,聚集最优秀的年轻人,恪守严格的道德准则,以最高的专业水准和最卓越的技术,为客户提供一流的服务,并不断提高公司在行业中的地位。

在以后的十年里,麦肯锡将公司理念传递给每一个合伙人和同事,并把各地的分支机构组织成一个紧密合作的整体,打破公司内的地域分割,强调所有的雇员不论其身在何地,都是在为整个公司而工作;而每一位顾客,不论是哪一个分支机构为其提供的服务,整个公司都必须对其负责;利润则在全公司范围内进行分配,而不是由各地的分支机构自负盈亏,以此来确保公司上下团结一致,增强公司的凝聚力。

麦肯锡公司在20世纪50年代实现了快速发展,成为美国国内咨询业首屈一指的领先者,并为其随后于60年代在国际市场上的拓展做好了充分的准备。到60年代末,麦肯锡公司已成为一家在欧洲和北美市场享有盛誉的大型咨询公司。

从20世纪70年代初开始,内外部环境的变化导致麦肯锡公司陷入了困境。麦肯锡公司召集了公司内最精锐的咨询专家组成一个专门的研究委员会,分析当时的宏观经济问题及公司的出路。在关于公司的目标及战略调整方向的报告提出之后的九年时间里,麦肯锡与波士顿两家咨询公司的竞争也越来越激烈。麦肯锡把两个至关重要的领域——战略和组织作为公司业务发展的战略重点,分别任命了该领域领先的专家负责其发展。经过一系列的改革与调整,麦肯锡公司终于于 80 年代初走出低谷,重新开始复兴和繁荣。

麦肯锡公司从 1980 年开始就把知识的学习和积累作为获得和保持竞争优势的一项重要工作,在公司内营造一种平等竞争、激发智慧的环境。据美国《商业周刊》的一项调查,在 158 家跨国公司中有 80% 的企业正在着手建立正规的知识管理程序,而麦肯锡公司被公认为知识管理领域的领路人。

目前,麦肯锡公司是世界第一大管理咨询公司,也是世界上最有声望的战略咨询公司。麦肯锡大多数的客户为各国优秀的大型公司,这些公司分布于汽车、银行、能源、保健、保险、制造、公共事业、零售、电信和交通等各行各业。世界排名前一百家公司中 70% 左右是麦肯锡的客户,其中包括 AT&T 公司、花旗银行、柯达公司、壳牌公司、西门子公司、雀巢公司、奔驰汽车公司,在中国有广东今日集团、中国平安保险集团等。公司的主要业务范围是为各类客户特别是为企业设计、制订配套的一体化解决方案,包括战略开发、经营运作、组织结构等。

如果产品没有标准,那就让现实中的最好成为标准。这是麦肯锡产品服务的潜台词。为此,麦肯锡公司总是招聘出身名校的最优秀的员工,由最优秀的专家及时总结全球咨询经验,用最可能有效的办法加强内部培训与经验交流等。目前它的业务网络覆盖 43 个国家,拥有 82 家分公司,近 9000 名员工。

麦肯锡公司 1959 年进入亚太地区,在中国的业务始于 1985 年。自那时起,麦肯锡在香港、台北、上海及北京建立了分公司。中国大陆公司从 1993 年开始成立,麦肯锡中国公司的客户已经从以前 100% 的跨国公司发展到今天 60% 以上是中国本土公司,包括国有企业、私营企业等。虽然在市场竞争中也出现过一些失误,但其完善的咨询服务模式依然在咨询界得到普遍承认。

2. 兰德公司

兰德集团成立于 1948 年,主要对国家的对内、对外政策,军事、经济、社会问题和公共策略进行各方面深入细致的研究分析,并向政府提出客观、公正的决策建议。兰德的长处是进行战略研究,它通过准确预测的科学性、权威性,在全世界咨询业中建立了自己的信誉。

兰德现有雇员近千人,还向社会上聘用了约 600 名全国有名望的知名教授和各类高级专家作为自己的特约顾问和研究员,参与兰德的高层管理和对重大课题的研究分析及成果论证。

长期以来,兰德主要受雇于美国政府,但它坚持自己只是一个非营利的民办研究机构,独立地开展工作,与美国政府只是一种客户合同关系,因而保持了一贯的客观立场和独立性。

四、公共关系

(一)定义

公关译自英文 Public Relations,简称 PR。中文表述可称为"公共关系",也可称为"公众关系"。其实译为"公众关系"在含义上更准确直接,因为这个词的本义就是指组织与公众之间的关系,但由于约定俗成等原因,人们习惯称为"公共关系",我国各地也流行简称"公关"。

关于"公关"的定义,也是五花八门。美国著名公共关系学者雷克斯·哈罗博士受美国公共关系教育基金会的委托,在研究分析了 472 个不同的公共关系定义后提出一个特别详尽的定义,详细说明了公共关系的主要功能和作用。他认为:公共关系是一种独特的管理职能。它帮助一个组织建立并维持与公众之间双向的交流、理解、认可与合作;它参与处理各种问题与事件;它帮助管理者及时了解公众舆论,并对之做出反应;它明确并强调管理部门为公众利益服务的责任;它作为社会变化趋势的监视系统,帮助管理者及时掌握并有效地利用社会变化,保持与社会变动同步;它运用健全的、正当的传播技能和研究方法作为主要的工具。

2002 年版的《不列颠百科全书》将公共关系定义为:指寻求或容易受到社会注意的实体同对该实体感兴趣或可能感兴趣的公众之间的情况交流。

通俗地说,公共关系工作就是在组织和对它们至关重要的各群体间建立良好的关系。

(二)概论

1. 公共关系中的三大要素

在日常的公关活动中,其核心部分就是要决定传达什么样的关键信息以及把这些信息传达给目标受众的最佳传播渠道组合。由此可见,公共关系现象和活动的三大最基本组成要素——组织、传播、公众,它们是公共关系学中三个最基本的概念,任何公共关系活动都是由这三个要素构成的。

在这三个要素中,"组织"和"公众"是公共关系的承担者,分别是公共关系的"主体"和"客体",这二者之间的相互作用方式是"传播"。三个要素之间的联系就是组织与公众之间通过传播沟通所形成的信息的双向交流,组织与公众之间沟通交流的双向性是现代公共关系的本质特征。

(1)组织(organization)

组织是公共关系活动的主体,就是公共关系的承担者、实施者、行为者。公共关系是一种社会关系,特指组织与公众之间的传播沟通关系,即组织与公众环境之间的信息交流关系。其活动是一种组织的活动,而不是个人的事务和技巧;它处理的是组织的关系与舆论,而不是私人的关系和事务,追求的是整体的公关效应和社会形象,而不局限于个人的印象、情感和利益,因而在公共关系活动中需要涉及组织的目标、战略、政策、计划、方法、产品、人员、环境等诸要素,而不能仅仅停留在个人活动的层面上。

(2)公众(public)

公众是公共关系传播的对象。公共关系是由组织运行过程中涉及的个人关系、群体关系、组织关系所共同构成的,这三种关系构成了组织的公众环境,组织的公共关系工作就是针对这个公众环境进行的。

公共关系的过程是组织与公众之间经过传播沟通活动相互影响、相互制约的过程。组织的目标、决策和行动会影响到公众的态度和行为,相反,公众的态度也会影响到该组织的目标、决策和行动。作为公共关系的对象、客体,公众并不是完全被动的,也不是随意受摆布的。各种公众对象都是有意志、有愿望、有行动的个体、群体或组织,会主动地对公关主体的政策、行为做出相应的反应,从而对公关主体形成社会压力和舆论压力。

（3）传播（communication）

传播是公共关系活动的过程和方式。公关活动的过程就是运用各种传播媒介和沟通手段,在组织与公众之间建立有效的双向联系和交流,促成相互间的了解、共识、好感与合作。运用现代信息社会的各种传播沟通手段去建立和完善组织与公众之间的关系,就是公共关系活动的实质性内容。

传播包括各种语言沟通、组织传播、公众传播、大众传播等形式,还包括各种印刷媒介、电子媒介、实物媒介等技术手段。

2. 公共关系的职责和功能

公共关系作为一种管理职能,是对组织与社会公众之间传播沟通的目标、资源、对象手段、过程和效果等基本要素的管理。即传播管理,也称沟通管理。

经过长期的实践,逐渐形成了公共关系的一些最基本的职责,包括收集信息、辅佐决策、传播推广、沟通协调、提供服务等。

公共关系对组织的直接功能主要是树立组织的良好形象和协调组织的关系网络,另外还有对个人和社会的间接功能,做好公共关系可以提高个人素质,优化社会环境。

3. 公共关系管理过程

公共关系管理包括了一般管理的基本环节,也就是对组织的公众传播沟通活动进行决策、计划、组织、指挥、控制、协调和监督等。作为一个完整的管理过程,公共关系的运作遵循一定的程序,形成若干基本的模式。

（1）四步工作法

将整个公共关系工作过程划分为四个基本阶段,这四个阶段相互衔接不断循环上升,形成一个动态的环状模式,体现了公共关系工作的计划性、整体性、系统性。

① 公共关系调查:通过环境分析、舆论分析或形象分析,确定公关的对象和问题;

② 公共关系策划:根据公关问题确定公关目标,制定公关计划和设计公关方案;

③ 公共关系实施:根据公关的目标、计划和方案实施各种传播沟通活动;

④ 公共关系评估:根据调查反馈的信息评估公关活动的效果,寻找新的问题,确立新的公关目标,调整原有的公关计划。

（2）六步工作法

将整个公共关系工作过程分解为六个基本步骤:

① 估计形势;

② 确定目标;

③ 确定公众;

④ 选择媒介;

⑤ 编制预算;

⑥ 评价结果。

(三)简史

1. 诞生

公关是作为一种职业和学科,最早产生于美国。1903 年,艾维·李开办了第一家宣传顾问事务所,成为向客户提供劳务、收取费用的第一个职业公共关系人,标志着现代公共关系职业化的发端。

1906 年,艾维·李就公共关系发表了著名的具有里程碑意义的《原则宣言》,阐明了企业管理的"门户开放原则",他的观点是公众必须被告知。他认为,一个公司、一个组织要获得好的声誉,就必须把真相告诉公众;如果真相的披露对公司、组织不利,那就应该调整公司或组织的行为;企业与其员工和社会关系如果产生紧张摩擦,主要原因是企业的管理人员采取保守秘密的做法,妨碍了意见和消息的充分沟通。他把他的新思想付诸实践。

1906 年,无烟煤业的业主们竭尽全能仍无法诱迫罢工的工人们复工,同时他们受到新闻界舆论的猛烈攻击,便相互指责,推诿责任,致使整个无烟煤业陷入一片混乱。后来他们聘请名声大噪的艾维·李来解决这些问题,协调好劳资、业主内部、业主与新闻界之间的关系。他们被迫接受了艾维·李提出的两个先决条件:即他有权与该行业的最高管理者接触并影响最高层的决策过程;有权在他认为必要时向全社会公开全部事实真相。于是,艾维·李积极协助记者了解罢工情况,安排劳资双方接受记者采访,记者写出报道的内容真实且丰富,这使劳资双方通过报纸了解了对方的态度和立场、社会舆论对整个事件的看法等。最后,双方在互相理解的基础上,同时做出让步,解决了若干具体问题,企业又恢复了正常生产。

艾维·李始终向客户灌输的观念是:"凡是有益于公众的事物必有益于企业和组织。"由于他的正确决策和科学的求实行动,驱散了笼罩在大公司与其公众关系上的神秘和冷漠的气氛。报道这一事件的记者们,发现采访工作好做了,报道的准确性提高了,内容也丰富了。由于艾维·李在解决整个煤矿工人罢工事件中协调好资方与工人、资方与新闻界以及资方内部之间的种种关系而名声大噪。

此后,艾维·李在向洛克菲勒财团提供咨询又获得巨大成功,在处理宾夕尼亚公司主干线的严重事故中同样收到前所未有的效果。

洛克菲勒因公然下令在科罗拉多残杀罢工的工人而一度声名狼藉,被称为"强盗大王",与公众之间的矛盾十分尖锐。为平息工人的罢工怒潮,改变自身的形象,洛克菲勒聘请艾维·李处理劳资纠纷及其与新闻媒介的关系。艾维·李果敢地采取了一系列的措施:

➢ 聘请有威望的劳资关系专家来核实与确定导致这次事故的具体原因,并公布于众;

➢ 邀请劳工领袖参与解决这次劳资纠纷;

➢ 建议洛克菲勒广泛进行慈善捐赠;

➢ 增加工资,方便儿童度假,救贫济困。

这就使工人对洛克菲勒的看法有了微妙的改变,为洛克菲勒集团在内外公众中树立了较好的形象。

艾维·李又应邀协助宾夕法尼亚州铁路公司处理一起意外事故的善后工作。他要求保护现场,然后派车接记者们前来采访,让他们了解事故的真实原因,目睹铁路公司为处理事故做出的种种努力,如向死难者家属提供赔偿,为受伤者支付医疗费,向社会各方诚恳道歉等;安排有关人员诚实地回答记者的提问,向记者们作技术性解释,为实地采访提供种种方便。当首批有关该事故的专稿公开见报后,公司的董事们惊喜地发现,这家公司得到了有史以来最公正、最善意的评价,大大改善了公司的形象。

总之,艾维·李在创建现代公共关系的事业中取得了出色的成绩。他为改善企业的公共关系和人事管理付出的持久努力,被人们看成是现代公共关系的里程碑;他开设的公共关系事务所,被认为是现代公共关系实业的起点;他坚持以诚待人,重视坦白的舆论,揭示了现代公共关系的特征及其奥秘;他采用的许多公共关系技巧和方法,一直沿用至今,为现代公共关系的实务技能奠定了基础。因此,艾维·李被学术界誉为"现代公共关系之父"。

艾维·李的工作亦有不足之处。他凭经验,忽视理论;凭直感,忽视调查。在开展公共关系咨询和实施目标的过程中缺乏科学的预测和理性总结。"有艺术,无科学",这是艾维·李最大的局限。

这个时期作为现代公共关系发生的标志是因为他首先出现了现代意义上的公共关系名称,出现了现代公共关系的思想和实务活动,成立了收取费用的独立的职业组织(公共关系事务所)。这一切,都表明了公共关系已经由思想转为行动,成为社会上的一种专门行业。

2. 发展

福特"T"型小汽车于1908年10月1日隆重推出,很快令美国人着迷。"T"型车价格便宜,其最终售价仅260美元,是世界上第一辆普通老百姓买得起的汽车。福特汽车公司的这个做法被人誉作"为美国造就了一个中产阶级"!福特汽车公司在生产"T"型小汽车的过程中,还创立了引发大规模生产的流水装配线,为整个工业界带来了伟大的变革。亨利·福特的另一个贡献是实行日工资5美元的薪金制度,这个报酬是当时技术工人正常工资的两倍。由于执行一系列职工和社会服务与福利计划,使该公司几十万工人也成了本厂"T"型小汽车的用户。"T"型车风行美国。至1927年夏天,"T"型车虽渐成为历史,但已售出1500多万辆。

亨利·福特汽车公司的成功得益于他的高级管理人员和技术人员的鼎力相助,自然也包括公共关系人员的贡献。当时该公司的公共关系部经理便是赫赫有名的公关先驱人物——爱德华·伯内斯(Edward Bernays)。伯内斯注意到直接影响企业兴衰成败的是与公众之间的良好关系。他认为,企业只有关心公众的利益才能赢得公众的信任;企业也只有履行社会的责任与义务,才能有一个促进自身发展的优化的生存环境。他在福特公司任职期间,不断倡导实施旨在发展公众福利及社会服务的计划,提高了该公司在公众及社会中的影响,为促进福特汽车公司的发展起到了重大作用。

20世纪40年代前后,伯内斯将公共关系实务推向正规化、科学化,成为著名的公共关系理论家和实践家。

伯内斯关于公共关系思想的信条是:"投公众所好。"他认为公众喜欢什么、公众期待什么,作为组织必须要严肃地考虑。在科学的审视与调查研究之后,一切以公众态度为出发点,再进行组织的宣传工作,以满足公众的要求。由于伯内斯在从事公共关系的研究与实务中,以一定的科学理论为指导,所以,促进了公共关系正规化、科学化,提高了公共关系的理论水准。

伯内斯一生致力于将社会科学理论应用于公共关系研究,他深入地研究了公共关系实务的产生和当时的情况,科学地预测公共关系的未来。他的这些研究成果集中反映在 1923 年出版的被称为公共关系理论发展史的"第一个里程碑"的专著《使舆论具体化》一书中,创造并详细地解释了"公共关系咨询"这样一个新的术语;进一步提出了公共关系的原则、实务方法和职业道德,从而把公共关系理论从新闻传播领域中分离出来,并对公共关系的原理与方法进行了较系统的研究,使之系统化、完整化,最终成为一门独立的新兴学科。同年,伯内斯又第一次将公共关系带入高等学校,在纽约大学主讲了公共关系课程。此后,公共关系学有了自己的定义、界定、自身的性质与特点以及划分它与其他学科的界线,逐渐形成了自身独特的学科体系。

3. 成熟

20 世纪 50 年代以后,公共关系的实务活动与科学理论进入"发达期"阶段。1955 年,由二十多个国家参与的国际公共关系协会(简称)在伦敦成立。从此,公共关系作为一门世界性的行业而独立存在。这种情况当然是公共关系事业发达的标志。

这一时期,出现了几位著名的公共关系大师。他们无论从实践上和理论上或者是两方面的集合上都作出了重大的贡献。

美国人卡特利普和森特,不愧为公共关系的权威人物。他们出版了《公共关系咨询》、《当代公共关系导论》和《有效的公共关系》等著作。某些研究人员重视的"双向对称"公共关系模式,最早就是这两位权威在 1952 年的出版物中提出来的。他们认为,公共关系的最终目的是要在组织与公众之间形成一种和谐的关系。因此,一方面,要把组织的想法与信息传播给公众;另一方面,要把公众的想法与信息反馈给组织。只有如此,才能求得双向沟通、对称平衡的良好环境。《有效的公共关系》这本书在美国被誉为"公共关系的《圣经》",公共关系正式进入学科化阶段。

英国人弗兰克·杰夫金斯是英国公共关系协会顾问、英国公共关系学院教授。他早年主攻经济学,曾在伦托尔公司从事公共关系工作,主要负责处理科技公共关系。1968 年后,他自己在英国开办了公共关系学校,讲授公关、广告、市场等方面的课程,是一位出色的公共关系教育家。他是当今英、美两国撰写公共关系方面的著作最多的作者之一,他的著作丰富和发展了公共关系学的理论,有力地促进了当代公共关系事业的发展。

自 1950 年到 1955 年间,公共关系的实务活动遍地开花,公共关系协会、顾问公司等如同雨后春笋蓬勃生长出来。公共关系在中美洲、南美洲、澳大利亚、日本、新西兰和南非开始扎根。当时,英国公共关系顾问组织就有 70 多家;日本有公共关系专业机构将近 40 多家,其中营业额达 7 亿日元的就有 10 家;澳大利亚有将近 600 家公共关系顾问公司;加拿大公共关系协会在地方上就有七个分会。

1960 年,美国有公共关系从业人员 10 万人;1980 年,发展到 12 万~13 万人;1985 年,达到 15 万人。美国有 85% 的企业自设公共关系机构或外聘公共关系顾问,每年的公共关系预算达几十亿美元。这一时期,公共关系学科形成,直接促进公共关系教育事业的发达。随着公共关系被政治界、实业界乃至宗教界、民间社团等各方面的广泛应用,社会对公共关系人员需求量增加,对其专业水平的要求也逐步提高。1955年,美国有28所学校设置公共关系专业,66所学校开设公共关系课程。到1970年,开设此课程的学校达300所。1978年,全美国已有292所大学教授公共关系学,其中10所大学设博士学位,23所设硕士学位,93所设学士学位。

由于卡特利普、森特和杰夫金斯等专家学者的努力,将公共关系推进到一个新的阶段。

1978年8月,在墨西哥召开的世界公共关系协会大会上,代表们对公共关系的含义达成了共识:公共关系是一门艺术和社会科学。

4. 公共关系在中国

公共关系市场在中国形成于20世纪80年代初期。随着外国投资、人才技术、管理的引进,现代公共关系理念由南到北,从深圳等四大经济特区逐步影响到中国东部沿海城市,一些合资企业尤其是中外合资酒店率先导入了公共关系职能,在企业内部设立公共关系部门,1984年,国内第一家国有企业公关部——广州白云山制药厂公共关系部正式成立,并将年总产值1%的资金作为"信誉投资",用于公关工作。1984年12月26日,《经济日报》刊载通讯《如虎添翼》,报道了该厂的公关活动,并发表社论《认真研究社会主义公共关系》。全国有35家报纸杂志都先后载文报道或评论公共关系,使其变得家喻户晓。

由此,在1986年到1989年期间,掀起了中国公共关系事业发展的一个高潮。但这一时期,中国的公共关系主要还是在实践实务领域发展,理论研究上基本是对国外的理论和实践的照搬照抄。

此后,中国的公关活动逐渐从自发走向自为,从盲目走向自觉,从照搬照抄走向自主创造,出现了一批公关工作成绩显著的公司,公开出版了一批公共关系的专著、译著、教材等,开展了一系列公共关系的理论研讨活动,经过三十多年的实践,目前,它已经发展成为一个独立的专业或职业。1999年,《中华人民共和国职业分类大典》正式将"公关员"作为一门新职业列入大典,标志着国家正式承认"公共关系"这一职业。2000年,国家劳动和社会保障部正式将"公关员"列入90个持证上岗的职业之一。

1991年,中国国际公共关系协会(CIPRA)在北京宣告成立。自成立以来,该协会一直将推动中国公关职业化、专业化、规范化作为协会的工作使命。2002年12月,中国国际公共关系协会第三次会员代表大会审议通过《会员行为准则》,这是中国首部较为完善并付诸实施的职业行为准则;2003年,经协会公司委员会提议,12月20日正式确定为中国公关从业人员的节日;2004年6月,《公关顾问业服务规范(指导意见)》正式颁布实施,预示着我国的公关顾问业有了行业服务标准。

五、广告

广告是企业销售必不可少的手段,能否有效地使用广告将直接关系到企业的成败。在与市场销售有关的理论中,广告应该是起源最早的理论,到今天已经发展成为一门非常成熟的独立学科。

广告的最初目的就是为了与别人交换或推销自己的产品,从而采取一定的手段让别人知道自己的意图。广告发展到现在,虽然它的手段和技巧已有了很大的提高,但是,广告始终没有离开它的最初目的:交换和推销。这也是广告的功能。

(一)定义

由于时代不同,提出的角度不同,广告定义的内容也不一致。广告最简单的定义就是广而告之。

1963 年,美国营销协会在经过多次修改后,最终形成了迄今为止仍有较大影响的广告定义:广告是由明确的广告主在付费的基础上,对其观念、商品或服务所作的非人员的陈述和推广。

中国大百科全书出版社编译出版的《简明不列颠百科全书》第 15 版中,关于广告的条目是这样的:广告是传递信息的一种方式,其目的在于推销商品、劳务,影响舆论,博得政治支持,推进一种事业,或引起刊登广告者所希望的其他反应。广告以信息通过各种宣传工具,其中包括报纸、杂志、电视、广播、张贴广告及直接邮递等,传递给它所想要吸引的观众或听众。广告不同于其他传递信息形式,它必须由登广告者付给传播信息的媒体以一定报酬。

由此,我们可以看到,广告的目的是交换或推销,通过广告来扩大产品和服务的影响,让更多的人知道,并影响消费者的态度和行为,以便更好地推销、经营、交换。这也是广告的功能。

广告活动的构成要素有广告主、广告代理商、广告媒介、受众(消费者)、广告信息等。

广告是一种动态的存在,而不仅仅是静止的展示,实质上是一种运动过程。广告主根据自己的营销需求提出广告目的或目标之后,广告代理商会同广告主及其有关部门决定实现这一目标的最佳方案,在此基础上形成实现广告目标的阶段、手法及措施,把以上这些努力与企业的其他营销努力相结合,然后去执行所计划的这些活动。

(二)广告活动的环节

一次广告活动至少要包括以下五个环节:

1. 市场调查

调查是广告活动的起点。调查的任务就是详尽准确地了解市场、产品、消费者和环境的动态,从而为如何开展广告活动打下基础。

2. 策划

策划是广告活动的核心。策划的任务是在调查的基础上对如何开展广告活动提出具体的建议和设想,从而拟定广告计划书。

3. 表现

根据广告战略的需要和广告战术的安排进行广告作品的构思、设计、制作,是广告表现的任务。

4. 发布

把广告作品通过一定的媒体刊播出去。发布的主要任务就是选择、组合媒体并落实具体刊播事宜。发布也是策划思想的体现，需要考虑各种因素。

5. 效果测定

发布后的广告效果测定。

(三)原理

1. 广告的真实性

真实是广告的生命。广告的内容、传播的信息及其质量、价格、功能等必须真实，实事求是。

(1)广告内容不能含糊或夸大，不能动不动就用"最好"、"全国第一"等词语，要经得起推敲。

(2)广告真实性的核心是广告中的承诺，必须兑现广告的承诺。比如广告中的优惠、三包等，一旦在广告中出现就必须兑现，不然就是故意欺骗。

(3)广告的真实还在于不回避自己的缺点，提倡"一分为二"。在介绍信息、产品、服务的优点时，也不回避自己的缺点和不足，向购买者推荐的同时，也要提醒、劝告消费者，指出自己的不足，特别是对可能发生的危险和副作用一定不能回避，应该明确指出，这样才能让受众更加相信你的广告，才会形成对你的公司、单位良好的印象。

2. 广告的实用性和简单性

广告无论如何发展也离不开它的实用性、简单性原理：广告的形式虽然简单、直截了当，但只要方法有效，能达到目的就行。

广告的实用性与简单性，不但可以减少广告的制作费，而且还便于大众接受，因为绝大多数做广告的商品并非只是供有知识、有学问的人消费，特别是对于大众化的商品，制作广告时更应该考虑它的简单性与通俗性，应可能多地向广告受众传递一些明显的信息。

强调广告的简单性与实用性，并不是就要忽略广告的技巧与艺术，关键是要做到恰如其分和针对不同的产品做不同的策划，量体裁衣。广告作品的技巧性、艺术性是为了让受众能更喜欢并接受广告的商品，而不是欣赏广告作品本身，或者达到炫耀广告制作人或其他目的。把广告设计成高雅的纯艺术作品，而淡忘了它的广告功能，人们可能欣赏这个广告作品，但却不能得到广告信息，结果弄巧成拙，降低了广告的效果，或者根本达不到广告的效果。

3. 广告的强加性

广告对人们来说很多时候是被动接受的，是强加的。一方面，生产商、广告商拼命想挤进各种媒介的黄金时段、重点版面做广告，另一方面，受众却极不情愿广告出现在这些时段、版面；或者人们需要某些信息时，某方面的广告信息对这些人是有用的，而对不需要的人来说则是无用的。所以广告与受众之间一直就存在着这种矛盾：受众对广告的反感和广告对受众的强加。因此,如果不能正确认识广告的这些原理或特性,制作广告时就会发生偏离,就不能发挥广告应有的作用。

(四)广告史

广告的历史是与社会发展史分不开的,广告是随着社会经济的发展而产生的,应该是诞生于商品生产和商品交换的年代。早期的广告以口头叫卖、实物、标记广告为主,产生于人们的自然交换中,形式简单,直截了当,却非常有效。

最初的广告形式至今还保留着,只不过用现代技术、手段对它们进行了处理。过去那种口头叫卖的广告,今天依然存在;今天广播中的广告其实就是那种口头叫卖广告,只不过它用现代科技使口头广告叫声更大,听到的人也更多;今天的报纸广告,也就是过去的标记广告,只不过今天的标记改成了用报纸上的文字来介绍;今天的电视广告,也还是过去的口头叫卖广告与标记广告相结合的产物,实质上它是这两种形式的广告;今天的产品直销广告、赠送产品广告,也只不过是过去的实物广告。

[案例]

吼起山歌卖凉粉

"买凉粉,火巴豌豆儿……"每天清晨,这叫卖声便传遍了华阳街头。大叔叫卖的吆喝声独特而有韵律,宛如一首动听的山歌,堪称华阳一绝。

"买凉粉,火巴豌豆儿……"

昨日上午,我们来到华阳街上饭馆最集中的地方,一会儿,远处传来一阵高亢婉转的叫卖声:"买凉粉,火巴豌豆儿……"山歌般的声音立刻回荡在整条街上。我们眺望声音传来的地方,却并没看见叫卖的人,但附近饭馆里的人都端着碗、盆跑了出来。一家泥鳅店的老板告诉我们:"这个卖凉粉的大叔声音太有特色了,每天都是人还没到,声音先到。我店里的顾客特别喜欢听他吆喝,觉得他的叫卖声比唱歌还好听,经常出钱请他吆喝几声,他都不肯。每天中午,有人专门到这一带来吃饭,就是想听他的吆喝呢!听说还有成都来的大老板专门请他到成都帮着吆喝生意呢。"

随着声音越来越近,没多久,一个黝黑健壮的中年人蹬着三轮车过来了。大家都围拢上前去,纷纷买他的凉粉、火巴豌豆儿。

卖凉粉的大叔憨厚地笑着给大家称凉粉。他腼腆地告诉我们,他叫朱克里,今年50岁,是桂溪乡童牌村的农民,已经卖了一辈子凉粉,每天都是天还没亮就起床做凉粉,早上7点钟就出门。至于为什么要用唱山歌的形式来吆喝,朱克里说:"这样才有特色嘛。大家都晓得我的凉粉好,但是我做的是小生意,没有商标牌子。为了让大家记住这些好吃的凉粉、火巴豌豆儿是我卖的,所以我就想出用唱歌的形式来吆喝,结果大家都记住了,只要我一吆喝他们就出来买。很方便,又节约时间,我可以多卖些地方。"朱克里的声音很洪亮,当我们问他是不是学过声乐时,他幽默地回答:"我的老师是电影里的刘三姐,我一直跟着她学唱山歌呢!"

——《华西都市报》

1. 中国

广告在中国古已有之，最原始的广告形式是以实物陈列和叫卖来引起人们的注意。韩非子（约前280—前233）曾在文章中写有"宋人有沽酒者……悬帜甚高"，此"帜"即为酒旗，是用来招徕顾客的一种广告形式。

印刷广告始于北宋，就是把自己的商品名称、制作者姓名、商号、商品质地及销售办法制版印刷，以印刷品的形式进行广告宣传。现珍藏于上海博物馆的济南"刘家功夫针铺"的雕刻铜版，上面不仅有刘家店铺的名称，还有"白兔"的商标及广告语。

图2-8 济南"刘家功夫针铺"的雕刻印刷广告

有资料可查的"广告"一词最早出现于清光绪三十二年（1906年）。当时的《政治官报章程》中有这样一段话："如官办银行、钱局、工艺陈列各所、铁路矿务各公司及农工商部注册各实业，均准进馆代登广告，酌照东西各国报馆广告办法办理。"这里的"广告"一词的词义已经完全是现代意义上广告的意思了。

1979年1月28日，上海电视台为解决进口设备经费的燃眉之急，播放了我国电视史上第一条商业广告——"参桂补酒"；同年3月5日，上海人民广播电台也在全国广播电台中第一个恢复广告业务。1979年11月，中宣部下发文件，对大众传媒播发商业广告的行为给予认可。文件下发一个月后，中央电视台同时在两套节目中播出了商业广告，之后中央电台以及各地方电台、电视台也纷纷仿效，广告业务迅速在全国大众媒介中推广开来。

2. 国外

"广告"的英语单词advertising来源于拉丁文adverture，意思是注意、引导，到了1300—1475年期间，它演变为advertise。而advertising最早来源于《圣经》。1655年，英国出版商引用《圣经》中的advertising一词做广告招牌，1660年，advertising作为商业推广的一般用语使用。到近现代后，把静态的广告advertise演进成为动态活动advertising，才产生了现代意义上的广告。

世界上现存最早的广告保存在大英博物馆内,它是公元前 1000 年在古埃及首都散发的一种"广告传单"实物,其内容是悬赏一个金币寻找一个名叫西姆的奴隶,写在莎草纸上,文字是手抄的。

1472 年,英国第一个出版人威廉·坎克斯印刷了许多宣传宗教内容的印刷广告,张贴在伦敦街头,这是西方最早的印刷广告,但比我国北宋刘家功夫针铺的广告晚三四百年。

美国独立前,1704 年 4 月 24 日《波士顿新闻通讯》,刊登了一则向广告商推荐报纸媒介的广告。被认为是美国广告业之父的本杰明·富兰克林 1729 年创办的《宾夕法尼亚日报》,把广告栏放在创刊号第一版社论的前头,首次刊登的是一则推销肥皂的广告。在整个殖民地时代的美国报纸中,《宾夕法尼亚日报》的发行量和广告量都居首位。

在报纸广告盛行的同时,杂志也不断增加,并出现了广告代理商和广告公司。到现在,广告在世界上已非常普及,它成了市场中销售产品的重要工具或必不可少的手段,广告理论也已非常成熟、深入。

思考题

1. 结合蒙牛与伊利商战实例,谈谈《孙子兵法》中的策划智慧。
2. 什么是营销学中的 4P 理论?
3. CI 有哪些主要构成内容?
4. 公共关系中的三大要素是什么?

　　策划的形式多种多样,每种策划都有其特定的程序,但基本过程是一致的。一个完整、典型的策划过程一般包括界定问题,明确策划目标与主题;收集相关信息,进行针对性市场调查;分析策划环境;制定策划战略,构思策划方案;组织专家评估修正,选择策划方案;组织实施,执行策划方案;测评策划效果,反馈调节。

第三章

CHAPTER 3

策划的准备——火力侦察

策划是一个复杂的系统工作,也是一个科学的运作过程。按照一定的科学的合理的程序进行策划,也就成了策划成功的必要条件。当然,程序化的策划并不排除策划者个人因素的重要作用,但这种策划不是完全地或主要地依赖个人的能力和经验,而是在科学理论指导下,依照严格的逻辑推理程序进行的。因此,策划要明确先做什么,后做什么,按照一定的步骤、章法去思考问题,在符合客观规律的前提下去做。其中的每个环节环环相扣、紧密相连,在策划中都有着不可忽视的重要作用,每一个环节都必须真正做扎实,确保顺畅无阻。尽管这种程序可能要耗费更多的时间和更多的精力,似乎有些"麻烦",但是"磨刀不误砍柴工",它能有效地减少策划的失误,保证策划的合理性和高成功率。不按照严格的逻辑推理过程行事,往往会造成策划工作的混乱,导致策划失误。

第一节　界定问题,明确策划目标与主题

策划是一种目的性很强的活动。任何一个策划方案的产生,无不是针对组织的某个问题或是针对某个特定的目标。因此,策划的首要任务就是明确策划的目标与主题。而目标与主题的确定,往往是以"问题"为出发点的,只有把"问题"界定清楚了,才能确定出准确的策划目标与主题。

那么,什么是问题呢? 所谓的问题就是需要解决的矛盾,如在企业组织经营管理中的定位问题、质量问题、品牌问题、形象问题、产品问题、价格问题、分销问题、促销问题等,所有的策划都是从这些问题的发现开始的。可以说,没有问题就没有问题的解决,也就不会有策划活动。

所谓界定问题,就是回答:问题出在哪儿了? 问题到底是什么? 就是策划人对组织发展中的问题按照简单化、明确化、重要化的原则加以界定和提炼,最终提出真正面临的需要加以解决的问题。特别是要明确问题的性质和内容,从而达到明确策划对象的目的,使策划更有针对性,做到有的放矢。但界定问题不是我们策划的最终目标,策划的最终目的是要解决

问题,达到预期的效果,实现我们预定的目标。因此,界定问题的内容主要是,明确策划目标和确定策划主题。

一、明确策划目标

目标就是未来想要达到的某种状态。策划活动一定要有一个目标,清楚而准确地确定目标,是整个策划活动能够解决某个问题、取得某种效果的必要前提,也是评价策划案、评估实施结果的基本依据。因为明确的目标就像远方的灯塔,能够帮助我们在策划活动中排除干扰,少走弯路;还能够激发人的主观能动性,激发人的工作热情,激发人的潜能,对于策划活动的具体执行有着良好的促进作用。

(一)如何确定策划目标

在实际策划中,有些情况下目标是很明确的,例如,调查策划的目标基本上都是预先给定的;但是有些情况下问题与目标就不是那么明显,需要策划人自己去挖掘、去归纳。

究竟如何确定策划目标呢? 首先,要了解策划主体的真正意图,根据他们的初步计划和设想,确立策划目标的大致方向;其次,根据现有的资源,制定战略目标;再次,搜集与策划活动相关的内外部信息,明确策划目标;最后,在对目标和活动分析的基础上,进一步校正目标。

确定策划目标时,应该注意以下问题:

1. 目标要明确

目标要具体、明确,能够量化、细化,不能含糊不清或太笼统。

[案例]

六个经理挖了六口井

在上海家化,美加净的品牌经理八年内换了六个。前面一个品牌经理还在推"青春无皱"系列产品,希望强调"保养皮肤"的概念,强调"专业";下一个品牌经理就立刻转向充满活力的美加净"CQ 凝水活肤"系列,强调活力和高科技。

"品牌要素变来变去,六个品牌经理的个性都鲜明地体现在产品策略上。"王茁总结说。每个品牌经理到任都会"挖一口井",六个品牌经理挖了六口井,却没有一口挖深的。不仅品牌要素把握不住,每个品牌经理还要重新换一个广告公司,重新选定不同风格的模特。最终,美加净的市场定位越来越模糊,其广告策划目标也换来换去,造成品牌的极不严肃性。"我们太轻易地放弃不该放弃的东西,而去做一些不是创新的创新。"

2. 目标要可行

确定的目标要建立在对实际条件充分论证的基础上,在实践中既可操作,又是可实现的。这就要求一方面要符合外部环境条件,一方面要从活动实施者内部条件的限制出发,这样才能使策划的目标建立在扎实可靠的主客观条件之上。

[案例]

标王熊猫手机的豪赌

南京熊猫在手机领域是起步早,进步慢。1990 年,南京熊猫就开始做手机,但直到 2001 年,熊猫生产的手机总共不过 330 万部,其中自有品牌只有 50 万部,且市场表现不佳。2002 年底,熊猫手机以 1.0889 亿元的天价夺得了央视 2003 年广告"标王",随后,又耗资上千万元请来巨星梁朝伟担纲广告代言人,加上在地方台的广告投入,全年广告预算高达 2 亿元。而博得"标王"之后的熊猫手机曾在 15 天内连换五位老总,并着手进行渠道建设和中高端手机市场形象的塑造。但 2003 年中报显示,南京熊猫 2003 年上半年移动通信产品收入 13.06 亿元,销量为 150 万台;每部手机平均售价约 871 元,毛利率仅 9.54%;市场占有率位居第九,市场份额为 2%。同期,波导为 600 多万台,TCL 为 500 万台。从中报可以看出,熊猫手机在成为"标王"之后,整体营销费用抬高,而市场份额仍然很小,平均售价和毛利率低,其在营销上的投入与收益不成比例,而其所极力打造的市场形象也并没有收效。

图 3-1　曾经的标王熊猫手机

2003 年,有 36 家厂商一同逐鹿中国手机市场,以摩托罗拉、诺基亚、西门子、索尼爱立信、三星、LG、NEC、松下、三洋等为代表,几乎所有的欧美日韩强势品牌都登陆中国市场;同时,波导、TCL、康佳等国内巨头更是摩拳擦掌,手机市场硝烟阵阵,市场竞争高度白热化。

正是在这种大背景下,熊猫手机频频出手,先有 1.0889 亿元的央视 2003 年天价"标王",后有耗巨资请的红影星梁朝伟出任广告代言人,全年广告预算更是高达 2 亿元,开始了一场标王豪赌。但产能不高的熊猫手机虽夺得了广告冠军,但在市场份额和销售额上却只能算是手机市场的小弟弟,充当着一支没有多少影响力的后备军。"夺标"之后的熊猫手机的市场表现除了一"名"惊人外,连风光一时都谈不上。在巨头林立的手机市场,弱小的熊猫手机在实力尚不够强大的情况下就越过了排在前边的一长串巨头而一步登天,先拿"标王",后做市场。但现在的中国手机市场是一个相对成熟、理性的消费市场,消费者考虑最多的厂商技术实力、生产规模、产品设计等硬指标,由于存在着明显的市场领先者,仅凭一个标王的牌子是唬不住人的。

在研发、制造和销售都不领先的情况下,急于求大求高的熊猫手机却把目标锁定了中高端机型,在这个前提下,熊猫手机不得不采取高举高打的策略,在广告、研发、终端建设等诸多环节都进行了大笔的投入。除了全年数亿元大额广告投入外,仅 2003 年上半年,熊猫手机新开发的八款手机光在研发上就投入了 2 亿元;在渠道建设上,熊猫也下了血本,2003 年下半年其计划在销售终端建设方面的投入就高达 6000 万～7000 万元。熊猫的一系列做法引来了资本市场隐忧,业内人士指出熊猫的"费用太高"。

相关资料显示,2002 年第三季度中,南京熊猫电子股份有限公司(在香港、上海两地上市,熊猫电子集团有限公司控股 54.2%,是熊猫手机研、产、销的载体)的主营业务毛利只有 8238 万元,其他毛利 2018 万元,而期间的各种费用高达 1.37 亿,实际上,在 2002 年前九个月中,熊猫电子主体业务实质上亏损了 3452 万元。公司中报显示,投资收益是其盈利的主要来源,2003 年上半年为 4210 万元,占公司税前利润的 93%,而本部的营业利润包括手机仅 252 万元,仅占税前利润的 5.5%,盈利状况令人担忧。此外,熊猫手机的毛利率只有 9.54%,与国内前几大厂商相比是最低的。

可以看到,当时熊猫的市场份额在国产手机中排名也不过七八位,波导和 TCL、夏新等国产手机已经牢牢地占据了国产手机市场的主要份额。但是从一开始,熊猫手机就意欲成为国际品牌,想进入高端市场,因此不得不采取高举高打的策略,在广告、研发和终端建设等方面都投下了血本,斥巨资投入。2002 年底,熊猫手机以 1.0889 亿元的天价豪赌央视 2003 年广告标王,又耗巨资请来梁朝伟担任广告代言人,2003 年熊猫的广告费将增加到 3 亿元,但其收益并未能相应增长。有标王之名而无标王之实,熊猫手机显然是把目标定得太高了,完全超出了公司的能力。

3. 目标要有可塑性

由于环境在不断变化,策划主体的情况也会不断地变化,因此,策划活动也需要随机应变,以便随时把握主动权。而这就需要以目标具有"可塑性"为前提,策划目标应是灵活的,具有变通性。否则,目标定得过死,无法变更调节,其结果必然是陷入被动,最终没法完成策划。

[案例 1]

变脸,让品牌年轻时尚化

2002 年的麦当劳可谓麻烦不断,10 月,麦当劳股价跌至七年以来的最低点,比 1998 年缩水了 70%,2002 年第四季度公司第一次出现了亏损。2002 年 11 月 8 日,麦当劳总部宣布,公司将从三个国家完全撤出,并关闭其他十个国家的 175 家连锁店。在中国大陆,麦当劳各方面的表现一直比老乡肯德基逊色不少,麦当劳在本土被汉堡王等快餐店抢去了不少市场份额,在亚洲、中东等地销售额下降明显。当然,麦当劳面临的最大困扰是"品牌老化"的问题。

随着时间的推移,麦当劳的定位以及品牌的概念随着社会外部环境的变化已经很陈旧了。根据麦当劳做过的一次顾客调查,很多年轻消费者认为"麦当劳叔叔"的形象非常老土、可笑。年轻的嘻哈一族觉得麦当劳是小孩子去的地方,他们更喜欢"酷"、刺激和冒险的举动。麦当劳如果不进行品牌更新的话,只有一年年的老下去。

2003 年 9 月 2 日,麦当劳公司在德国慕尼黑宣布正式启动"我就喜欢"品牌更新计划。这是麦当劳公司第一次同时在全球一百多个国家联合起来用同一组广告、同一种信息来进行品牌宣传。

图 3-2　麦当劳打造新的品牌形象

2003 年 9 月 22 日,麦当劳"我就喜欢"活动在中国正式启动,《我就喜欢》歌曲中文版创作及演唱者王力宏参加了发布会。

2003 年 9 月 25 日开始,麦当劳的两个新的充满活力的电视广告开始在全国播放,另外三个电视广告也于 2003 年年底到 2004 年间播放。

2003 年 11 月 24 日,麦当劳与中国移动通信集团公司旗下"动感地带"(M-Zone)宣布结成合作联盟,由动感地带客户投票自主选择的当季度"动感套餐"也同时揭晓,并在全国麦当劳店内同步推出。

"我就喜欢"把目标顾客定在了麦当劳流失得最快、公司最需要抓住的年轻一族,所有的品牌主题都围绕着"酷"、"自己做主"、"我行我素"等年轻人推崇的理念。以在中国地区为例,首先,广告语就赢得了很多年轻人的好评,一个中学生在被问及对麦当劳广告的看法时说:"'我就喜欢'里面的'就'字很酷,我特别欣赏。"中文麦当劳歌曲的创作者及演唱者王力宏在年轻人中很有号召力,是有主见、有活力、有上进心的年轻人的代表。王力宏创作的带有嘻哈和 R&B 曲风的《我就喜欢》主题曲,推出之后登上了很多歌曲排行榜,在年轻人中非常流行,为麦当劳赢得了不少关注。

与此同时,麦当劳连锁店的广告海报和员工服装的基本色都换成了时尚前卫的黑色。配合品牌广告宣传,麦当劳推出了一系列超"酷"的促销活动,比如只要对服务员大声说"我就喜欢"或"i'm lovin' it",就能获赠圆筒冰激凌。一些大学生认为,这样的活动很新鲜、很有意思,很受敢作敢为的年轻人欢迎。

[案例 2]

定位,王老吉的飙红主线①

20 世纪 90 年代中期,广东加多宝饮料有限公司取得了香港"王老吉凉茶"的品牌经营权之后,开始生产红色罐装的王老吉饮料。因为在两广地区对于王老吉的凉茶概念和品牌认知都比较充分,所以王老吉在区域范围内有比较固定的消费群,连续几年的销售额也稳中有增,盈利状况良好。王老吉凉茶的头七年,虽说一直处于不温不火的状态中,默默无闻地固守着一方区域市场,但加多宝公司的小日子活得也挺滋润。

---

① 林思勉:《定位,王老吉的飙红主线》,《成功营销》2004 年 12 月。

可是，企业总是有做大的希望，而且王老吉凉茶20年的品牌租赁期，转眼间已经过去了七年。七年了，加多宝心痒了，开始图谋更大的市场，力求最大限度地把王老吉凉茶的产品和品牌做好做大。于是，他们找到了成美公司。

"最开始的初衷，只是要成美以'体育和健康'为主题，给红色王老吉拍摄一条有关赞助奥运会的广告片，解决产品的广告宣传问题。"成美（广州）行销广告公司总经理耿一诚说，"当时接到这个提案的时候，我们发现王老吉的核心问题不是通过简单地拍广告片可以解决的，关键是没有一个清晰明确的品牌定位。红色王老吉销售了七年，可是企业无法回答红色王老吉是什么，消费者也无法回答。但是一年一个多亿的销售额，就说明了市场是存在的，它一定能满足消费者的某种需要，而这种需要并没有明确地凸显出来。"

经过深入沟通，加多宝公司接受了成美的建议，决定暂停广告片的拍摄，委托成美先对红色王老吉进行品牌定位。经过两个月的市场调查和市场研究，成美发现以下三个困扰企业继续成长的"短板"，不单阻碍了红色王老吉开拓新市场，甚至威胁到已有市场份额的流失。

1. 消费者的认知混乱

在广东，"王老吉"可以说是家喻户晓的，在消费者观念中，王老吉这个具有上百年历史的品牌就是凉茶的代称，是一种有药效的饮用品。由于凉茶下火功效显著，药性太凉，不宜经常饮用。这种"药"的观念直接决定了红色王老吉在广东虽有固定的消费量，却限制了它的增长。

此外，不同地区的消费者对于红色王老吉的认知也大相径庭。加多宝另一个主要销售区域在浙南的温州、台州和丽水三地，当地消费者把"红色王老吉"和康师傅茶、旺仔牛奶等饮料相提并论，没有不适合长期饮用的禁忌。加上当地的华侨众多，经他们的引导带动，红色王老吉很快成为当地最畅销的产品。

是饮料还是药？面对消费者混乱的认知，企业并没有通过宣传（广告、公关等）的手段进行强势引导，统一消费者的认知，而这也是源于红色王老吉自身没有一个明确的定位。

2. 企业宣传的概念模糊

加多宝不愿把王老吉以"凉茶"的概念来推广，限制其销量，但作为"饮料"推广又没有找到品牌区隔，因此在广告宣传上也就没有鲜明的主张来打动消费者。王老吉曾经有这样一条广告：一个可爱的小男孩为了打开冰箱拿一罐王老吉，用屁股不断地蹭冰箱门。这条广告的广告语是"健康家庭，永远相伴"，而这样的打亲情牌的广告并不能够体现红色王老吉的独特价值。

3. 产品概念的地域局限

凉茶概念最深入人心的是两广地区。广东消费者对王老吉凉茶概念的认知是很准确的，但广东人喝凉茶一般都会到凉茶铺，或者自家煎煮。而且在广东人的传统观念中，王老吉药业（原羊城药业）生产的药准字号产品（如王老吉颗粒和冲剂）被认为是王老吉的正宗。

另一方面，加多宝生产的红色王老吉配方源自香港王氏后人，是国家批准的食健字号产品，它的口感偏甜，按照中国"良药苦口"的中医观念，广东消费者感觉其"降火"药力不足，人们无法接受它饮料的脸孔。而且黄振龙等凉茶铺在广东遍地开花，占据了比较稳定的市场份额。所以红色王老吉虽是百年品牌,却受凉茶概念之累,在广东地区反而销量不振。

然而在两广以外,人们并没有凉茶的概念。在市场调查中,北方消费者甚至问:"凉茶就是凉白开吧","我们不喝凉的茶水,泡热茶",如此看来凉茶概念的普及推广费用是很大的。而且内地消费者的"降火"需求已经被牛黄解毒片之类的药物填补,市场进入的难度不小。

针对王老吉当红未红的三大软肋,2003年春节后成美给红色王老吉作了重新定位——预防上火的饮料。这一定位立足于全国市场,对红色王老吉的品牌做出全面的调整,并把品牌定位用消费者容易理解和容易记住的一句广告词来表达——"怕上火,喝王老吉"。这一简洁明了的定位,既彰显了红色王老吉的产品特性,也有效地解决了王老吉原有的品牌错位。

是饮料不是药——在传播上尽量凸显红色王老吉作为饮料的性质。在第一阶段的宣传中,王老吉以轻松、欢快的形象出现,强调正面宣传,避免出现症状式的恐怖诉求,把红色王老吉和保健品、药品区分开来,由广告宣传来统一消费者对红色王老吉的混乱认知。

强调预防上火——强调"上火"的概念,淡化"凉茶"的概念。以"预防上火"作为红色王老吉的一个主打口号,针对消费者需求把红色王老吉的产品特性放大。

由于上火是一个全国性的中医概念,而不仅仅像凉茶概念那样局限于华南地区,这就把红色王老吉带出了地域品牌的局限,有利于开拓全国市场。而且3.5元的零售价格因为有了"预防上火"的功能诉求,也不再高不可攀。耿一诚十分自信地说:"做好了这个宣传概念的转移,只要有中国人的地方,红色王老吉就能活下去。"

开创功能性饮料新品类——区分王老吉和竞争对手的市场定位。在市场上没有同类产品时,强调了红色王老吉"预防上火"的功能。在广告中,红色王老吉常常和火锅、烧烤等容易上火的享乐活动挂钩,力图使消费者产生这样的印象:红色王老吉是此类活动的必备饮料。这就使红色王老吉具备了可口可乐、康师傅等所不具备的特性,成功定义了红色王老吉的市场细分,开创了一个功能性饮料新品类,完成了红色王老吉和其他饮料的品牌区隔。

为王老吉作品牌咨询的特劳特(中国)品牌战略咨询有限公司策略总监陈奇峰认为:"开创新品类永远是品牌定位的首选。开创了新品类,用广告传达出代表新品类的产品最强音,效果往往是惊人的。红色王老吉作为第一个预防上火的饮料推向市场,进入人们心智资源,那么红色王老吉就代表了预防上火这类饮料,随着品类市场的成长,红色王老吉自然拥有最大的收益。"

(二)正确处理策划目标之间的关系

在策划活动中,有很多不同种类不同层次的目标,从目标的涵盖范围上来分,可以分为总目标和分目标;从目标的重要程度上来分,可以分为主要目标和次要目标;从目标的实现时间上来分,可以分为长期目标和近期目标;从目标的实施领域上来分,可以分为经济发展目标和政治发展目标、文化发展目标等;从策划的实施者来分,可以分为团体目标和个人目标。

有时这些不同种类的目标之间相互联系,甚至交错重叠,若不妥善处理,就可能主次不分,或顾此失彼。

1. 要处理好长期目标和近期目标的矛盾

虽然近期目标的实现是为了远期目标的最终实现,但我们常常碰到的实际情况是,为了保证长远利益必须要牺牲眼前利益。在处理这类目标矛盾时,要有前瞻的眼光,以退为进,着眼点不在当前,而在未来,在保持和长期目标一致的基础上灵活变通,所谓"放长线钓大鱼"说的就是这个道理。

[案例]

赔小钱赚大钱的吉列刀片

人们一般并不愿意接受那些从来没有听说过的新玩意,一年下来,安全刮胡刀的发明者吉列只卖出53把刀架、170片刀片。吉列赚的钱少得可怜,连一家人吃饭都不够。经过反复思考,他认为不是产品不好,也不是没有市场,而是自己直接的推销没有让人们充分意识到新产品的好处。那么,怎样才能让人们认识安全刮胡刀这个新东西呢?

一个刮胡刀是由刀架和刀片构成的,二者必须安在一起才能使用,但也能拆开来买,刀片耗费得快,刀架不会轻易坏掉,这就是刀片卖得多的原因。这样一个产品应该主要是赚刀片的钱,只要刀架卖出去了,就不愁刀片卖不出去。那么能不能送给别人刀架,然后让他掏钱买刀片呢?

这个想法一产生,吉列马上付诸行动。他利用各种渠道大做广告,宣传安全刮胡刀的优越性,同时在各种场合免费赠送全套安全刮胡刀。对一般人来说,无论一件产品好不好,只要是免费的,总是乐意要的。吉列的刮胡刀一下子在社会上流行开来。吉列的妻子忍不住担心人们将刀片用钝了就不再来买刀片,那不就是做了一桩赔本生意吗?吉列可不担心,作为一个男人,他知道以往刮胡刀的麻烦,他对自己的产品充满信心,他相信只要是用过这种新型刮胡刀的人一定不会愿意再用老式刮胡刀,一定会再来花不多的钱买刀片的。

果然,尝试了安全刮胡刀好处的人都成了吉列的老顾客,卖刀片赚的钱不仅很快就把送刀架赔的钱赚回来,更多的人了解了安全刮胡刀,主动来购买刀架的人也多起来,吉列的资金成倍增长,吉列公司迅速崛起。

第二次世界大战期间,吉列敏感地意识到军人这一庞大的市场,一个新策划在他心中产生了。他打着"优待前方将士"的口号,以低廉的价格给盟军供应安全刮胡刀,既获得了好名声,又以比平时多无数倍的生意赚了钱。盟军处处为营,吉列刀片也走遍世界。借着战争这一时机,吉列公司终于成了这个行业首屈一指的世界性大企业。

吉列的先赔小钱后赚大钱的经营思想让他迅速崛起,在商业上,这正是一个行之有效的好方法,而许多人因为舍不下小利,反而丧失了赚大钱的机会。所以,在进行产品推广时,要想"万事发",你就必须要有"吃小亏,占大便宜"、"放长线钓大鱼"的战略思维。

2. 要处理好总体目标和局部目标的矛盾

总体目标是长远的、宏观的、战略性的目标,而局部的具体目标是在策划过程及实际操作中的较为微观的目标。在协调总体目标和具备目标的关系时,要有全局眼光,要始终坚持总体目标不动摇,根据具体情况随时调整局部的具体目标,局部的具体目标归根到底是为总体目标服务的,毕竟一两个棋子的退让并不能决定一盘棋的输赢,舍小求大,确保总体目标的顺利实现。

[案例]

田忌赛马

齐国的大将田忌,很喜欢赛马,有一回,他和齐威王约定,要进行一场比赛。他们商量好,把各自的马分成上、中、下三等。比赛的时候,要上马对上马,中马对中马,下马对下马。由于齐威王每个等级的马都比田忌的马强得多,所以比赛了几次,田忌都失败了。这时他的好朋友孙膑对他说:"我有办法准能让你赢了他。"田忌疑惑地看着孙膑:"你是说另换一匹马来?"孙膑摇摇头说:"连一匹马也不需要更换。"田忌毫无信心地说:"那还不是照样得输!"孙膑胸有成竹地说:"你就按照我的安排办事吧。"比赛开始了,孙膑先以下等马对齐威王的上等马,第一局输了。齐威王站起来说:"想不到赫赫有名的孙膑先生,竟然想出这样拙劣的对策。"孙膑不去理他,接着进行第二场比赛。孙膑拿上等马对齐威王的中等马,获胜了一局。齐威王有点心慌意乱了。第三局比赛,孙膑拿中等马对齐威王的下等马,又战胜了一局。这下,齐威王目瞪口呆了。比赛的结果是三局两胜,当然是田忌赢了齐威王。还是同样的马匹,由于调换一下比赛的出场顺序,就得到转败为胜的结果。

孙膑在这里所用的策略就是牺牲局部利益来换取整体利益,舍小求大,虽然第一局失败了,最终是赢得了全局的胜利。孙膑的建议超越了单局比赛胜败的短视目光,而从整体性、全局性衡量得失,从而获取了最终的胜利。这样的系统思想在当下的策划活动中具有特别的价值。中国本土企业在市场经济的浪潮中经历了血与火的考验,付出了昂贵的学费后,逐渐意识到企业品牌建设的重要性。策划最需要的就是整体性和系统性思维,需要从长计议,而为谋求在竞争激烈的市场中胜出,采用大肆降价、打折的促销手段,无疑是对企业自身的极大伤害。

3. 要从整体出发对多目标进行综合处理

由于现实中的经济、社会、科技等因素,策划目标往往不止一个而有多个,这时我们必须作出相对集中的选择,因为目标多了就等于没有目标,策划目标具有唯一性。"多"带来了选择,同时也带来了麻烦,带来了不确定性。

[案例]

猴子与手表定律

森林里生活着一群猴子,每天太阳升起的时候它们外出觅食,太阳落山的时候回去休息,日子过得平淡而幸福。

一名游客穿越森林,把手表落在了树下的岩石上,被猴子猛可捡到了。聪明的猛可很快就搞清了手表的用途,于是,猛可成了整个猴群的明星,每只猴子都渐渐习惯向猛可请教确切的时间,尤其在阴雨天的时候。整个猴群的作息时间也由猛可来规定。猛可逐渐建立起威望,最后当上了猴王。

做了猴王的猛可认识到是手表给自己带来了机遇与好运,于是,每天加倍时间地在森林里寻找,希望能够得到更多的手表。工夫不负有心人,猛可果然相继得到了第二块、第三块手表。

但出乎猛可的意料,得到了三块手表反而有了新麻烦,因为每块手表的时间显示得都不相同,猛可不能确定哪块手表上显示的时间是正确的。群猴也发现,每当有猴子来询问时间时,猛可总是支支吾吾回答不上来。猛可的威望大降,整个猴群的作息时间也变得一塌糊涂。

只有一块手表,可以知道是几点,拥有两块或两块以上的手表并不能告诉一个人更准确的时间,反而会让看表的人失去对准确时间的信心。这就是著名的"手表定律"。

"手表定律"带给我们一种非常直观的启发:对于任何一件事情,不能同时设置两个不同的目标,否则将使这件事情无法完成;对于一个人,也不能同时选择两种不同的价值观,否则他的行为将陷于混乱。一个人不能由两个以上的人来同时指挥,否则将使这个人无所适从;而对于一个企业,更是不能同时采用两种不同的管理方法,否则将使这个企业无法发展。

在这方面美国在线与时代华纳的合并就是一个典型的失败案例。美国在线是一个年轻的互联网公司,企业文化强调操作灵活、决策迅速,要求一切为快速抢占市场的目标服务。而时代华纳的企业文化则强调在长时间的发展过程中建立起诚信之道和创新精神。两家企业合并后,企业高级管理层并没有很好解决两种价值标准的冲突,导致企业员工完全搞不清企业未来的发展方向。最终,时代华纳与美国在线的"世纪联姻"以失败告终。这也充分说明,要搞清时间,有一块走时准确的表就已经足够。

综合处理多目标的办法至少有两种:

一是精简目标。对各项目标进行全面分析,对相互对立、无法协调的目标在经过审慎地权衡之后,去除那些实际上根本无法达到的目标;从具有从属关系的目标中去除其子目标。

二是合并目标。包括合并意义相近的目标,将若干子目标组成一个综合目标。

二、确定策划主题

明确了策划目标以后,就要在此基础上,提炼策划的主题了。

策划的主题是策划活动的宗旨,是策划活动所要表达的中心思想,是整个策划活动运作的总纲。策划主题是一根红线,贯穿整个活动始终,所有的活动都得围绕着这个主题来进行,偏离了策划主题,策划目标就不能实现。

(一)确定策划主题的阶段

策划主题的确定一般要经过挖掘、过滤、选择和明确等四个阶段。

1. 挖掘主题

企业组织可能会有很多可以进行策划的主题,但我们不能把它们都纳入到一次策划活动中。因此,策划者要尽可能在众多的策划对象中,选出主要对象来,并将有限的智慧和实践专注地投入其中,抓住其最迫切需要解决的问题来进行重点策划。

2. 过滤主题

尽可能明确有关这个项目策划对象的各种问题,比如,为什么某一对象被选定为策划主题? 解决这一策划问题有什么意义? 它是企业的主要问题吗? 问题的根源是什么? 通过这些问题,有必要设定简单明了的筛子,策划者过滤掉那些相当不重要的策划主题,专门解决重要的问题。

3. 选择主题

策划者可以根据实际和策划主体的意见,制定选择策划主题的工作程序和标准。比如,得到多数人投票支持的主题,大多数人认为必须去做的主题,最高长官认为必须做的主题,等等。

4. 明确主题

为了保证策划主题与策划动机的吻合,必须与上级领导或策划主体的意图相吻合。策划者在选定策划主题以后,一定要征求上级领导或策划主体的意见。只有当他们对策划主题 达成共识以后,才能进行下一步的工作。

(二)正确确定策划主题

1. 了解策划主体的真正意图

策划活动所服务的对象,即策划主体,其对所期望结果的最真实的想法就是意图,它是策划中最根本的出发点,也是最隐秘的。一方面,委托方不希望竞争对手通过了解自己意图而抓住自己的弱点;另一方面,有些意图是违反公共道德准则的,策划主体往往将自己的真实想法秘而不宣,或者故意加以误导,使他人对自己的意图产生错误的认识。策划者因不了解策划主体的真实意图而导致策划失败的案例太多了,但只要能动脑筋,想办法,就不难发现,策划主体其实会在很多方面暴露自己内心的隐秘。这就是古时纵横家、策士善于"揣情"的原因。它体现出策划者较高的专业素养。

2. 主题要新颖

策划主题是否独创、新颖,立意是否创新,关系到策划的差异化和个性化,并直接影响到策划项目或活动能否在竞争中取胜。大到贯穿整个项目或活动的主题,小到报纸广告的主题,无不是这样。

如房地产项目的策划主题就不断地花样翻新。当人们还沉醉在市中心建房子的时候,一些有远见的开发商却发起了一场"郊区化运动",建起了一栋栋低密度、低容积率、高绿化率的住宅小区,迎合人们返回大自然的心理;在人们欣赏小区内的人造花草景观时,一些有创见的开发商又举起了山景、江景、海景的大旗,真正生活在大自然的风景里。

[案例]

王志纲给你一个五星级的家

1993 年,正当国家银行紧缩、房地产业大规模滑坡的时候,广东顺德推出了一个豪华花园别墅小区——碧桂园,它位于顺德与番禺交界处,前不着村,后不着店,虽然开发商反复宣传此地为"金三角交汇点",还请广东前省长叶选平亲笔题写园名,但感兴趣的人仍然寥寥可数。为此,开发商想到在这里办一所贵族学校,并请来了一位策划高手——新华社名记者王志纲担任总策划。

图3-3 碧桂园——"给你一个五星级的家"

王志纲的理论是:房地产不等于钢盘加水泥,名牌的背后是文化,房地产也要用文化的方式去运作。因此,办学校不是为卖房而采取的权宜之计,而应该是系统工程中的一个关键环节。

当时,广东正形成开办高价学校的热潮,中华英豪、南洋英文、华美国际等二十多家,在广州各大媒介上进行广告轰炸。如何在众多广告中脱颖而出呢?从1994年1月3日开始,广东发行量最大的《羊城晚报》连续登出大幅广告,标题是《可怕的顺德人》,提出"今天向成功人士进言:要使事业有续,最明智的投资莫过于投资儿女,儿女最需要什么?孩子在呼唤什么?做父母的最明白。"并在第三次的广告中提出碧桂园学校办学方案和招生办法,将碧桂园学校隆重推出。环环紧扣的悬念式的广告在社会上形成了一个追踪热点。碧桂园学校的名声打响了。6月,私立学校的广告战也进入了白热化阶段,电台、电视台反复出现的一个孩子气的问话:"为什么不去碧桂园?"在传媒上形成一个统一主题。招生大战上,碧桂园取得了可喜的成绩,报名者突破1300人,教育储备金由一人18万升至30万元,成了广东高价学校的老大。

碧桂园学校聘请的校长廖秉权和北京景山学校校长崔孟明是老同学。于是,一个大胆的想法在王志纲脑海里成形:请景山学校和顺德北窖镇合办碧桂园学校,作为景山学校在北京以外的分校。随着对此事的新闻炒作,碧桂园学校更加火爆。

学校带出了碧桂园的名气,王志纲开始了楼盘策划。经过精心考虑,他将宣传主题定为:"给你一个五星级的家。"这在当时房地产概念中是一个崭新的提法,上升到了"全新的生活方式"的高度。他提出的"五星级",并不只是一个广告语,更是一种切切实实的房地产开发策略。他们请来广州五星级酒店的精英,将酒店管理体制引进小区管理,设立了专门的物业管理公司,管理部门就有150余人,小区内的服务专业化、规范化、高档化,令所有的人耳目一新。投资上亿元的"碧桂园国际俱乐部"更是带来了全新的消费观念,进一步带热了楼盘销售,碧桂园别墅成了最抢手的楼盘。

第二节　收集相关信息,进行针对性市场调查

先来看一个案例:

[案例]

民工小说为何不畅销①

出版社编辑老万提交了一个他认为非常有畅销潜力的关于民工的长篇小说的选题。尽管半数人员并不赞同老万的选题,但老万还是坚持自己的意见。出版社的总编辑出于尊重,建议老万先作一个市场调查。但老万信誓旦旦地说:"不用做,我保证书出来后会引起轰动。"老万以前确实做过几本畅销书,总编辑为了不打击他的积极性,给了他这次机会。书出来以后,老万在宣传上下足了功夫,可是,几个月过去了,书店纷纷把书退了回来。很多书店的信息反馈是:不好卖,甚至一本也卖不动。老万沮丧之余,亲自走进书店,问了一个读者:"你对民工图书感兴趣吗?"读者毫不犹豫地摇了摇头。接连问了十多个人的答案都是一样。由于出版社前期对本书投入很大,结果自然损失惨重。

老万的失败之处就在于,没有进行市场调查,想当然地认为会畅销,民工也许对讲述民工故事的书感兴趣,但他们没有钱买,买了也没有时间看,有购买能力的读者对民工的书又不感兴趣,这样的书自然卖不出去了。

所以,可以看出,在进行策划之前,进行一些与策划目标和主题相关的市场调查是必要的。以科学的方法收集市场资料,并运用统计分析的方法对所收集的资料进行分析研究,发现市场机会,为策划者提供科学决策所必要的信息依据。这样的市场调查的一系列过程,将有助于策划者了解企业或组织所处的市场现状,从中判别和界定发展的机会和问题,进行有的放矢的决策。它具有描述(陈述事实)、诊断(解释信息)和预测(发现机会并科学决策)等功能。只有掌握了完备、全面、足量、准确的信息,才能保证策划的科学性。

事实上,现在越来越多的企业、组织非常重视市场调查。据欧洲市场调研学会估计,在**1990—1997**年间,欧洲各公司在全世界范围内用于委托他人进行市场调研的费用达到年均**70亿英镑**。

一、调查的内容

也就是策划者在策划过程中要收集哪些方面的信息。不同的策划目的决定了我们进行市场调查的内容各异,但一般来说,主要涉及策划主体的内部环境、外部环境这样两大方面信息。

---

① 杨明刚:《营销策划创意与案例解读》,上海人民出版社 2008 年 8 月年版,第 13 页。

（一）策划主体的内部环境

内部环境实际上就是策划项目实施主体自身的信息。策划者要清楚主体自身的基本情况，自身拥有哪些资源，能够获得哪些支持等。

如进行企业营销策划时，你就要调研获取企业的历史、企业的组织形式（包括企业的性质、治理结构、部门设置、部门间的职能设置等）、企业的经营现状（包括企业的生产情况、销售情况、市场份额、产品的技术特点、价格、品牌形象等）、企业文化（包括企业领导者的理念和风格、企业倡导的人文价值观、企业的规章制度、管理手段、企业的形象识别及理念识别等）等诸多基本情况。

对自身情况了解得越详细，越有利于策划活动的实施，活动成功率也越大。

（二）策划主体的外部环境

外部环境不仅影响着企业组织自身的经营活动，也影响着策划活动所能采取的手段和所能达到的效果。这里应包括微观和宏观两方面。

微观方面：包括策划活动指向的目标受众的信息，如他们的群体范围有多大、他们的特点、他们想要什么、他们的偏好、他们的习惯、他们的收支状况等，只有知道了这些情况，才能有针对性实施策划活动；还包括同业竞争对手的情况，如竞争对手的数量、规模、产品特色、价格、促效策略等，了解对手的优、劣势，可以帮助策划主体找出差异性，避免重复用功。

宏观方面：具体可包括策划主体所处的经济环境、政治环境、法律环境、文化环境和自然地理环境等。

经济环境：主要包括国家的经济发展状况、发展前景、经济体制和经济政策等。

政治环境：主要包括国家的政治体制、政治主张、政治制度以及政府的变迁与制度的稳定性等。

[案例]

万人宣誓抗"非典"

有一个策划者在"非典"时期为一个企业策划了一个"万人宣誓抗'非典'"活动，目的是扩大企业的知名度，宣传企业与国家和人民同命运，共患难，决心战胜"非典"的信心。想法当然好，整个策划也非常有新意，万人签字，声势浩大，影响非凡。但在具体操作实施时却发现，国家有明文规定："非典"时期严禁集会。

这个策划显然是不了解当时国家方针政策所致，与当时的特定环境和条件不符。

（1）法律环境：主要包括政府的法律法规，如企业组织法规、财税和金融法规、财务法规等，以及本行业的规章制度等。

（2）文化环境：主要包括社会的风俗习惯、伦理道德、宗教信仰、主流文化以及世界观、价值观等。

(3)自然地理环境:主要包括策划主体目标市场所处的地理环境、气候、自然资源、生态环境等。

[案例]

冲浪(Surf):气味清新①

　　联合利华公司的冲浪超浓缩洗衣粉在进入日报市场前,作了大量的市场调查。如在产品包装上,经测试,设计成日本人装茶叶的香袋模样,很受欢迎;调研发现,产品使用的方便性是很重要的性能指标,他们就对产品进行改进;消费者认为冲浪 Surf 的气味也很吸引人,联合利华就把"气味清新"作为冲浪 Surf 的主要诉求点。可是,产品推到日本全国后,市场份额仅占到 2.8%,远远低于原来的期望。

　　那么问题出在哪儿呢? 一是 Surf 在洗涤时难以溶解,原因是日本当时正在流行使用慢速搅动的洗衣机;二是所谓"气味清新"的诉求点基本没有吸引力,原因是日本人是露天晾晒衣服的。

二、调查信息材料的收集

(一)市场调查的信息材料从哪里来

1. 收集现成材料

　　对策划主体多年来积累的材料,如历史档案、简报、文件、各种报表、统计资料等,如果与调查任务、要求有关,就应该加以收集,这些材料一般经过整理、加工,其中往往蕴涵着对策划工作有价值的东西。

2. 收集原始材料

　　一些活生生的第一手原始素材往往较为分散,也没有现成文字材料可查,这就需要有关人员通过观察、访谈、座谈、询问等多种形式和方法去实地收集。一般来说,我们说的材料收集主要是指原始材料的收集,这是调查材料收集阶段的重点,它需要科学的态度、方法和技术,应尽可能全面地收集与策划活动密切相关的真实材料。

(二)策划对材料信息的要求②

　　成功的策划对材料信息有着极高的要求,必须保证材料信息的准确、及时、完整、适度和适当。

1. 准确性

　　材料信息要如实反映客观情况,否则,虚假信息会误导策划者,造成策划活动的失败。要使信息准确,关键在于两点:一是信息源是否可靠,二是信息加工和传输环节上是否处理不当造成信息的失真。

---

①　杨明刚:《营销策划创意与案例解读》,上海人民出版社 2008 年 8 月版,第 46 页。

②　陈火金:《策划学全书》,中国社会出版社 2009 年 3 月版,第 39 页。

2. 及时性

信息社会里信息的变化速度不断加快,而且变化周期大大缩短,因而再好的信息如果不及时获取,就会失去其效用。

3. 完整性

如果策划者所获得的信息不完整,在对信息进行利用时就容易犯以偏概全的失误。

4. 总量适度

过多过杂的信息会扰乱视听,使决策者无法进行适当的判断分析。

5. 精度适当

信息获取费用在低精度时很小,但随着信息要求的精度增长,其费用的增长也越来越快。在实际操作中我们应把握适当的精度要求,使信息价值对费用的比值达到最大。这一点在进行抽样调查时,抽样点数目的选择应遵循这个原则。

三、调查的步骤

调查一般分为这样几个步骤:确定调查对象、实施抽样、选择调研方式、设计调研方案、实施调查、调研后的信息处理。

(一)确定调查对象

由于策划的调查对象广泛而复杂,这就必须有所取舍,选取其中最具代表性的人或事,而且要在策划者可控的范围内选取,既要包括与企业组织有关的利益相关者,也要包括与企业组织无直接关系的对象。比如,权威人士或权威部门、行业内的资深专家、现实的消费领袖、潜在的消费群等。

(二)实施抽样

大多数的市场调查是抽样调查,就是从调查对象总体中选取具有代表性的部分个体或样本机械性的调查,并根据样本的调查结果去估计和推算总体状况。

之所以大多是抽样调查,主要是因为:(1)抽样调查成本低;(2)抽样调查简单易行,获取所需信息迅速,而全面调查样本数量大,工作繁琐,耗时费力,相当较慢;(3)在许多情况下,基本整体太大,实际上不可能进行全面调查;(4)基本整体中有些调查对象难以接触,无法进行全面调查,如电视收视率,有些偏远山区就根本没法前去调查;(5)科学的抽样调查不但其样本具有代表性,而且其误差也是可以控制的,其获取的数据往往是可靠的,结果是精确的,而全面调查往往容易草率行事,其结果不一定可靠。

在实施抽样之前,首先必须界定所设计的总体,也就是将要从中抽取样本的群体,它应包括那些他们的观点、行为、偏好、态度等能够产生有助于回答调查问题的信息的人;总体确定下来后,下一个需要解决的问题就是,用随机样本还是非随机样本。按照抽样机会是否均等,抽样调查具体可分为随机抽样法和非随机(预定)抽样法。

1. 随机抽样法

随机抽样就是按照随机原则进行抽样,即调查总体中每一个个体被抽到的可能性都是一样的,是一种客观的抽样方法。主要有简单随机抽样法、分层随机抽样法、整群抽样法等。

(1)简单随机抽样法

这种方法是直接从基本总体中抽出样本,前提条件是这个整体至少能以标记形式来表示,如卡片,并且要可以混合至保证使整体中每一个单元都能有相同的被抽取的机会。简单随机抽样法简单易行,事先不需要知道整体的某些特征及其分布情况。但如果整体情况比较分散,彼此的差距比较大,则误差就可能较大。

(2)分层随机抽样法

这种方法是将混合着多种主要调查特征的综合性整体分成不同类型的小组(层次),小组成员尽可能有具体一致的特征,然后再从这些特征比较一致的小组(层次)中用相应的简单随机抽样法抽出所需的样本。这种抽样方法特别适用于基本整体的特征表现为非均匀性,它能减少因采用简单随机抽样法而产生的偏差。

分层方法又可以分为按比例的分层抽样和不按比例的分层抽样。前者是每一小组(层次)样本的比例与在基本整体中各小组(层次)所占的比例完全一样;后者,如果相对较小的小组(层次)对调查结果具有更为重要的意义,则可以不按照各层次在基本整体中的比例来抽取样本。

(3)整群抽样法

这种方法不是从整体中直接抽取样本单元,而是先从调查对象的整体中取出一个完整的组,然后根据随机数从这个缩小了的整体中抽出一定量的样本作为抽样调查的对象。按照这种抽样方法可使一些规模较大的市场调查项目在较低的费用情况下获得有代表性的、可靠的调查结果。

这种方法的优点是,不需要像排列卡片那样排列出基本整体的序列,也不必事先了解整体的具体结构,还可以大大缩小调查对象的范围和降低收集这些资料的费用。但这种抽样方法容易出现偏差,特别是当所抽出的抽样群内部特征过于一致,而与基本整体的结构特征有明显差别时,就很容易使调查结果出现偏差。

2. 非随机(预定)抽样法

采用非随机抽样法时,抽取的样本对象是有目的性的,样本构成是预先规定的。其前提条件是要掌握调查项目中基本整体的主要特征标志。一般有配额抽样法、典型抽样法和重点抽样法等。

(1)配额抽样法

这是预定抽样法中最主要的抽样方法,也是使用最频繁的方法。它是以整体结构设想为基础,根据不同的特征标记予以区分,并按照这种整体结构特征提出样本份额,调查人员事先知道整体结构特征配额,在这个配额内可以由自己挑选询问对象,并由调查人员填满所得份额。

使用配额法的优点是费用低、速度快、灵活性强,它的缺点是定性标志,如态度、观点等无法分配;而且如果调查人员尽找自己的熟人、朋友或容易找到的人询问,就会使调查结果产生较大的偏差。

[案例]

党报读者调查问卷

各位朋友:

您好!为了更好地完成中国传媒大学亚洲传媒研究中心重大项目《党报与党的执政能力建设研究》,我们中国传媒大学党报党刊研究中心特进行全国范围内的目标读者问卷调查。所有的答案没有对错之分,我们关心的是调查汇总结果,在调查报告中不会出现任何您个人的资料,请不必有顾虑。

您的帮助对于我们非常重要!

中国传媒大学党报党刊研究中心

2006 年 9 月

在这次的调查中,调查对象为阅读过党报的读者。采用配额抽样的方法,共调查了100名党报读者,分布区域包括东部、中部、西部以及中央部委。访问方式为电话、邮寄相结合。

（2）典型抽样法

从基本整体的范围内选出与调查目的有特别关系的对象,以对他们的调查得出的结果作为对整体的调查结果。如典型的学生、典型的公职人员,或典型的单位。只是这样的抽样法有一个问题:什么叫典型? 也就是说,在这种情况下要尽量排除抽样时的主观影响。

（3）点抽样法

这种抽样方法只限于用在那些整体中的少量单位对调查目标具有特殊意义的市场调查中。这种抽样法要求的是,整体中的少量单位能提供被调查整体的主要信息,大多数调查对象作为无意义对象被排除掉了。

这种抽样法的优点是费用相当低,在整体调查特征明显不典型时,能保证抽到所有的重要单位作为样本,而且调查结果出得也快。缺点是①由于一些较小的单位可能包括不进去,所以调查的结果存在一定量的信息损失;②无法包含调查中呈现的一些特殊的发展和趋势,结果还会造成结论的偏差。

值得注意的是,在实践中往往几种方法组合起来运用,在不同的阶段运用不同的抽样方法。例如,先把一个国家分成省和地区,然后根据整群随机抽样法抽取城市或地区,再用分层随机抽样法来抽取居住区,最后用预定方案随机抽样法抽取调查对象。

（三）选择调研方式

调研的方式很多,究竟选择哪一种方式进行应该根据调研的目的、范围和性质来决定。一般调研方法主要有文案调查和实地调查两种。

1. 文案调查法

文案调查法是指通过搜集各种历史和现实的动态资料,从中获取与市场调查内容相关的情报,也称间接调查法。

文案调查的资料来源主要有:企业内部积累的各种资料数据,如客户订单、销售额及分布情况、产品成本等;国家机关公布的资料,如工业普查资料、统计年鉴、发展规划等;行业协会和其他组织分布的相关资料;国内外公开出版的杂志、书籍、报纸、评论、调查报告等。

要想获取这些资料通常可以采用这样两种方法:文献资料筛选法、报刊剪辑分析法。

(1)文献资料筛选法

文献资料筛选法是指从各类文献资料中分析和筛选出与企业生产经营有关的信息和情报的一种方法。这是企业、组织获取技术、经济情报的最基本、最主要的来源。

[案例]

生产具有十种零部件的产品①

一家日本公司要进入美国市场,首先查阅了美国的有关法律和美国进出口贸易法律条款。结果发现,美国为了限制进口,保护本国工业,在进出口贸易条款中规定,美国政府收到外国公司进口商品报价单,一律无条件地提高50%。而美国法律中对本国商品的定义是:"一件商品,每个制造的零件所含的价值必须在这一商品价值的50%以上。"为了避免商品价格被无条件提高50%,这家日本公司谋划出一条对策:生产一种具有十种零部件的产品,但其中的九种在日本生产,而在美国市场上购买一种零件,并且这一零件的价值比率在50%以上,在日本组装后再送到美国去销售,就成了美国商品,这样就可以直接和美国公司竞争了。

(2)报刊剪辑分析法

报刊剪辑分析法是指调查人员从各种报刊上所刊登的文章、报道中,分析和搜集情报信息的一种方法。策划人员如果仔细去观察、收集、分析各种公开发行的报纸与杂志中与企业生产经营、组织管理等有关的信息,这会帮助策划者及时发现市场机会,夺取和占领市场,往往会收到意想不到的效果。

[案例]

多毛女孩的苦恼

上海一家制药厂从报纸上刊登的一条关于"多毛女孩的苦恼"的报道中得到重要启示,决定研制脱毛霜剂产品来解决很多女孩的苦恼,产品投放市场后,取得很好的市场效果,产品供不应求。

另外,各大企业和政府都在实施上网工程,网络已经成为一种重要的信息检索途径。在网络上检索信息,主要是通过搜索引擎、门户网站和专业数据库来收集。

2. 实地调查法

实地调查法是指由调研人员或委托专门的调研机构通过发放问卷、面谈、电话调查等方式

---

① 杨明刚:《营销策划创意与案例解读》,上海人民出版社2008年8月版。

收集、整理并分析第一手资料。常用的实地调查方式有:访问法、实验法、观察法和问卷调查法。

(1)访问法

访问法是市场调查中获取原始数据的一种最普遍的调查方式。它是策划者直接向被调查人提出事先拟订的调查项目或问题,并以所得到的答复作为调查结果,由此获得被调查者的动机、意向、态度等方面的信息。按照双方接触方式的不同,这种调查方式又可以分为面谈法、电话访问法、邮寄访问法、网络访问法。

A. 面谈法

优点是具有很大的灵活性,拒答率较低,调查资料的质量好,调查对象的适用范围广。

缺点是调查费用较高,对调查者的要求较高,访问调查周期较长,受访者无法对问题进行过多的思考。

B. 电话访问法

优点是信息反馈快,费用低,辐射范围广。

缺点是调查内容的深度不够,不利于资料收集的全面性和完整性,难以判断所获取的新闻的准确性和有效性。

C. 邮寄访问法

优点是调查的空间范围广,费用低,被调查者有宽裕的时间作答,匿名性较好。

缺点是问卷回收率低,回收期长,时效性差。

D. 网络访问法

优点是辐射范围广,网络访问速度快,信息反馈及时,匿名性很好,费用低廉。

缺点是样本对象仅局限于网民,这就可能造成因样本对象的阶层性或局部性问题带来调查误差,所获取的信息的准确性和真实性程度难以判断。

进行网络访问主要有以下三种基本方法:Email、交互式 CATI 系统(计算机辅助电话访问系统)和网络调研系统。

(2)实验法

实验法是指在控制的条件下对所调查的对象的一个或多个因素进行操作,以测定这些因素之间的关系,它是因果关系调查中经常使用的一种行之有效的方法。实验时一般分为实验组和非实验组,通过两者对比得出信息。

优点是这种方法获取的资料客观、具体,直接真实地反映市场,方法科学;缺点是实验周期长,研究费用昂贵,不能用于进行趋势分析,影响因素复杂多变,难以准确分析。

(3)观察法

观察法是在调查者之间或通过仪器在现场观察调查对象的行为动态,并加以记录而获取信息的一种方法。观察法往往是在不知不觉中被观察调查的,处于自然状态,因此可以观察到消费者的真实行为特征,但这种方法所需费用较大,并且只能观察到外部现象,无法了解到调查对象的一些动机、意向及态度等内在因素。

(4)问卷调查法

问卷调查法是指以书面问答的形式了解调查对象的反应和看法,以此获取资料和信息的一种调查方式。这是最常用、最普遍的一种调查方法。

優点是问卷法节省时间、经费和人力,调查结果容易量化,适合大规模的调查。

缺点是①问卷设计难,问题的设计需要大量的经验,不同的人针对同一个问题,设计问卷差别可能会很大,信度和效度控制需要丰富经验;②面向思维的问题往往调查效果不佳,开放式的问题,回收质量、分析和统计等工作会受影响;③调查结果广而不深。问卷调查是一种用文字进行对话的方法,如果问题太多,调查对象会产生厌烦情绪,所以一般的问卷都比较简短,这也就不可能就某一问题进行深入探讨;④回收率难以保证。

A. 分类

根据问题的不同回答方式,问卷可以分为开放型、封闭型和混合型三种。开放型问卷是指不提供问题的选择答案,对如何回答不作任何限制;封闭型问卷是指提供统一的可供选择的答案,由被调查者选择;混合型问卷是开放型和封闭型二者的结合,一般常采用混合型。

根据填答者的不同,问卷可分为自填式和代填式两种。其中,自填式问卷根据问卷传达方式的不同,又可分为报刊问卷调查、邮寄问卷调查和发送问卷调查;代填式问卷调查,根据与被调查者交谈方式的不同,又可分为访问问卷调查和电话问卷调查。

B. 问卷的基本结构

一份理想的问卷在结构上,按照顺序应该包括四个部分:开场白(卷首语)、问题与回答方式、编码、受访者信息。

• 开场白(卷首语)

它是问卷调查的自我介绍和指导语,一般放在问卷的第一页的上面,也可以单独作为一封信放在问卷的前面。内容上,它应该包括:调查的目的、意义和主要内容,选择调查对象的途径和方法,对调查对象的希望和要求,填写问卷的说明,回复问卷的方式和时间,调查的匿名和保密原则以及调查者的名称等。

[案例]

《人民日报》(永联村杯)读者评报活动

从2010年起,《人民日报》将在全国范围内组织开展一年一度的群众性评报活动,通过常规、系统的反馈机制,进一步加强与读者的互动,落实"三贴近",进一步扩大覆盖面和影响力,进一步推进报纸的品牌建设。具体方案如下:

一、评报范围

此次《人民日报》(永联村杯)读者评报活动主要对象为2009年《人民日报》刊登的优秀新闻作品、报纸版面和常设栏目。其中,候选新闻作品95篇,候选版面10个,候选栏目30个。所有作品均可在人民网首页"《人民日报》读者评报活动"专区中查阅。

二、评奖设置

我们将根据读者投票情况,按得票多少评选出"2009读者最喜爱的新闻作品"30篇,"2009读者最喜爱的版面"5个,"2009读者最喜爱的栏目"10个。

三、参与方式

读者可通过两种方式参加活动：

1. 剪下本版(《人民日报》2 月 25 日第五版)左下角的答题卡(复印有效),填写后于 3 月 7 日前免费回寄指定地址(回寄时请将邮资总付标志沿虚线剪下,贴在信封正面,日期以邮戳为准)。

2. 登录人民网,在首页点击"《人民日报》(永联村杯)读者评报活动"链接,在线填写并提交问卷。

四、奖励

本报将在有效问卷中抽取幸运读者给予奖励。一等奖 5 名,奖品价值 5000 元左右;二等奖 10 名,奖品价值 2000 元左右;三等奖 20 名,奖品价值 1000 元左右;四等奖 300 名,奖品为价值 288 元的全年《人民日报》(上述奖品如需交纳个人所得税,请自理)。

这是本报首次组织读者评报活动,难免有不完善之处,欢迎广大读者和网友多提宝贵意见。

本次评报活动得到了"全国文明村"江苏省张家港市永联村的大力支持。

- 问题与回答方式

它是问卷的主体部分,一般包括调查询问的问题、回答问题的方式以及对回答方式的指导和说明等。

- 编码

就是把问卷中询问的问题和调查对象的回答全部转化为 A、B、C 或 a、b、c 等代号和数字,以便对调查问卷进行数据处理。

- 受访者个人信息

包括受访者的地址或单位,访问员姓名、性别、年龄、受教育程度、联系方式等。这些资料是对问卷进行审核和分析的依据。

- 结束语

有的问卷上还有结束语,它可以是简短几句话,对调查对象的合作表示感谢;也可以长一点,主要征求对问卷设计和问卷调查的看法。

C. 问题的设计

- 问题的种类

背景性问题:主要是被调查个人的基本情况。

客观性问题:是指已经发生和正在发生的各种事实和行为。

主观性问题:是指人们的思想、感情、态度、愿望等一切主观方面的问题。

检验性问题:为检验回答是否真实、准确而设计的问题。

- 问题的表述原则

具体性:不要提抽象、笼统的问题,问题的内容要具体。

单一性:不要把两个或两个以上的问题合在一起提。

通俗性:不要使用被调查者感到陌生的语言,特别是不要使用过于专业化的术语。

准确性:不要使用模棱两可、含糊不清或容易产生歧义的语言或概念。

简明性:不要把问题问得冗长和啰唆,要尽可能简单明确。

客观性:不要有诱导性和倾向性语言,态度要客观。

非否定性:要避免使用否定句形式表述问题。

D. 回答的类型和方式

● 封闭型

封闭型回答是指将问题一切可能的几种主要答案全部列出来,由被调查者从中选取一种或几种答案作为自己的回答,不能作这些答案之外的回答。

封闭型回答的答案是预先设计的、标准化的,它一方面有利于被调查者正确理解和回答问题,节约回答时间,提高问卷的回复率和有效率;另一方面有利于对回答进行统计和定量研究,还有利于询问一些敏感问题。被调查者也许不愿直接表达自己的看法,但对已有的答案却有可能进行真实的选择。

缺点是问题的设计比较困难,特别是一些比较复杂、答案比较多或不太清楚的问题,很难设计得完整、全面;它的填写比较容易,被调查者可能对自己不懂甚至根本不了解的问题任意填写,从而降低回答的真实性和可靠性。

具体常见方式有这样几种:

➤ 填空式:在问题后面的横线上或括号内填写答案的回答方式,适合于回答比较简单的问题。如:

您的家庭人口数:(   )人。

您的年龄:[   ]。

➤ 两项式:只有两种答案可供选择的回答方式,适用于互相排斥的两选一式定类问题。如:

您的性别(请在适用的括号里打√):1 男(   )   2 女(   )

➤ 列举式:在问题后面设计若干条填写答案的横线,由被调查者自己列举答案的回答方式,适用于有几种互不排斥的答案的定类问题。如:

您认为《人民日报》最应改进的方面包括:
1. _____   2. _____   3. _____

➤ 选择式:列出多汇总答案,由被调查者自由选择一项或多项的回答方式,适用于有几

种互不排斥的答案的定类问题,可规定选择一项,也可规定选择多项。如:

您认为党报的编辑记者应该是:(可多选)

1. 学者

2. 政治家

3. 大学毕业生

4. 有一定社会实践经验的人

5. 必须具备良好职业道德的人

6. 职业写手

您阅读《人民日报》时,通常是(单选):

1. 先看标题,如果感兴趣就往下看

2. 挑自己喜欢的固定版面或栏目看

3. 从头到尾仔细看

4. 无固定的阅读习惯

➤ 顺序式:列出多个答案,有被调查者给各种答案排列先后顺序的回答方式,适用于要表示一定先后顺序或轻重缓急的定序问题。如:

如果您认为目前党报办得不令人满意,其存在的最严重问题是(按照严重程度给下列问题编号,严重度最大的为1,最小的为9)

☐ 体制问题

☐ 机制问题

☐ 缺乏创新

☐ 经营管理水平低

☐ 办报队伍素质差

☐ 市场不规范

☐ 发行渠道不畅

☐ 资金短缺

☐ 设备陈旧

➤ 等级式:列出不同等级的答案,由被调查者根据自己的意见选择答案的回答方式,适用于要表达意见、态度、感情的等级或强烈程度的定序问题。如:

总的说来,您对目前党报党刊的满意程度是:

1. 很不满意

2. 不太满意

3. 一般

4. 比较满意

5. 非常满意

➤ 矩阵式:将同类的几个问题和答案排列成一个矩阵,由被调查者对比着进行回答的方式,适用于同类问题、同类回答方式的一组定序问题。如:

在日常生活中,您接触以下媒介的频度如何?

		从来不	偶尔	经常	几乎天天
1	看电视	1	2	3	4
2	听广播	1	2	3	4
3	上网	1	2	3	4
4	阅读报纸	1	2	3	4
5	阅读杂志	1	2	3	4

• 开放型

开放型回答是指对问题的回答不提供任何具体答案,由被调查者自由填写。如:

您对《人民日报》还有哪些意见或建议? ＿＿＿＿＿＿＿＿＿＿＿＿＿＿＿

您认为互联网给人们生活带来的最大改变是什么? ＿＿＿＿＿＿＿＿＿＿＿

开放型回答的最大优点是灵活性大、适应性强,特别适合于回答那些比较复杂或者事先无法确定各种可能答案的问题,它能使被调查者自由表达意见,有利于发挥他们的主动性和创造性。但缺点就在于回答的标准化程度低,整理和分析起来比较困难,它要求被调查者有较强的文字表达能力,而且因为要花费较多填写时间,就有可能降低问卷的回复率和有效率。

• 混合型

混合型回答是指封闭型回答与开放型回答的结合,它综合了开放型回答和封闭型回答的优点,同时避免了两者的缺点。如:

您认为《人民日报》最应改进的方面包括(最多可选三项):

1. 提高时效性

2. 提高贴近性

3. 增加独家报道

4. 加强深度报道

5. 提高评论水平

6. 改进标题制作

7. 提高图片质量

8. 美化版式设计

您认为《人民日报》还应该在哪些方面进行改进？_____

(四) 设计调查方案

根据调查目的、范围、方式和对象,设计相应的调查方案。一个完善而系统的调查方案一般包括调查背景、调查目的、调查区域与对象、调查内容、调查方法(抽样调查必须对抽样的步骤进行详细说明)、质量控制体系、费用预算、日程安排等内容。

1. 调查背景、调查目的

简要描述行业大背景,阐明行业历史、现状及发展趋势。同时,分析本企业(产品)市场现状,有利因素和不利因素,导出做市场研究的必要性、分析目的。主要是针对特定市场或特定产品而进行的,它包括调研涉及的各个细节点。简而言之,就是解释为什么调研,即通过调研所获得的信息将主要用来解决什么样的问题。它是对如何解决客户决策及管理问题的具体回答,一般根据客户的要求而有所变化,调研设计人员应根据客户具体情况,在充分酝酿的基础上,灵活、机动地确定此次调研的目的。

2. 调查内容

调研内容的确定必须服务于调研目的,它主要解决为达到调研目的,必须收集哪方面的信息的问题。一般而言,调研的内容主要有:行业性的市场环境调研、消费者行为模式调研、消费者信息接受模式调研、广告调研、经销商及零售商调研、产品调研、品牌的调研等。

3. 调研方法

调研方法主要说明从什么地方、什么人、用什么方法来收集有关的信息。它一般对三个内容进行说明:调研区域、调研对象、调研方法。调研区域可根据客户的调研要求,根据各城市的代表性来选择, 也可以用抽样的方法来选择。如果用抽样来选择的话,则必须对抽样的过程进行详细说明,说明样本的数量、限制条件及选择原则。如果调研对象的选择是以抽样来决定的话,则也应对抽样过程进行详细说明,说明以何种调研方式来对相关的调研对象收集资料。

4. 质量控制体系

对整个调研流程的质量控制是保证客观、科学地收集市场信息的前提。

我们可对公司的整个质量控制系统进行简单说明,主要从调研流程、调研组织、人员培训三个方面进行。按调研的实施步骤,可分七个小项来对时间进行具体安排:(1)调研方案、问卷的设计;(2)调研方案、问卷的修改、确认;(3)项目准备阶段(包括网络、人员安排);(4)实地访问阶段;(5)数据预处理阶段(编码、输入);(6)数据统计分析阶段;(7)调研报告撰写阶段。在客户确认项目后,就要有计划地安排调研工作的各项日程,用以规范和保证调研工作的顺利实施。

[案例1]

科益人公司项目市场调查方案

一、调查背景

随着人民生活水平的不断提高,人们对自身健康的保护意识越来越强。山东科益人生物工程有限公司以"科技造福于人类"为发展宗旨,以市场为导向,研制、开发了鼻腔清洗器这一领导健康新潮流的卫生产品,填补了国内这一领域的空白。

任何事物的发展都不是一蹴而就的,像刷牙、沐浴等卫生习惯都是经过长时间的不断发展才达到今天的普及程度,鼻腔清洗也是这样。消费者虽然有这方面的潜在需求,但如何让广大消费者认识并接受鼻腔清洗这一卫生新概念,还需要花大力气进行市场培育。科益人公司作为鼻腔清洗器的国内首家生产、经营企业,能否成功地将这一产品进行上市推广,将取决于营销策略是否正确,而正确的营销策略从市场中来。因此我们只有在对市场情况有一个深入而透彻的了解后,才能确定如何进行产品定位、价格、渠道、促销方式的组合,从而把产品全面推向市场。这就是我们进行此次市场调研的原因。

通过此次市场调研,我们可以对目标消费者、销售终端及相关媒体等方面的信息有一个全面掌握,从而达到有把握地进入目标市场,一举取得成功的目的。所以,市场调研是我们成功的第一步,是制定正确营销策略的基础,我们将尽我们最大的努力来保证这次调研的成功。相信在科益人公司的积极配合下,我们的目标一定可以实现。

二、调查目的

本次调研的主要目的有两个:首先是对科益人公司所面临的外部环境进行科学、系统、细致地了解,通过市场细分,寻找我们的目标消费者,并对其进行深入了解;其次通过此次调查,寻找和挖掘产品的 USP(独特卖点),为科益人公司的鼻腔清洗器在产品、定价、包装、渠道、宣传推广等政策的制定提供科学的市场依据。以下是具体化的调研目的:

1. 通过调研了解市场背景信息,为鼻腔清洗器的上市提供宏观决策的科学依据;

2. 通过调研了解消费者心理、购买行为特征、媒介喜好及销售终端、相关媒体等信息,为指定正确的价格、包装、广告、促销策略和推广方案打下坚实的基础。

三、调查内容

(一)消费者调查

1. 消费者消费行为模式调研

——消费者对鼻腔清洗器的拥有情况

——消费者购买鼻腔清洗器的地点选择

——影响消费者购买鼻腔清洗器的主要因素

——消费者接受鼻腔清洗器信息的主要渠道

2. 消费者对产品的选择

——消费者购买鼻腔清洗器时的主要考虑因素

——消费者对鼻腔清洗器的价格承受能力

——消费者对产品包装的考虑要素

——消费者对产品促销的考虑要素

3. 目标消费者的基本特征

——目标消费者的年龄构成

——目标消费者的性别构成

——目标消费者的文化程度构成

——目标消费者的职业构成

——目标消费者的收入构成

（二）终端调查

1. 销售终端的销售特点调研

2. 消费者的购买特点调研

3. 对厂家的要求（铺货、上架等）

（三）媒体调查

1. 产品的背景信息及未来发展趋势，市场状况调研。

2. 媒体发行量（收视率）、栏目设置情况、覆盖区域收费标准等的调研。

四、调查方法与样本数

（一）调查区域与对象

调查区域：本次调研的调研区域经过双方磋商，并考虑市场消费状况、容量和辐射力等方面因素，确定为广州、济南两城市。（本方案所述情况皆指广州，济南调研由科益人公司参照本方案执行调研实施，全部调研问卷的统计分析工作统由采纳公司负责，对科益人公司自行调研实施过程中所发生的错误和偏差，采纳公司概不负责。）

调查对象：调研区域内年满16周岁以上的常住居民。

（二）调查方法

本次调研采用了定量分析与定性分析相结合的调研手法。定量分析主要用于消费者调研，在调研方式上采用封闭式的问卷调研法，在抽样上采用便利抽样与配额抽样相结合的方式，即在商场、居民区等场所对符合我们目标特征的消费者进行拦截，展开问卷调查；定性分析主要用于终端调研和媒体调研，采用的方式为对目标对象进行开放式深度访谈。

（三）样本量

由于本次调研所涉及的产品——鼻腔清洗器，对绝大多数消费者来说比较陌生，为了既保证一定的置信度（95%左右），又使调研具有可操作性，确定每个城市消费者调研的样本量为350个（此时的抽样误差为5.2%）。在这350例样本的选择上，按性别、年龄等因素进行配额，以确保本次调研的代表性。

为了进一步了解销售渠道、市场前景、媒介等方面的资料,我们还将进行十例销售终端调研和二例媒体调研。

这样,我们要进行定量调研(消费者调研)350例,定性调研(终端调研、媒体调研)12例,合计362例。加上科益人公司自行操作的济南调研,共计724例。消费者调研具体配额如下:

区域年龄	25 岁以下	25 – 35	35 – 45	45 岁以上	合计
天河区	10	15	15	10	50
黄埔区	10	15	15	10	50
白云区	10	15	15	10	50
越秀区	8	12	12	8	40
荔湾区	8	12	12	8	40
芳村区	8	12	12	8	40
海珠区	8	12	12	8	40
东山区	8	12	12	8	40

注:消费者调研样本数合计350例,男女大致比例为7:3

五、调查实施

(一)调查的流程

项目洽谈→资料收集→方案的设计与论证问卷的设计与论证→访问员培训及各项准备工作→正式实施调研→问卷回收、复核与整理→二手资料的整理与分析(用 SPSS 对问卷进行分析)→撰写调研报告→提交调研报告→后续的数据分析及其他调研方面的服务

(二)调查所需人员

根据我们的调研方案,在广州市进行本次调研需要的人员有三种:调研督导、访问员、复核员。具体配置如下:

调研督导:2 名,由采纳公司派人专职督导;

访问员:5 – 6 名,由我们自己的访问员网络提供;

复核员:1 – 2 名,可由督导兼职,也可另外招聘。

如有必要还将配备辅助督导(一名),协助进行访谈、收发和检查问卷与礼品。问卷的复核比例为全部问卷数量的30%,全部采用电话复核方式,复核时间为问卷回收的 24 小时内。

(三)相关人员的培训

1. 督导人员的培训

人员的要求:本科以上学历,有丰富的调研知识与经验,组织管理能力强,有责任心。

培训的内容:主要的工作职责;介绍项目的背景、调研的内容与对象;讲解抽样的方法;

访问员的招聘、培训与管理；问卷的审核与补救；对相关问题的处理方法。

2. 访问员的培训

人员的要求：专科以上的学历，有丰富的调研经验，与人的沟通能力强，工作的主动性、责任心比较强。

培训的内容：主要的工作职责；项目的背景、内容、对象的介绍；问卷的讲解；访问的技艺；相关问题的处理。

（四）需要科益人公司的配合

1. 请科益人公司安排 1~2 名人员专职负责本次调研的后勤、联络工作，协调双方因调研工作所发生的事务联系。

2. 请科益人公司以最快的速度为我们邮 6~8 个鼻腔清洗器样品，以供调研测试之需。

六、质量控制

（一）调查组织

公司针对该项目成立专门的调研小组，由公司的调研经理任该项目的负责人，协调整个调研的进行及对调研质量实行直接控制。调研的督导、抽样员、复核员由公司具有本科以上学历的资深市调人员担任。朱总和刘总对最终的调研质量进行控制。科益人公司作为客户对整个流程的质量可随时实行监控，并对相关的问题提出质疑。

（二）方案与问卷设计的质量控制

1. 在方案及问卷设计以前，设计人员通过二手资料的收集、本地市场的调研、与客户的交流、专家访谈等方式，应对行业的现状、项目的背景、调研的内容、消费者及产品的相关知识有一个较深入的了解。

2. 方案及问卷设计由公司具有丰富专业知识及实践经验的资深市调人员撰写，经项目小组讨论审核，朱总和刘总审核方可提交给科益人公司。在与科益人公司讨论修改后，试调研并最终通过科益人公司审核后方可付诸实施。

（三）实地调查的质量控制

1. 调研的督导人员必须由公司具有本科以上学历的资深调研人员担任，访问员必须由具有专科以上学历的人员担任。

2. 督导人员和访问人员在进行实际操作前，必须经过专门的培训，经考核合格后方可操作。

3. 问卷调研时，多访问 5% 作为备用问卷，以保证总体样本量与设计数量相符合。

4. 问卷调研时，问卷的复核比例为全部问卷数量的 30%。采用电话复核和实地复核两种方式相结合，复核时间为问卷收回 24 小时内。复核人员不能为访问人员。

（四）资料整理及分析的质量控制

1. 问卷回收公司总部后，由公司专业的调研人员进行第二次审核。

2. 数据采取双向录入，分析软件采用 SPSS10.0。

3. 分析报告由公司的专业研究人员撰写，经小组审核、公司领导审核、科益人公司审核后方可通过。

七、日程安排

工作内容	实施进度	实施地点	执行人员
调研方案设计	7.17—7.19	深圳	科益人项目组
调研方案论证	7.19—7.21	深圳	科益人项目组
调研培训	7.20—7.22	广州	科益人项目组
消费者调研	7.24—7.27	广州	科益人项目组
销售终端调研	7.27—7.29	广州	科益人项目组
媒体调研	7.27—7.28	广州	科益人项目组
问卷统计分析	7.30—8.02	深圳	科益人项目组
撰写调研报告	8.02—8.10	深圳	科益人项目组

[案例2]

××××有限公司降血脂产品市场调查方案

一、调研背景

××××有限公司是由××科技(600277)与××共同出资 2500 万元人民币建立的。其中内蒙古××科技实业股份公司以募集资金 2475 万元人民币出资,占注册资本的 $x\%$,××出资现金××万元人民币,占注册资本的 $x\%$ 。公司作为医药产品全国营销管理中心,旨在进入高速发展的医药行业,并作为××科技新的利润增长点,在资金投入及人才配备方面具有优势。目前公司正处在市场进入初期,确定主打产品为降血脂类产品。为配合产品进入市场,并达到预期目标,将对目标市场进行全面调研。

二、调研目的

本次调研是为××××有限公司降血脂产品上市营销方案提供依据。了解哈尔滨、宁波、绵阳目标市场的媒体、政府职能部门、销售渠道情况,分析消费者概况,医药市场概况,竞争对手情况(广告方式、媒体选择、销售通路、销售业绩、促销手段、投入产出比例、营销队伍、公共关系等情况),为××××有限公司产品上市的营销方案提供决策性参考数据和基本建议。

三、调研内容设计

根据本项目的特征,市场研究的内容包括对媒体、职能部门、消费者状况、销售渠道、竞争对手等五方面的研究。以上研究通过市场调查、慧聪医药数据库、专业资源和神秘客户手段获得。

(一)哈尔滨、宁波、绵阳三市场媒体广告情况

1. 该城市收视率最高的两家电视频道

　　1-1　收视率

　　1－2　覆盖率

　　1－3　广告价格

　　1－4　联系方式

2. 该城市发行和传阅率最高的两家报纸

　　2－1　发行量

　　2－2　发行范围

　　2－3　广告收入及排名情况

　　2－4　广告结构

　　2－5　读者群

　　2－6　广告刊例价

　　2－7　联系方式

3. 邮递广告

　　3－1　邮递广告类型

　　3－2　报价、实价

4. 车身广告

5. 电台广播

6. 医药、保健品广告投放、媒体选择分析

(二)政府职能部门——医药、工商、广告管理部门情况

1. 当地药品广告申报程序及费用

2. 当地药品广告管理部门情况

　　2－1　主管领导职位、电话和地址(办公)

　　2－2　对医药广告管理监管力度情况

(三)销售渠道概况

1. 医院

　　1－1　当地医院数量

　　1－2　医院规模(三甲、二甲及其他)

　　1－3　医院年门诊量

　　1－4　药品消耗量

　　1－5　药品消耗金额

2. 药店及连锁药店

　　2－1　当地药店数量

　　2－2　当地药品零售市场年销量

　　2－3　排名前三位的连锁店情况

　　2－4　独立零售企业情况

3. 医药批发企业

　　3－1　年销售额排名前三位的批发企业

　　3－2　企业名称及概况

3－3　企业年销量

3－4　负责人情况

3－5　主销品种

3－6　主销品种结构

3－7　营销网络

(四)消费群体概况

1. 地区基本情况

1－1　当地总人口数

1－2　地理范围

1－3　消费水平

　　　1－3－1　人均可支配收入

　　　1＝3－2　医疗保健开支

1－4　高血脂相关疾病全国发病率,南北发病率差异

2. 消费者购买行为与心理研究

2－1　购买人群年龄层次

2－2　购买人群收入层次

2－3　购买人群消费习惯

2－4　购买人群购药心理

　　　2－4－1　购买前的信息收集

　　　　　　2－4－1－1　购买前信息收集的需求

　　　　　　2－4－1－2　购买前信息收集的内容(选择品牌集合及对产品属性、
　　　　　　　　　　　　价格、功能、服务等的要求)

　　　　　　2－4－1－3　购买前信息收集的渠道

　　　2－5　购买决策

　　　　　　2－5－1　购买决策方式类型

　　　　　　2－5－2　购买场所选择

　　　　　　2－5－3　影响购买的因素:价格、品牌、促销、产品质量、功能、服务

　　　　　　2－5－4　购后评价——消费者满意度研究

A. 消费者对已购买产品在功能、价格等方面的评价。

B. 购买评价对二次购买及其他购买者购买行为的影响。购买过程的研究可以有效
地了解消费者在购买过程中决策和实施的每个环节,找到影响消费者决策和购
买的关键因素。

(五)竞争对手情况

1. 降血脂产品在当地市场概况

1－1　医院年销售额

1－2　零售年销售额

2. 降血脂主销品种竞争对手情况

2－1　生产企业名称

2-2　产品单价

2-3　产品日销量

2-4　当地市场年销售量

2-5　各自市场份额

2-6　销售方式：以医院或药店为主，总代理制或分销制或其他销售方式

2-7　促销手段

2-8　年或月投入量

2-9　投入产出比例

3. 降血脂主销品种卖点分析（理论基础）

  3-1　经销商评价——与厂家合作回扣率、回款方式、热销原因等

  3-2　药店经理评价——包装、价格、广告认知度、卖点

  3-3　消费者评价——包装、价格、广告认知度、卖点

4. 降血脂药品典型医院、药店、消费者评价

  4-1　市场状况

    4-1-1　门诊收治人数（月均）

    4-1-2　病房收治人数（月均）

    4-1-3　降血脂药品市场供求状况

  4-2　认知和使用情况

    4-2-1　认知种类

    4-2-2　认知品牌

    4-2-3　认知渠道

    4-2-4　医院使用种类

    4-2-5　医院习惯使用的品牌

    4-2-6　某药最常为医生使用的原因

  4-3　产品评价

    4-3-1　对不同品牌的评价

    4-3-2　对不同剂型的评价

    4-3-3　对主销品种疗效特点评价

    4-3-4　对主销品种临床适应证评价

    4-3-5　对主销品种不良反应评价

  4-4　产品发展

    4-4-1　对主销品种营销方式评价

    4-4-2　对主销品种临床推广评价

    4-4-3　对主销品种公关方面评价

    4-4-4　对主销品种市场前景预测

5. 主要竞争对手广告与媒体

  5-1　平面广告投入量

5－2　平面广告媒体选择

5－3　平面广告投放频率

5－4　广告诉求、广告主题词

5－5　电视广告投放量

5－6　电视广告媒体选择

5－7　电视广告投放频率

5－8　电视广告表现特色

四、调研对象

1. 医院医生及药房主任

2. 药店店员及药店经理

3. 药市

4. 医药代表

5. 商业公司营销经理

6. 消费者

五、调研范围

1. 哈尔滨、宁波、绵阳三城市

2. 每个城市五家医院

3. 每个城市 20～30 家药店

4. 每个城市三家商业批发公司

5. 每个城市 90 个降血脂消费者

6. 当地药监局

7. 当地工商局

六、调查方式

本次调查采用定量调查和定性调查结合的方法：

1. 定量调查:消费者定点调查

2. 定性调查:小组座谈会(Focus Group)、经销商、分销商、医院、药店走访、电话访问

七、项目预算

八、项目周期

（五）实施调查

在实施调查活动时,必须对调查的质量进行有效的控制,只要这样才能得到可靠的信息。这就需要找到调查质量的主要控制点和控制方法。市场调查资料的质量误差主要存在

于设计、调查和整理阶段。因此,对上述三个阶段及其相关因素进行控制,就构成了市场调查质量的控制点。

设计阶段的质量控制主要是要使调查方案切合市场调查对象的实际,具有可行性,让市场调查人员能够明确掌握而不至于产生误解;还要对市场调查人员、经费等组织工作做出周密计划。而整理阶段的质量控制则侧重于对相关数据的复核。

调查实施阶段是质量控制的重中之重。调查正式开始前,应着重抓好两个方面的工作:一是对市场调研人员进行严格的选择和培训,使每个人员都能准确地理解市场调查的目的和要求;二是对市场调查对象的特征要有一个初步了解,比如调查的背景以及相关工具的准备等。调查过程中,应根据不同的市场调查方法,采取相应的控制措施。如采用文案调查法时应注意所收集资料的可靠性和真实性,资料最好来自于相关的权威部门;在进行抽样调查时,要严格遵循随机原则,并对抽样误差进行控制;访问调查中,市场调查质量的高低在很大程度上取决于访问员与被访者的合作程度,因此就需要提高访问员的修养和业务水平。市场调查初步完成后,市场调查人员要对相关资料采取多种方式进行复查,一旦发现诸如有的问题漏问了、回答的前后逻辑有矛盾等问题,应及时进行补问和逻辑确认。如果质量问题严重,就应坚持推倒重来,以避免有质量问题的问卷进入数据处理阶段。

(六)调查后的信息处理

一般来说,市场调查后的信息处理包括以下几个层面:

1. 分类:对零乱无序的信息进行整理归类,分类可按照时间、空间、事件、问题、目的和要求等标准来进行。

2. 比较:对信息进行分析,从而鉴别和判断出信息的价值、时效性,达到去粗取精,提高信息质量的目的。

3. 综合:就是按一定的要求和程序对各种零散的数据资料进行综合性的处理,从而使原始信息升华、增值,成为更为有用的信息。

4. 研究:是指信息加工人员对信息进行分析和概括,从而形成有科学价值的新概念、新结论,为策划提供依据。这里重要的是要判别原始信息材料是否真实可靠、准确无误,并在此基础上,考虑是否有用,即对策划是否有帮助,对策划工作是否有指导意义。

5. 编制:是指对加工过的信息整理成易于理解、易于阅读的新材料,并对这些材料进行编目和索引,以便信息利用者方便地提取和利用。

这些加工环节可以是递进的过程,也可以同时或穿插进行。

信息处理的方式可分为手工和电子两种,各有利弊。手工处理资料所需工具较少,方法灵活,使用方便,但它处理的工作量较大,所以处理的数据不宜过多。用计算机处理信息具有极高的处理速度,多种多样的处理功能,几乎不受限制的存储容量,方便而迅速,高效率。

(七)准备和撰写报告

数据分析完成后,调查人员要就项目进行书面的和口头的报告,并向管理层沟通结论和建议。这个报告的开头应对调查目标做清楚和简洁的说明,然后对采用的调查设计或方法进行全面而简洁的解释;之后,概括性地介绍主要发现;报告的最后,应提出结论和对管理者的建议。

[案例]

党报读者调查报告

中国传媒大学党报党刊研究中心

2006 年 10 月

一、基本背景情况

1. 党报的界定

在本次调查中,党报指中国共产党的三级党委机关报,如中共中央机关报《人民日报》;各省(自治区、直辖市)党委机关报,如《河北日报》、《北京日报》、《天津日报》、《内蒙古日报》以及各地(市、州、盟)党委机关报,如《广州日报》、《鞍山日报》、《东莞日报》、《阿克苏报》等。

2. 调查对象及调查方法

在本次调查中,调查对象为阅读过党报的读者。采用配额抽样的方法,通过甄别,共调查了 100 名党报读者。100 名读者分布区域包括东部、中部、西部以及中央部委。访问方式为电话、邮寄相结合,访问实施时间为 2006 年 9 月 10—30 日。

3. 本次调查中党报读者的构成

在所调查的 100 名党报读者中,从年龄构成上看,"31~50 岁"的读者占了 57%。

	20 岁以下	21~30 岁	31~40 岁	41~50 岁	51~60 岁	61 岁以上	合计
百分比	5	17	27	30	17	4	100

从性别上看,男性占了八成,男性明显多于女性。

从文化程度上看,"本科及以上"程度的占党报读者的 71%,高中及高中以下的占 20%,大学及以上文化水平的人居多,这说明党报读者文化层次较高。

	性别			文化程度					
	男	女	合计	初中及以下	高中/中专/中技	大专	本科	研究生及以上	合计
百分比	81	19	100	6	14	9	46	25	100

从所在单位的类别看,党报的读者以党政机关和教育、医疗、科研机构居多,分别占 30% 和 23%。

	党政机关	事业单位	社会团体	军队武警公检法	教育医疗科研机构	国有企业	集体三资私营企业	务农	合计
百分比	30	15	1	7	23	14	5	5	100

从职业上看,机关干部占37%,教育科研人员占19%,企业管理人员占9%,工人、商业服务业人员占9%,军人、武警占7%,农民占6%,学生占5%,文化卫生体育工作者占4%,一般职员占3%,私营企业主/个体户占1%。

从政治面貌上看,近七成党报读者为中共党员。

从居住区域上看,省会城市和计划单列市、地级市、县及县级市的读者占到89%,集镇和乡村的仅占11%。

这个调查结果说明:男性、文化知识水平较高的机关干部和教育科研人员是党报的主要读者,且这些读者多集中在城镇。这说明党报发行工作在广大的农村基层地区做得并不好,还有待进一步改进。文化知识水平相对较低的工人、农民、商业工作者虽然现在阅读党报的比例不高,但他们占我国人口的大多数,显然不可忽视。党报应更多地关注工、农、商等众多读者的状况,应在如何满足这些人的阅读需求上多下点工夫。

二、调查结果

1. 现状情况(略)
2. 对党报的期望(略)
3. 对党报改革的建议(略)

第三节　分析策划环境,把握市场行情

所谓"策划环境",就是指在策划实施时,对会产生什么影响,或会受到什么影响等有关组织和社会状态的考虑。它泛指一切影响和制约组织策划活动的内部条件和外部条件的总和。

企业组织总是存在于一定的内外环境之中,环境影响着企业的市场营销活动。我们进行策划时不能不考虑到企业所面临的内外部环境,否则做出的策划方案就如同建在沙上的房子,中看不中用。为此,策划者就应当尽量地调查、把握策划对象:即多看、多听、多问、多查。多看即深入现场,亲自搜集情报;多听、多问,就是多接触,了解与策划书有关的各方人士的意见、期望和想法,深入主观与客观环境,做到对现实情况的真实了解。

对策划环境进行分析,是确立目标后策划的一个必要程序。策划环境分析对于策划过程的重要性可用一个形象的比喻来说明。策划的环境就像是要将策划这条鱼放进去的池子的整体状态。如果池子里的食物总是充足的话,即使这条鱼不很强壮,它也能够生存下去。如果不管它是泥水,还是盐水,随随便便地就将鱼放进去,那么它就死定了。放"鱼"之前,根据"池子"的状态决定放不放"鱼",放什么样的"鱼",是至关重要的。

[案例]

叶茂中与圣象地板

策划了"让生命与生命更近些"的圣象地板品牌策划案的叶茂中,在这一策划过程中设定的问题是:"圣象的口碑应该是怎样的呢?"叶茂中与他的团队进行了为期25天的营销诊断和60天的市场调研,对策划环境进行了全方位的分析研究。他们从策划调研中获得了两个非常有价值的结论:

第一,整个地板市场没有一个领袖品牌,甚至连稍具领袖意识的品牌都没有出现,在市场上有宝贵的领袖品牌真空。

第二,圣象地板的名称是"圣象装饰集团",而社会公众对"装饰"的第一联想是"装潢公司",这与圣象应有的国家品牌相去甚远。

叶茂中和他的团队所做的策划调查工作很好地完成了对策划环境的分析,并进一步演化、细化、具体化所设定的策划问题——"圣象的品牌形象应该是怎样的呢?"针对市场调查的第一个结论,圣象的第一个品牌战略将是由"强化木地板第一品牌,转变为地板市场第一品牌";针对市场调查的第二个结论,建议将圣象的企业名称改为"圣象制造集团"。经过这样的策划实施,果然使圣象地板的品牌魅力和知名度大大提高了。

对企业组织内外环境进行综合分析的方法很多,SWOT分析法是最常用的一种。

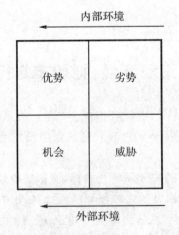

一、什么是 SWOT 分析法

SWOT 分析法即态势分析,就是将与研究对象密切相关的各种主要内部优势(Strength)、劣势(Weaknesses)、机会(Opportunity)和威胁(Threat)等,通过调查列举出来,并依照矩阵形式排列,然后用系统分析的思想,把各种因素相互匹配起来加以分析,从中得出一系列相应的结论,而结论通常带有一定的决策性。

其中,S 表示优势(Strengths),W 表示劣势(Weaknesses),O 表示机会(Opportunities),T 表示威胁(Threats)。通过 SWOT 分析,一是能够揭示企业的优势与劣势所在,使企业在经营活动中扬长避短;二是能够明确企业面临的机会与威胁,使企业在经营活动中趋利避害;三是能够让企业认识到应放弃的业务,丢掉包袱;四是能够让企业把握住要重点推广的业务,加速企业的发展。总体概括为:扬长避短、趋利避害、丢掉包袱、加速发展。

二、如何 SWOT 分析

SWOT 分析法注重三个要素:目标、外部环境、内部条件。

进行 SWOT 分析时,主要有以下几个方面的内容:

(一)分析环境因素

运用各种调查研究方法,分析出公司所处的各种环境因素。

1. 机会与威胁分析

机会与威胁分析又称外部环境分析,是指对企业外部影响其业务发展和市场经营活动的各种因素进行的分析。其中,机会分析是指企业组织通过对外部环境的分析,找出有利于企业经营活动的因素,并具体分析其影响强度和成功可能性的过程。威胁分析是指企业组织通过对外部环境的分析,找出对企业经营活动不利的因素,再具体分析其影响强度和发生的可能性的过程。通过机会与威胁分析,策划人员就能够清晰地了解到企业所处的外部环境,再根据企业的情况进行恰当的活动策划,推动企业的发展。

具体来说,影响企业组织市场经营活动的外部环境因素主要分为宏观环境因素和行业环境因素两大类。宏观环境因素分为经济因素、政治因素、法律因素、文化因素、自然环境因素等。关于中观的行业环境因素,美国战略专家迈克尔·波特提出了五个方面的因素:行业的新进入者、替代品、买方、供方和行业中原有的竞争者。

(1)行业的新进入者——包括实力强弱、成本优势、产品特色、销售渠道、商标商誉、政府政策等。

(2)替代品——包括种类的多寡、相对价格水平、替代倾向等。

(3)买方——包括需求量、需求价格、买方的集中程度等。

(4)供方——包括要素的差异性、厂商的集中程度、供应量、供应价格等。

(5)行业中原有的竞争者——包括竞争者数量、实力强弱、商标商誉、产品的差异性、行业增长率、行业的退出障碍等。

2. 优势和劣势分析

优势和劣势分析又称内部条件分析,是企业对自身的审视,指企业组织通过对内部影响市场经营活动和业务发展的各种因素进行分析,确定企业的市场地位的过程。企业组织可以将企业组织的各项能力用数量指数表示出来,在进行优势和劣势分析后,就可以在市场经营活动中扬长避短,重复发挥其优势,克服或避免其劣势,在市场中占据有利地位。

[案例]

马科利重扬派克名

派克公司是世界第一大钢笔公司,其声望无人能及。可是自从匈牙利人拜罗兄弟发明了圆珠笔之后,派克公司遇到了前所未有的威胁。公司倚仗自己雄厚的实力,降价销售派克笔,试图以这种方式夺回失去的市场。可是做工精细的钢笔无论如何不可能在价格上战胜成本极低的圆珠笔,派克公司元气大伤,到了破产的边缘。

派克公司欧洲高级主管马科利这时想办法筹集了足够的资金,买下了派克公司。经过分析他认为,老派克公司犯了以己之短攻人之长的大忌,自然会一败涂地。要挽回损失,只有改变策略,以己之长攻人之短。经过精心策划,他开始了重塑派克形象的工作。他决定将派克笔定位为高贵社会地位的象征,突出其高雅、精美和耐用的特点,在市场上根本不和低档的圆珠笔竞争,而是开辟另一块战场。这是一项将老产品彻底改头换面的大行动,为此他采取了两项重要措施。

图3-4　派克钢笔标识

马科利的第一项措施是削减派克笔的产量,同时将原来的销售价提高30%,有些高档的款式,甚至定惊人的高价然后限量发售。有人不禁产生了疑问:"价廉物美和薄利多销一向是经商的两个重要法则,而马科利却与这两项法则背道而驰,他能救派克吗?"可是这正是马科利的高明之处,创造一个高级品牌,自然要突出其矜贵的特点,产量小,市面上投放少,让顾客有钱还不一定买得到,物以稀为贵,不正好可以刺激有钱人的购买欲望吗?

果然不出他所料,在他的苦心经营下,派克代表高级这一概念在人群中树立起来了,一般人用来写写画画是不会随便去买派克笔的,但是用作送礼、纪念品或是表示身份,派克却成了公认的最好选择。派克公司营业额节节上升,重现昔日威风。

第二项措施:大幅度增加广告预算,加强宣传。他不仅在一般的媒体广告上下功夫,更别出心裁地利用不同国家元首来宣传派克笔的尊贵。

英国女王是高贵、显赫的代名词,她所有的用品无不显示她至高无上的地位,而这些用品的商标也随之打上了高贵的烙印。马科利便动用大量人力财力,通过各种渠道,使派克笔获得了伊丽莎白二世专用笔的资格,将派克笔的档次又提高了许多。1987年,美国总统里根和前苏联主席戈尔巴乔夫签订限制核武器的协定,他们所用的笔是派克公司专门生产的"特制银质75型"钢笔,公司大做广告,宣扬"笔杆的力量大过枪杆",派克知名度再次大幅度上升。

(二)构造 SWOT 矩阵

将调查得出的各种因素根据轻重缓急或影响程度等排序方式,构造 SWOT 矩阵。

(三)制订行动计划

第一,增长型战略:内部、外部条件都非常好,宜大力发展。

第二,扭转型战略:外部条件很好,内部有问题,要把握机会,调整方向。

第三,防御型战略:外部、内部条件均不如意,不能进攻,也无力扭转。

第四,多元经营战略:内部资源丰富,外部有威胁,为分散风险而实施多元化的战略。

思 考 题

1. 如何正确处理策划目标之间的关系?

2. 自拟主题,做一份市场调查问卷。

3. 一般来说,策划者在策划过程中要收集哪些方面的信息?

4. 什么是 SWOT 分析法?

第四章

CHAPTER 4

策划的创意——独辟蹊径

一、第一阶段:产生创意

　　策划环境分析之后,紧接着就进入策划的核心阶段,即产生构想的阶段。这一阶段也是最能体现策划人创造性的阶段。这就好比盖房子,在前期找地、打地基、买建材之后,现在终于开始搭架子建房子了。策划人首先要确定策划的大致方向,也就是在地基上完成钢筋的骨架。而这个骨架是否坚强,依赖于地基的稳固程度。也就是说,策划的大致方向是围绕目标与问题,结合环境因素而确定的。能否准确发现问题、设定目标,决定策划方向的准确性。

　　确定大体方向之后,就该是策划人的卓越创造力发挥作用的时候了。创意的发现亦称发想点子。所谓发想,就是各个零星的情报组合,基本情报或信息,不外乎包括发想者头脑里已经以某种形式储存累积的知识、经验等加上由外部所带来的新闻、联想、暗示、事实等两者相结合,将这些通过个人或策划小组的加工、变形、取舍、组合而产生着想点,从而酝酿出创意。这样,策划的核心——构想就初具轮廓了。

　　之后,构想在策划人头脑中进一步清晰、进一步成形,并最终发展成为一个完整的创意。到此,策划的基本结构已经构筑成功,"建筑师"的任务已经完成了一半。

[案例]

"野马"驰骋市场①

　　福特汽车公司是世界最大的汽车企业之一,由亨利·福特创立于1903年。福特汽车公司旗下拥有的汽车品牌有福特、林肯、阿斯顿·马丁、美洲豹、马自达、沃尔沃等。此外,它还

---

　　① 左云:《"野马"驰骋市场》,《销售与市场》1994年第6期。

拥有世界最大的汽车信贷企业——福特信贷(Ford Financial)、全球最大的汽车租赁公司——赫兹(Hertz)及汽车维修公司——Kwik - Fit。在众多骄人业绩中,1964年,福特野马的问世可称得上是福特的里程碑事件之一。

1964年,著名的汽车大王李·艾柯卡为福特汽车公司推出新产品"野马"轿车,取得了轰动一时的成功,两年内为福特公司创造了11亿美元的纯利润。当时,购买野马车的人打破了美国历史的记录,在不到一年的时间里,野马汽车风行整个美国,各地还纷纷成立野马车会。商店里大量上市贴有"野马"商标的墨镜、钥匙链、帽子、"野马"玩具车,甚至在面包铺的橱窗里贴上广告:"我们的烤饼卖得像'野马'一样快。"

为什么野马汽车如此受人欢迎?这与其独特周密的营销策划是分不开的。李·艾柯卡在仔细分析了市场状况之后,制定了一整套推出"野马"汽车的营销策略,令人瞩目的销售业绩使他获得了"野马之父"的称号。

一、策划创意第一阶段:挖掘概念

1962年,李·艾柯卡就任福特汽车公司分部总经理后,便策划生产一种受顾客欢迎的新车,这一念头是他对整个汽车市场营销环境作了充分调查研究之后产生的:

第一,福特公司的市场研究人员调查得知:第二次世界大战以后,生育率激增,几千万婴儿如今已长大成人,今后10年的人口平均年龄要急剧下降,20~24岁年龄组要增长50%,购买新车的18~34岁年轻人可望占到一半。根据这一信息,艾柯卡预见到今后十年的汽车销售量将会大幅度增长,而对象就是年轻人。

第二,随着受教育程度的提高,消费模式也在改变,妇女和独身者顾客数量增加,两辆汽车的家庭也越来越多,人们愿意把更多的钱花在娱乐上。也就是说,年纪较大的买主已从满足经济实惠的车,正在转向追求一种样式新颖的轻型豪华车。

第三,艾柯卡在欧洲市场了解福特汽车公司生产的"红雀牌"汽车销售情况时发现,"红雀"车太小了,没有行李箱,虽很省油,但外形不漂亮,如不尽快推出一款新型车,公司就可能被竞争对手击败。

于是,根据上述信息,艾柯卡头脑中浮现出一个产品策划创意的轮廓,这一轮廓交给策划创意小组讨论,经过集思广益,一个清晰的概念出来了,适合这个目标市场的车应当是:车型要独树一帜,容易辨认;为便于妇女和新学驾驶汽车的人购买,要容易操纵;为便于外出旅行,要有行李箱;为吸引年轻人,外形要像跑车,而且要胜过跑车。

有了新车的设计思路,福特的设计专家开始着手新车型的设计开发。艾柯卡授意车型经理和生产经理主持车型设计,指出这种新车一定要兼具式样好、性能强和价格低三大特点。这种车应当是小型的,但必须能容下四人;它必须是轻型的,重量不能超过2500磅;它要带有全套自选设备,但价格不能超过2500美元。

二、策划创意第二阶段:开发主题

车名——
首先是这种车该取什么名字来吸引顾客呢?一个好的名称将会使车的个性突显,给人留下深刻的印象。在早期设计阶段,新车被叫作猎鹰特号,后来又有人提出美洲豹、雷鸟II型等名称,但艾柯卡认为都不理想。他委托广告公司代理人去底特律公共图书馆找目录,从A到Z,在上千种动物名称中,最后筛选出"野马"——Mustang。Mustang在英语中是指一种生存在美国北部平原的小型强壮野马,它是阿拉伯马的后裔,并且被西班牙殖民者带入新大陆。"野马",它在小、野、壮三方面完全贴切该车的市场定位,而且,这是一个激动人心的地道的美国名字。美国人对第二次世界大战中野马式战斗机的印象极为深刻,用"野马"作为新型车的名字,不仅能显示出车的性能和速度,使人产生飞驰的联想;又有着广阔天地任君闯的味道,很适合美国人放荡不羁的个性,与美国人崇尚自由的性格不谋而合。

标志(LOGO)——

创意主题——"野马"确定后,策划人员又专门设计了一个标志,安装在车前护栅里。这是一匹奔驰的野马模型,它扬起四蹄按顺时针方向奔驰,而不是按美国赛马时马的逆时针跑法。策划者认为野马就是野生的马,不是家里驯养的马,不那么规规矩矩,却总眼超越人的正常思维,这正是主题的进一步延伸和扩展。

图4-1 野马汽车

产品设计——

在产品设计创意上也体现出主题:1962年秋,新车的泥塑模型呈现在艾柯卡面前。样机一再改进,最后车身外表确定为方顶、流线型、前长后短、低矮大方的形状;车身为白色,车轮为红色,后保险杠向上弯曲形成一个活泼的尾部,整车显得既潇洒又矫健,活脱脱就像一匹野马。在车的配置上也是集豪华与经济于一体。花得起钱的顾客可以买额外部件,或加大功率,而没钱买这些也不要紧,因为它已经比一般经济型车多了圆背座椅、尼龙装饰、车轮罩和地毯。

三、策划创意第三阶段:价格设计

在为"野马"车进行价格设计的过程中,福特公司在底特律选定了52对青年夫妇,请他们到福特展厅来品评新车。这些人中,每对夫妇都已经拥有了一辆标准型汽车,他们的收入是一般水平。结果,白领夫妇对新车造型表示满意,蓝领夫妇看到豪华装饰,认为开"野马"代表他们所追求的地位和权势,只是有些不敢问津。艾柯卡请他们为新车估价,几乎所有人的估计都在一万美元上下,并表示家中已有车,将不再考虑购买这种车。当艾柯卡宣布车价将定在 2500 美元以内时,他们十分惊讶,随后欢呼道:"我们要买部车,我们把车停在我们自己的汽车道上,所有邻居都会以为我们交好运了!"在研究了消费者心理之后,最终艾柯卡把车价定在 2368 美元。并开始设计下一步的营销策略,为打开野马车的销路作精心的策划。

四、策划创意第四阶段:市场推销

策划创意成功与否,最终还是市场见真功。福特公司在正式推出"野马"轿车之时,策划了一系列多种多样具有轰动效应的市场推销活动,真可谓奇招迭出,一鸣惊人。

新闻策划——

野马汽车正式投放市场前四天,福特公司邀请了报界一百多名新闻记者参加从纽约到迪尔本的 70 辆"野马"汽车大赛,这些车飞驰 700 英里无一发生故障,证实了野马车的可靠性。赛后,几百家报纸都以显著的位置刊登了关于"野马"汽车大赛的大量文章和照片。通过组织一次赛车活动,福特公司实际上是为野马的上市作了一次大范围的预宣传,使"野马"成为新闻界的热门话题。

广告策划——

在野马车投放市场的前一天,根据媒体选择计划,福特不惜投入重金,在全美 2600 种报刊上刊登了整版广告。根据广告定位要求,广告画面是一辆白色"野马"车在奔驰,大标题是一行简单的字:"真想不到",副题是:"售价 2368 美元"。这个广告宣传是以提高产品的知名度为主,进而为提高市场占有率打基础。

由于公关经理的努力,新车照片同时出现在《时代》和《新闻周刊》封面上。由于这两本杂志的销量和影响面巨大,仅这两大杂志就收到了惊人的宣传效果。据艾柯卡后来回忆说:"《时代》和《新闻周刊》本身就使我们多卖出十万辆!"

从野马车上市开始,各大电视网每天不断地播发野马车的广告。广告的内容是一个渴望成为赛车手或喷气式飞机驾驶员的年轻人正驾驶野马车在奔驰。选择电视媒体做广告,其目的是扩大广告宣传的覆盖面,提高产品的知名度,做到家喻户晓。

在接下来的两个月时间,福特公司持续不断地在 500 家媒体上刊登广告,并保持高频率的电视宣传。

福特公司选择最显眼的停车场,竖起巨型的广告牌,上书"野马栏",以强视觉冲击的方法开展宣传和贴近宣传,激发消费者的购买欲望。

福特公司还在美国各地最繁忙的 15 个大机场、从东海岸到西海岸的 200 家假日饭店、众多的度假村展览野马车,以实物广告的形式,激发人们的购买欲望。

福特公司还向全国的小汽车用户直接寄发几百万封广告宣传品,既达到了直接促销的目的,也表达了公司忠诚为顾客服务的态度和决心。

销售渠道——

此外,福特公司向全国各地的经销商散发目录,迅速建立起了广泛的销售渠道。公司大量上市野马墨镜、钥匙链、帽子、野马玩具车,利用各种配套产品、各种渠道对野马进行充分宣传。

由于从选定目标市场、产品设计到销售野马车的各个环节,福特公司均做了一系列精心的策划创意,也使得野马汽车获得了汽车销售史上的巨大成功:其订货单源源而来。到 1965

年 4 月 16 日,即野马诞生一周年的时候,已售出 418812 辆,创下了福特公司的销售纪录。野马车两年内即为福特公司创造了 11 亿美元的纯利润。

(一)创意的概念

1. 含义

创意到底是什么? 说法很多,我们这里给的定义是:所谓创意,是在市场调研前提下,以市场策略为依据,经过独特的心智训练后,有意识地运用新的方法组合旧的要素的过程。创意其实就是不断寻找各种事物与事物之间存在的一般或不一般的关系(要素间的关系),然后把这些关系重新组合、搭配,使其产生奇妙、变幻的创意。①

比如说,将旧元素进行新的组合,就会产生创意。如曾经为台湾创造大量外汇的两大产品就是通过旧元素的新组合得到的:把手表和笔组合在一起得到"电子笔";把贺卡和音乐组合在一起得到"音乐贺卡";再有,把网络和电话结合在一起就产生了 IP 电话,把行人和音响结合起来就有了随身听,等等。

2. 要素

创意有三个非常重要的元素:构思概念、选择素材、表现手法。②

(1)构思概念

就是指对未来的目标、功能、范围以及策划涉及的各主要因素和大体轮廓的设想与初步界定。其实质在于挖掘企业可能捕捉的市场机会。概念构思的好坏,不仅直接影响到整个策划的成败,而且关系到策划过程的繁与简、工作量的大与小等。

(2)选择素材

就是创意的基本载体,与生活密切联系,也是体验品牌价值,形成创造性思维的重要资源。

[案例]

字典可不可以讲话

有人构思了一个创意,可不可以发明一本讲话的字典? 得到这个构想之后,就要找一个素材来呈现,那就是语言学习机。

(3)表现手法

是指产生杰出创意的各种手法,如组合、改良、新用途等。

组合:就是把旧元素加以新的组合。以组合的观点来分析"创意到底是什么呢?"可概括为"创意 = A + B",即:创意 = 情报 + 情报,创意 = 情报 + 物,创意 = 物 + 物。

改良:所谓改良,就是把旧产品缩小、放大,改变形状或改变功能的意思。所有的产品,

---

① 杨明刚:《营销策划创意与案例解读》,上海人民出版社 2008 年 8 月版,第 73 页。
② 杨明刚:《营销策划创意与案例解读》,上海人民出版社 2008 年 8 月版,第 72 页。

除了第一代是新发明外,以后都是经由"改良"逐步完成的。改良,在策划中的含义就是将旧产品或旧事物改进,使其具有新的功能。"改良"是创意的重要来源,近似哈佛大学李·维特所说的"创造性模仿"。创造性模仿绝非仿冒,它的基本精神正如管理学大师彼得·德鲁克所言:"创造性模仿者并没有发明产品,它只是将创始产品变得更完善。或许创始产品应具备一些额外的功能,或许创始产品的市场区间欠妥,须调整以满足另一市场。"

用途:这里的用途就是发展事物的新用途,或是改变事物的用途。事物本身无任何改变,只是你换了个角度或换了一种眼光去看待该事物而已,这是认知的改变。

(二)创意的表现形式

创意在策划中基本表现形式有如下几种:

1. 形象思维与抽象思维

形象思维是创意者依据现实生活中的各种现象加以选择、分析、综合,然后进行艺术塑造的思维方式。生动性、具体性和艺术性是这种方式的特点。营销策划中,对企业视觉形象系统的创意、对产品品牌的确定、对企业广告用语等都需要形象思维。

抽象思维则是用科学的抽象概念揭示事物的本质,表达认识事物的结果。它是人们在认识过程中,借助概念、判断、推理反映现实的过程。抽象思维要把具体问题抽象化再去思考,以便突破具体问题的束缚,从多角度寻求启迪,从意想不到之处加以发掘。营销策划中,企业良好形象的树立必须依赖抽象思维创意,以突破常规的思维模式,另辟蹊径,别开洞天。[①]

[案例]

海王银杏叶广告:篮球篇

"30岁的人,60岁的心脏;60岁的人,30岁的心脏",用非常形象的瘪下去的篮球和充满气的篮球来象征,给人印象相当深刻,和产品功效的联系也是十分巧妙,产品的信念"健康成就未来"和广告片契合得很紧。

2. 顺向思维与逆向思维

顺向思维是指在生活中人们的大脑对外界事物所产生的直接感觉。它具有具体性、生动性、直接性的特点,是产生创意的基础。顺向思维取决于人的观察力、记忆力和想象力。营销策划中对企业的发展历史和生存现状的认识就是一种顺向思维。

逆向思维是指人们的思维循着事物的结果而逆向追溯事物发生的本源的思维方式。它引导人们透过事物的现象探究其本质,然后根据事物本质发展的逻辑做出与原发展态势决然相反的判断,为创意者标新立异甚至反其道而行开拓新的思路。

逆向思维是一种反常规、反传统的思考方法。创意中,采用顺向思维是一条大家都比较熟悉顺畅的思路,但它往往会使创意思维陷入一种固定的方向,只想表达产品如何好,会给人带来什么好处等。所以当大家都顺向寻觅的时候,逆向探索往往更能找到出奇制胜的创意新路。

---

① 杨明刚:《营销策划创意与案例解读》,上海人民出版社 2008 年 8 月版,第 76 页。

[案例1]

圆珠笔不再漏油了

圆珠笔以其方便、精巧,成为笔中之佼佼者。但在圆珠笔问世之初,一度曾因漏油问题而使厂商大伤脑筋。为了不放弃广大的市场,各生产厂家纷纷想办法解决这一问题。一般的思路是将圆珠笔加以改装,试图通过提高其耐磨性来解决这一问题,但最终都失败了。后来一个日本发明家一改常态,没有从改变圆珠笔的材料性能入手,而是从圆珠笔写2万个字开始漏油这一点出发,建议减少装油量,使其写字范围限于1.5万个字左右,从而一举解决了这个难题。

[案例2]

西泠空调广告

1993年1月25日,《文汇报》的读者像平常一样拿到当天的报纸,映入眼帘的并不是熟悉的新闻和重要信息,而是一则占据了头版整个版面的一则广告。广告的标题以及图案是:正中是一台西泠空调,空调上书写着"今年夏天最冷的热门话题"11个大字,下放同样的八个大字"西泠冷气全面启动"。

这是一则中国广告宣传的经典案例。读者拿到这张报纸时极为震惊,纷纷打电话质问《文汇报》为何今天没有新闻,得到的回答是:"这难道不是最大的新闻吗?"

在这样一张重要的报纸的头版上整版刊登广告,是新中国成立以来国内新闻和广告界前所未有的举动。这个广告由上海奥美广告有限公司代理策划创意,杭州西泠电器集团为此付出广告费100万元。

这件破天荒的创举成了当天上海滩的头号新闻,上海东方电台、东方电视台都报道了这个大"新闻",上海东方电视台在当晚三次新闻中评述道:"今天《文汇报》头版没有一条重大新闻,但读者认为,这本身就是一条重大新闻……"海外一些媒体,如日本《朝日新闻》、新加坡《海峡时报》、香港《大公报》都纷纷就此做了报道,日本新闻界把这一举措作为"中国改革开放的标志"。美国《时代》杂志发表评论:"1月25日《文汇报》广告策划创意过程与方法,可以列入中国广告业的教科书。"这次成功的广告创意也使西泠电器成功地成为当年的热门话题,给人们留下深刻印象。

那么,是什么原因使一则报纸广告产生了如此大的作用?答案是广告策划者成功地使用了以"奇"制胜的逆向思维策略。

这则广告的第一奇,是打破了中国几十年的报纸头版整版只能刊登新闻的惯例。众所周知,在我国,报纸特别是党报一直是党的重要的宣传工具,报刊的头版刊登的大多是重要的新闻。受经验、思维定势的影响,人们已经习惯于这种做法。西泠空调把广告刊登在《文汇报》这种大报的头版,完全是出乎人们的传统思维想象,开创了新中国成立以来全国性综合大报的先例。这一与人们惯常思维"逆向"的做法,引来人们浓厚的兴趣,并被各新闻媒体追逐。之后,国内多家传媒曾连续多次进行有关报道,无疑使这则广告的价值超过了原定的目标。

这则广告的第二奇,是冬季里做夏季产品的广告,再一次挑战传统。在人们已经习惯于应季购买商品——初夏卖制冷电器、初冬买御寒电器的背景下,西泠空调在严冬谈"冷",大篇幅又斥巨资,又一次超乎了人们顺向思维范畴,打破了人们思维的框框。这种"破天荒"式的"反其道而行之"的宣传手法,活跃了人们的思路,足以引发人们更多的思考。伴随着逆向思维的思考,人们会更加认同了产品的奇特。

据有关报道,西泠公司的这则广告刊登后一个月内,西泠空调的预订量超过 1.5 亿人民币,这一数字远远超过了西泠空调 1993 年全年计划产量。这一创意产生的销售力,为这则广告的成功作了最直接、最可信的诠释。

这则广告提示策划人、创意人不妨多去尝试各种思维。我们不应该忽视经验,但也不能太崇拜经验。如果我们总是习惯于沿着合乎习俗的传统正向去顺推结果,忽视了事物之间互为因果、具有双向性和可逆性,那么,我们会被经验羁绊手脚。要知道,逆向思维与正向思维一样是最重要的创造性思维之一。淡化经验,拓展思路,逆向想象,也许会有一片更为广阔的天地在等待你。

3. 垂直思维与水平思维

垂直思维是指人们根据事物本身的发展过程来进行深入的分析和研究,即向上或向下进行垂直思考。依据经验和过去所掌握的知识更新,逐渐积累和产生的想法。在策划中,创意人员往往要依据自己的经验对有关商品的知识进行思考,这种思考方法产生的创意,其改良、重版的成分较多。

水平思维是指摆脱对某种事物的固有思维模式,从与某一事物相互关联的其他事物 分析比较,寻找突破口。

[案例]

七喜汽水:另辟蹊径

七喜汽水,曾在 1968 年以"非可乐"的定位突围,十年后,当销售量下滑时,1982 年又重新定位为"不含咖啡因"的可乐,20 世纪 90 年代初又一次策划新的定位,标榜"与众不同、口味独特",以塑造幽默、创新、重视自我的品牌性格。

4. 灵感思维与顿悟思维[①]

灵感思维具有一般思维活动不具有的特性,如突发性、跳跃性、创造性、瞬时性、兴奋性等,灵感表现的形式是偶然的,但实际上却是必然的,是潜意识转化为显意识的一种特殊表现形态。

顿悟即领悟思维,它是一种突发的特殊思维现象,在策划创意过程中处于关键性阶段,属于创意的高峰期,是人脑的高层次活动。顿悟近似灵感,但在本质上有很大的区别。顿悟

---

① 杨明刚:《营销策划创意与案例解读》,上海人民出版社 2008 年 8 月版,第 78 页。

属于直接范畴,它是创造者对客观事物的规律性获得直接认识的一种外在表现,有更多的理性成分。它是一种理性思维经验积累的基础上,在一种适宜情景下受诱发而产生的结果。

[案例]

吉利刀片的发明

有一天早晨,金·坎普特·吉利特正在刮脸,忽然来了灵感:"为什么不做一种预先磨好的抛弃型刀片呢?"他不断完善这一想法,并请一名技师来制作刀片。1985 年,他获得了专利。11 年后,吉利特开了自己的公司,成为一个非常富有的人。

5. 联系思维与倾向思维

联系思维是指运用事物存在着普遍联系的哲学观点,努力发现事物之间的联系,寻求新的发展机会的思维方式。营销策划中市场的开拓、广告效应、公共关系的运用、企业的拓展等无不需要联系思维。

倾向思维是指人们在思维活动中,常常依据一定的目标和倾向而进行思维的方式。

如在企业形象策划中,策划者的创意往往沿着如何提升企业形象,如何美化企业形象识别系统 CIS 系统,如何使企业的理念系统更具有号召力、吸引力,如何使企业 CIS 更具有影响力等思路进行思维。通过反复思考,有时会在有意或无意、正常或偶然中突然开窍,获取灵感,找到最好的创意。

(三)创意的来源①

台湾最大的出版集团——城邦集团总裁詹宏志撰写了《创意人:创意思考的自我训练》,以作者的个人"创意"经验为基础,介绍了魔岛理论、天才理论、巴列托法则、阶段再定义和情势律等关于创意产生的理论和见解,是一本具有很强操作性的创意类书籍,在台湾一直非常畅销。在这里,我们不妨把其中的相关见解借鉴过来。

1. 魔岛理论

什么是魔岛理论? 魔岛理论好像灯泡一亮,灵感就来,创意于是诞生。

据说在古代,水手中曾传说有一种魔岛存在,水手根据航海图的指示,确信这一带应该是一片汪洋大海,但是视野中却突然冒出一个环状的海岛。更神奇的说法是,水手在入睡前,海上还是一片汪洋,第二天早上醒来,他们发现周围出现了一座小岛,所以大家称之为"魔岛"。创意的产生,有时候也像"魔岛"一样,在人的脑海中悄然浮现,神秘不可捉摸。这种方式产生的想法会稍纵即逝,所以我们应该随时将想法记录下来,可能你随手写下来的东西就会成为改变的来源。

[案例]

能按摩的袜子

有一个人在穿袜子的时候突然想到,如果有一种袜子可以在人们洗完脚之后帮人们按

---

① 本节部分内容参考詹宏志:《创意人:创意思考的自我训练》,人民交通出版社 2003 年版。

摩就好了,于是他记下了这个想法并且着手去做,发明了一种具有新功能的袜子,这种袜子的底部有 18 个按摩穴,人们穿上袜子之后每走一步都感觉到是在按摩。

魔岛理论强调的是"发明",也就是"聪明的创意"(bright idea),它是生成的、独创的,然而我们生活中大部分的主意并不是"发明",而是"有效的模仿"、"改良性的主意"或者"拼凑式的创造",这一类不聪明的创意有时候可以通过读书、研究、排比而得到预期的结果。

比如说,世界上改变人类工艺和科技的发明主要来自于德国、英国和美国,但是,日本通过有效的模仿把这些发明发挥到最大限度。比如日本把别国发明的汽车缩小,因此更省油。日本的关键精神是两个字——改善,这就是日本今天科技进步的精神——可以不是发明者,但是可以是改造者。

2. 天才理论

天才理论的来源当然是基于聪明的创意的不可预测性。有某一些人是天才,他们的想法与常人不同,所以往往能获得很好的创意。

[案例]

李阳:疯狂英语

有一位语言教育天才叫李阳,他发明了一种学习英语的好办法——疯狂英语,即用呐喊的方法来学习英语,这是一种非常有效的新型学习模式。

天才是很多人类重要创意的产生者,但却不是"日积月累修正式"创意的来源。蔡伦造纸固然是石破天惊的创意,但那些无数不知名的制纸过程的改良者,使纸张能够廉价而且大量的生产,才是改变人类生活的创意。

3. 拼图游戏

创意就是把两个完全看起来不相关的事物拼凑在一起,使之变成另一种有用的产品。

[案例 1]

逛街:从花钱变成了赚钱

逛街本来是一件花钱的事情,但是英国有人想出了一个主意,他找了一批喜欢逛街的人,让这些人穿上他提供的衣服去逛街,这些衣服上面都有一块非常薄的电子荧幕,荧幕上在播放广告,这样每个人一天可以获得 100 英镑的报酬,这就是把逛街从花钱变成了赚钱。

主意的产生常常是旧元素的新组合,两个已经为人熟知的观念合并在一起的时候,就会成为全新的观念。有创意的人往往就是那个想出不相关事物的"相关性"的人。

[案例 2]

请你对连成的每一个句子给出一个合理的解释:

林美丽——在厕所——捉蝴蝶;

张小明——在玻璃杯里——养老虎;

赵晓霞——在飞机上——卖东西。

解释:

把"林美丽——在厕所——捉蝴蝶"运用于工业创意,可得出这样的创意:一间厕所里安装的电风扇不是按平常圆圈的转动模式转动,而是采用上下振动式的转动模式,就像一只蝴蝶的翅膀在不停地扇动,这就是一个创意。"张小明——在玻璃杯里——养老虎"好像很离谱,但是,我们可能试过在玻璃杯里养一只壁虎或者蜥蜴。"赵晓霞——在飞机上——卖东西"并不是一件新鲜的事情,很多国外飞机的座位上都摆一本杂志,里面有航空商店里的所有产品,乘客可以直接用信用卡购买自己看中的产品,当乘客刷完卡回到家之后,会发现自己在飞机上购买的产品已经被送到了家门口。

这个游戏其实是许多伟大创意的源头,你只要了解创意的产生,就能应用到这个游戏中。

4. 巴列托法则

这种创意是将相关的东西进行重新组合。"永远专注于各种组合的可能",这是对创意人的绝佳描述。

[案例]

杂志可以像书本一样持久吗?

杂志一般是一个月一期或两期,而一本书可以保留三五年甚至几十年,现在日本人创造了一种最新的产品,叫 Mook,即杂志书。杂志书是杂志(Magazine)和图书(Book)的结合体。这种书最早从杂志社产生,杂志的内容往往很杂,经常有数十个题目,但是每一个的内容又很短,于是有很多读者给杂志社写信,要求把某些他们关心的题目写深写长,于是有些杂志社开始出特刊来满足读者的需求,这便是 Mook 的雏形。

日本人的缩小意识真是无处不在,这在 Mook(杂志书)的发明上也体现得淋漓尽致。Mook 既有杂志的贴近生活、时效性强、视觉效果好的特点,又有图书的深入全面、专业性和权威性强的特点,更符合时下读者快节奏的阅读习惯。内容形式杂志化、分期出版是 Mook 的最大特点。在内容上,Mook 每期都有相对固定的栏目,而且每期都有一个主题,体现了整体策划性。但考虑到每期销售的独立性,跨期的连载文章很少。通俗地说,Mook 就是图书的杂志化,在内容上具备图书的厚重与系统,在形式上具备杂志的广博和迅捷。杂志书在出版上具有的杂志连续性,可以给读者一种阅读期待,而且对出版时间的要求不像杂志那么严格,可延长其"保质期",还可为策划出版争取更长的时间。在日本已被认为是与图书和杂志并列的第三种出版物,书店里设有相关的杂志书专卖区。

1998 年,Mook 这一概念从日本被引入中国台湾地区后,多与旅游、时尚、图像、音乐、动漫等相关,因为这些领域往往需要时常更新,为普通人的衣食住行、生活娱乐提供最新最完备的资讯。Mook 的出现,被评为 1998 年台湾地区出版界的"热力现象"之首,城邦出版集团墨刻出版股份有限公司专门从事 Mook 的出版,是最专业的旅游书籍自制出版公司,自称是

"华人第一家以深耕 Mook 出版为宗旨的出版社"。

实际从时间上看,1996 年底山东画报出版社的系列丛刊《老照片》的出版,已经是国内杂志书出版的发端,目前《老照片》稳定地两个月出一辑。2006 年,杂志书(Mook)这种出版创意似乎在发展了近十年之后再次生猛起来,郭敬明的《最小说》与张立宪的《读库》系列成为其中两个令人瞩目的成功品牌,甚至被某些媒体的年终盘点列为 2006 年的阅读创意之一。2007 年 3 月,大热于市场的悬疑类小说也加入这一领地,以悬疑作家李西闽为主编的《悬疑小说》第一辑就来势汹汹,集合了蔡骏、那多、老猫等多位知名悬疑作家的新作,计划每个季度推出一期。

5. 阶段再定义

观念就是力量,仅仅是认知上的改变,就是力量无穷的创意。要知道,创意有时候只是用不同的眼光看一个旧事物,因为视角是全新的,所以这个事物也成了全新的。

[案例]

一个没有频道的电视台

香港有线电视(TVB)的老板邱复生先生说:"电视节目的制作公司责任不过是提供节目,但是,不一定要自己生产节目才能提供。"所以他现在专门从事录影带的招租。

以前台湾只有三个官方的电视台,完全没有民间的电视台,现在台湾有一百多家电视台都是民间的。中国大陆今天有三千多个电视台,可是全都隶属于中央政府和地方政府,没有民间的电视台。要办民间电视台有两个新办法:一个是卫星电视,在用户的楼上装一个接收器,用户就可以在家里接收卫星发射出来的节目;第二种是最重要的,叫作"谁是真的影音产品的高手",每个人家里的 VCD 就是一家民营电视台,如果有谁可以提供足够的节目,就能控制这个电视台。所以你可以开一个录影带招租店,做一个建议播放节目表,顾客可以在你的店里租碟回家去看。如果你有足够的资料持续供应,形成一个月 30 天、一天 24 小时不重复播放,那么你就可以形成自己的电视台。

当 TVB 公司的签约店达到一千多家的时候,邱复生发现绝大部分录影机的用户都与他的公司有某种程度的关系。邱复生说:"我发现我不是一个录影节目的供应商,而是一个没有频道的电视台。"

怎样训练自己"重新定义"的能力呢?詹宏志提出了"渐距推远法"。也就是说,你可以用你的习惯下定义,然后扩大定义容纳的范围,再下一次定义;然后再扩大,再定义;再扩大,再定义……这时你就会有新发现,新的创意可能就产生了。

[案例]

假如我是……

如果我是一个早上卖豆浆的人,我的问题就是:如何把豆浆、油条做得好吃,而且能降低成本,招揽顾客?

如果我是一个供应早餐的人,我的问题就是:我可以卖咖啡和油条、豆浆和煎饼的组合吗?

如果我是一个供应早上外出人士方便、快捷进餐的人,我的问题就是:豆浆店是最方便、最快速的方法吗?有很多人还是来不及坐下来吃,我是不是可以设计一种容器,让人们可以在车上享用早餐?或者更进一步,让顾客一边吃早餐,一边向办公室前进,有没有"早餐巴士"的可能?

渐距推远法是重新定义的方法当中最有用,也最常用的。但这并不意味着它是重新定义的唯一的方法。有时候,重新定义是横向移动的,有时候,重新定义是再造一个新的、全无关系的新定义。创意人不但要练习渐距推远法,也要想想"平移"的可能。最主要的是必须保持"不断定义"的习惯,不断有新的解释,不断把旧的变成新的。

6. 改变用途

改变用途可以创造更多新的可能和发现。我们的日常生活中其实充满了这一类的创意:比如裁纸时,如果手边没有刀片,我们会顺手拿一张名片来替代刀片;粘东西时没有糨糊,就会拿一粒米贴上去;吃饭的时候桌脚倾斜,一时找不到垫木,就会拿一本杂志充数……只要留心,我们会发现生活中到处都可以有创意。

[案例]

祖传的秘方

染布工人的手经常泡在水里,难免会皮肤皲裂,古时候有一个宋国的工人家里有一个祖传的秘方,这个秘方可以有效地防止手皲裂。一个聪明人听说了这件事之后,花钱买下了这个药方,拿回来之后做国防用途。因为战士们冬天手会皲裂,皲裂后会疼得拿不了刀器,所以不能打仗,使用了这个秘方之后,士兵不再出现手脚冻伤的现象,所以一口气打败了敌人,而这个聪明人因为贡献秘方有功,得到了"封地封侯"的报酬。

女士保养品中最贵的面膜之一是SKⅡ的面膜,SKⅡ来自日本的一个传统技术。日本人在酿酒的时候发现酿酒的那些女人,即使是老太婆,脸上的皮肤都非常光滑,原来她们在酿酒的时候,经常把酒糟抹在脸上,所以使得皮肤变得很光滑,SKⅡ的制造者就用酒糟来生产面膜,然后以很高的价格出售。

改变用途,基本上分为三类:(1)改变人的用途;(2)改变物的用途。比如,鞋子不能用来当作装酒的酒器,但是我们可以把杯子做成鞋子形状的酒器;(3)改变知识的用途。比如,因为超级女声的原因,现在全国都在讲两个字:PK。PK就是一个被创造出来的词。

7. 新语言

语言是意义的载体,也是概念的载体。新的概念产生,可以产生新语言,也可能是旧语言的应用发生变化。

语言本身可以带来更多的改变。现在很多公司和媒体都喜欢使用同音词或者同义词表达。

[案例]

某百货公司打出大大的条幅,上面写着"夏一跳",意思是现在是"盛夏",如果你来商场,打折价格会让你"吓一跳"。

《超级女声》风靡全国之后,"玉米"、"凉粉"、"盒饭"等词语有了新的含义,也成为最新的流行词。

当然,有时候人们也会使用反义词来吸引别人的注意。如天津"狗不理"包子。

[案例]

有一家餐厅的名字叫作"真难吃美食城",很多人都觉得好奇,到底有多难吃呢? 于是都去试试看,餐厅的生意还挺不错。

8. 新感性

所有的符号都传递信息,语言只是其中之一。当新语言隐含新创意之后,我们很快就会注意到一切颜色、线条、声音及其他符号,这些无一不是创意的来源。

[案例]

日本"罗曼蒂克公司"的巧克力

日本人喜欢进行感性创造。什么是感性创造? 日本有一家公司叫作"罗曼蒂克公司",每年情人节的时候,"罗曼蒂克公司"推出的巧克力都很特别。1984 年它的创意是"爱情诙谐故事"系列,一块心形巧克力的里面有一个小小的核心,把核心打开,上面会写着一些话,比如"你的存在使我的人生有了意义"等等;或者是爱情存折,上面写着"请允许热吻一次"。试想,在情人节的晚上,一个男生把这样的巧克力送给他心仪的女孩,会有怎样的效果?

(四)创意的基本技法

创意是策划的起点、前提、核心、精髓,科学的创意方法的运用,可以在社会各方面产生许多伟大的策划。下面介绍一些经典的、重要的、常用的创意技巧和方法。

1. 头脑风暴法

随着发明创造活动的复杂化和课题涉及技术的多元化,单枪匹马式的冥思苦想将变得软弱无力,而"群起而攻之"的发明创造战术则显示出攻无不克的威力。我们先来看看一个经典案例:

[案例]

坐飞机扫雪

有一年,美国北方格外严寒,大雪纷飞,电线上积满冰雪,大跨度的电线常被积雪压断,严重影响通信。过去，许多人试图解决这一问题，但都未能如愿以偿。后来，电信公司经理应用奥斯本发明的头脑风暴法，尝试解决这一难题。他召开了一种能让头脑卷起风暴的座谈会，参加会议的是不同专业的技术人员，希望他们自由想象，尽可能多地提出他们的奇思妙想。

按照这种会议规则，大家七嘴八舌地议论开来。有人提出设计一种专用的电线清雪机；有人想到用电热来化解冰雪；也有人建议用振荡技术来清除积雪；还有人提出能否带上几把大扫帚，乘坐直升机去扫电线上的积雪。对于这种"坐飞机扫雪"的设想，大家心里尽管觉得滑稽可笑，但在会上也无人提出批评。相反，有一工程师在百思不得其解时，听到用飞机扫雪的想法后，大脑突然受到冲击，一种简单可行且高效率的清雪方法冒了出来。他想，每当大雪过后，出动直升机沿积雪严重的电线飞行，依靠高速旋转的螺旋桨即可将电线上的积雪迅速扇落。他马上提出"用直升机扇雪"的新设想，顿时又引起其他与会者的联想，有关用飞机除雪的主意一下子又多了七八条。不到一小时，与会的十名技术人员共提出九十多条新设想。

会后，公司组织专家对设想进行分类论证。专家们认为，设计专用清雪机，采用电热或电磁振荡等方法清除电线上的积雪，在技术上虽然可行，但研制费用大，周期长，一时难以见效。那种因"坐飞机扫雪"激发出来的几种设想，倒是一种大胆的新方案，如果可行，将是一种既简单又高效的好办法。经过现场试验，发现用直升机扇雪真能奏效，一个久悬未决的难题，终于在头脑风暴会中得到了巧妙地解决。

头脑风暴法（Brain Storming），又称智力激励法、BS 法，是一种群体思维策划法。最早是精神病理学上的用语，是指精神病患者头脑的错乱状态。1939 年，美国创造学家 A. F. 奥斯本首次把这一词引入创造学，1953 年正式用此词命名他所发明的一种激发创造性思维的方法。

头脑风暴法的核心是高度自由的联想，这种方法一般是通过小型会议的组织形式，让所有参加者在自由愉快、畅所欲言的气氛中，自由交换想法或点子，并以此激发与会者创意及灵感，使各种设想在相互碰撞中激起脑海的创造性"风暴"。它适合解决那些比较简单、严格确定的问题。比如研究产品名称、广告口号、销售方法、产品的多样化研究等，以及需要大量的构思、创意的行业，如广告业。

"头脑风暴法"需要坚持四条原则：

（1）自由畅想原则

要创造一种自由的气氛，参加者不应该受任何条条框框限制，放松思想，让思维自由驰骋。从不同角度、不同层次、不同方位，大胆地展开想象，尽可能地标新立异，与众不同，提出独创性的想法，甚至是荒诞的想法。

（2）以量求质原则

注重数量不注重质量，其目的是提出尽可能多的想法。提出的建议越多越好，发言量越大，意见越多种多样，所论问题越广越深，出现有价值设想的概率就越大。

（3）延迟评判原则

即要求与会者在会上不要对他人的设想评头论足，不要发表"这主意好极了！""这种想法太离谱了!"之类的"捧杀句"或"扼杀句"。一切评价和判断都要延迟到头脑风暴结束以后才能进行。这样做一方面是为了防止评判约束与会者的积极思维,破坏自由畅谈的有利气氛;另一方面是为了集中精力先开发设想,避免把应该在后阶段做的工作提前进行,影响创造性设想的大量产生。

(4)结合改善原则

即鼓励与会者积极进行智力互补,在增加自己提出设想的同时,注意思考如何把两个或更多的设想结合成另一个更完善的设想。

2. 奥斯本核对表法

亚历克斯·奥斯本(Alex Faickney Osborn 1888—1966),创造学和创造工程之父、头脑风暴法的发明人,创设了美国创造教育基金会,开创了每年一度的创造性解决问题讲习会,并任第一任主席,所著《创造性想象》一书成为当时美国最畅销的书籍之一。他所创造的"奥斯本法则"通过六个发问,使人们感到创新并不神秘。

一是改变,即改变功能、颜色、形状、气味和其他;

二是增加,即增加尺寸、强度和新的特征;

三是减少,即做好减轻、减薄、减短、减去过多功能,至少是一时用不上的功能;

四是替代,即用其他材料、零部件、能源、色彩来取而代之;

五是颠倒,即对现有设计来一个上下、左右、里外、正反、前后的颠倒,甚至目标与手段的颠倒;

六是重组,即零部件、材料方案、财务等重新组合,包括叠加、复合、化合、混合、综合等等。

为了使"奥斯本法则"能够更好地贯彻落实,奥斯本提出了一个核对表法。方法的使用是利用一张预先准备好的核对表,以此为索引,按照预先的计划,有意识地将个人头脑中的构想引导出来。核对表以询问的方式引出构想。

奥斯本核对表一般包括这样九个方面内容:

- 有没有其他用途——维持现状? 稍作改变?
- 能否借用其他创意——过去有没有类似的东西? 可以模仿谁的东西? 能不能模仿什么?
- 可否改变意义、颜色、运动、声音、味道、形状、类型?
- 能否变大——加上一点什么;增加次数;拉长;变薄;附加其他价值;重叠起来;夸张看看。
- 能否变小——试着取消一些东西;变小些;变低;缩短;除去;压缩看看;变成流线型看看。
- 能否替换——用别人去代替;用其他要素代替;用其他材料代替;改变一下程序;采用其他动力等。
- 能否对调——能否要素对调;换成其他类型;改用别种排列;采用别种顺序;原因和结果对调;改变速度等。

- 能否颠倒——正、负反过来;里外颠倒;上下颠倒;功能颠倒等。
- 能否加以组合——变成合金如何? 组合成单件如何? 将目的组合起来;将创意组合起来等。

"奥斯本法则"和奥斯本核对表法是发挥人们创造性的系统性方法,它是在新产品开发中最具盛名的创意方法。

3. 思路提示法

上海创造学会研究出一种十二聪明法,也叫思路提示法,共 12 句话 36 个字。这种方法已被日本创造学会和美国创造教育基金会承认,并译成日文、英文在世界各国流传和使用。具体内容是:

➤ 加一加:考虑可在这件东西上添加些什么吗? 需要加上更多时间或次数吗? 把它加高一些、加厚一些行不行? 把这样的东西跟其他东西组合在一起会有什么结果? 汇集建议,开讨论会,组合一下如何?

[案例]

将四个篮球板面向外围成四面,中间用一个共同支架支撑,就改进成了可供练习投篮的新型篮球架,可在有限的场地上从四面投篮,解决了人多篮板少的困难。

➤ 减一减:考虑可在这件东西上减去些什么吗? 可以减少些时间或次数吗? 把它降低一点、减轻一点行不行? 可省略、取消什么东西呢?

[案例]

拖鞋就是在普通鞋子的基础上减一减,减成最简单的方式,便于在房间穿。

➤ 扩一扩:考虑把这件东西放大、扩展会怎样? 加长一些增强一些能不能提高速度?

[案例]

最初的台式风扇是放到桌子上的,如果没有桌子那怎么扇呢? 于是便出现了落地风扇。空调原来是装到窗户上的,接着扩一扩,变成分体式,再扩一下,变成了柜式机,再扩大一下成了中央空调。

➤ 缩一缩:使这件东西压缩、缩小会怎样? 拆下一些、做薄一些、降低一些、缩短一些、减轻一些、再分割得小一些行不行?

[案例]

随身听的发明,实际上就是"缩一缩"带来的发明。电热杯就是热水壶的缩一缩。世界上第一台电子计算机是个庞然大物,相当于一个篮球场那么大,后来经过不断地缩小,做成可以放在办公桌上的台式机,显示屏压缩后变成液晶显示的台式机,体积缩小后变成手提电脑,可以放在小的手提包里。

➤ 变一变:改变一下形状、颜色、音响、味道、运动、气味、型号、姿态会怎样? 改变一下次序会怎样?

[案例]

将气球的形状由球形改成长条形、圆饼形,还可以改成异形,如各种小动物形状。以前的闹钟,铃声响起来很吵,现在用音乐作闹铃,听起来就悦耳多了。同样的,音乐门铃、音乐电话、手机的彩铃等,都是作了这样的改变。

➤ 改一改:这件东西还存在什么缺点? 还有什么不足之处需要加以改进? 它在使用时是否给人带来不便的麻烦? 有解决这些问题的办法吗? 可否挪作他用? 或保持现状,作稍许改变?

[案例]

眼镜,原来镜片是用玻璃做的,光学性能不佳,而且容易碎裂;架子是金属的,很沉。于是,人们便把眼镜架改为钛合金的,不变形而且很轻巧;把眼镜片改为树脂镜片,更轻、更安全。

➤ 联一联:某个事物的结果,跟它的起因有什么联系? 能从中找到解决问题的办法吗? 把某些东西或事情联系起来,能帮助我们达到目的吗?

[案例]

将尼龙与紧身短衬裤联结产生了连裤袜;沃尔特·迪斯尼把米老鼠等动画人物与旅游联结起来,就产生了迪斯尼主题乐园;商店与停车场联在一起就产生了购物中心(shopping_mall)。

➤ 学一学:有什么事物和情形可以让自己模仿、学习一下吗? 模仿它的形状、结构、功能会有什么结果? 学习它的原理、技术又会有什么结果?

关于"学一学",最典型的就是仿生学。例如,人们模仿企鹅的运动方式发明了沙漠跳跃机;从恐龙的巨大身躯悟出建筑学的道理等。

在文学领域、艺术领域也是如此。王羲之从鹅的滑水动作中悟出楷书的笔法。草圣张旭从公孙大娘的剑舞中悟出草书,有道是"功夫在画外,功夫在诗外"、"行万里路,读万卷书"就是告诉人们要博采众长。所以,我们要善于从外行业和不同的领域内汲取营养,将其嫁接和杂交到我们所需要的地方。往往不同行业、不同学科、不同领域的东西一旦被用于本行业、本学科和本领域时,其价值常常是出人意料的。

➤ 代一代:什么东西能代替另一样东西吗? 如果用别的材料、零件、方法行不行? 换个人做、使用其他动力,换个机构、换个音色行不行? 换个要素、换个模型、换个布局、顺序、日程行不行?

[案例]

现在自来水管道再不用铸铁的了,因为铸铁的自来水管道用不了几年就会锈蚀,代之而起的是PVC管,只是这一"代",水管的使用年限就大大提高。

➤ 搬一搬:把这件东西搬到别的地方,还能有别的用处吗? 这个想法、道理、技术搬到别的地方,也能用得上吗? 可否从别处听取到意见、建议? 可否借用他人的智慧?

将电视上的拉杆天线搬到圆珠笔上去,就成了可伸缩的"教棒"圆珠笔;而如果我们把它大胆地搬到鞋跟上去,就可设计出一款后跟可高低调节的新式鞋。

很可能一个平淡无奇的东西,搬到另外一个领域就是一个很好的东西。所以我们不能老局限在一个领域、一个范围、一个单位里打转转,要走出去,博采众长,外面的世界很精彩!

➤ 反一反:如果把一件东西、一个事物的正反、上下、左右、前后、横竖、里外颠倒一下,会有什么结果? 世界上很多的发明都是通过反向思维而获得的灵感。

[案例]

高射炮一般是用来打飞机的,往往是向上打的,但前苏联有人把它用来打入地下,为石油钻井服务,效果也不错。

人的头脑中往往有些定式思维在阻碍着人们的进步和发现,只有跨过这些鸿沟,才可能有发明创造。

➤ 定一定:为了解决某个问题或改进某件东西,为了提高学习、工作效率和防止可能发生的事故或疏漏,需要规定些什么吗?

[案例]

为了提高生产效率,在美国首先发明了流水线生产法。仅仅只是生产方法的改变,就获得了巨大的效益。

在经验和教训的基础上,制定一些规章制度和技术标准以及规定,以便有章可循,实行文件化制度化,这就是定一定。

4. 狄波诺的"水平思考"

爱德华·狄波诺(Edward De Bono)曾任教于牛津大学、伦敦大学、剑桥大学与哈佛大学,曾受邀主持诺贝尔得主特别会议,被世界公认为是指导思考技巧的权威。狄波诺在其《管理上的水平思考法》一书中提出了著名的"水平思考"法。他首创水平思考（lateralthinking）的概念,这个名词现已收入《牛津英文字典》。

水平思考法一般是一种"不连续"的思考,或是"为改变而改变"的思考。与水平思考相对立的是传统逻辑上的"垂直思考"。垂直思考是从一种信息状态直接到另一种状态,就像建塔,以一块石头稳定地置于另一块石头之上;或像挖洞,把你已有的一个洞再挖下去成一个更深的洞。

水平思考与垂直思考相对比:

- 垂直思考是选择性的;水平思考是生生不息性的。
- 垂直思考的移动,只有在如果有一个方向时才移动;水平思考法的移动则是为了产生一个方向。
- 垂直思考是分析性的;水平思考则是激发性的。
- 垂直思考是按部就班;水平思考则是可跳来跳去。
- 用垂直思考者,必须每一步都正确;用水平思考者则不必。
- 用垂直思考者为封闭某些途径要用否定;用水平思考则无否定。
- 用垂直思考者要集中排除不相关者;用水平思考则欢迎闯入的机会。
- 用垂直思考类别、分类与名称都是固定的;用水平思考则不必。
- 垂直思考遵循最可能的途径;水平思考探索最不可能的途径。
- 垂直思考是无限的过程;水平思考则是或然性的过程。

简而言之,水平思考寻求在各种要素、情况、事件甚至活动中探索新关系以产生新的与独具的构想,需要这些新关系只是因为我们的思考倾向于定型或某种自我组织成的系统。虽然这些思考对处理无数相当庸俗的,但在我们现实环境中是求生存必要的活动极为有利,但都倾向于抑制任何所发展出的新方法或新概念。水平思考则意图突破这些定型,并检查新的与以前未探讨的关系或未探讨的范围之可能性。

5. 凯斯勒的创意法

亚瑟·凯斯勒（Arthur Keostler）的概念建立于"二旧化一新"（bisociation）的构想,其意为一新构想常出自两个想法相抵触的再组合。当两个参考框架（矩阵）发生相合的情况就能更完整的加以说明。这两个矩阵一致或抵触的结果得到一个组合,是前所未曾考虑到的或未曾想到的。换言之,两个相当普通的概念、或两个想法、两种情况、甚至两个事件放在一起,经由"二旧化一新"的结果产生一新的并原创的构想。他描述其为一"解放的行动"——以创造力（originality）击败习惯。

伯恩斯坦（Decid Bernstein）在其《有创意的广告》（*Creatice Adcertising*）一书中为凯斯勒"二旧化一新"概念提供了一个极好的实例。

[案例1]

劳温堡（Lowenbrau）啤酒

劳温堡（Lowenbrau）很昂贵,但它是你能买到的最好品质的啤酒。如果有一种产品利益

(preductplus)——一种成分上、说服力上或价格上的优势——就会更易于获得一个构想。如果你是第一种在美国国内市场上市的德国啤酒,你可以只说那种事实。但是,如果你接受此一事例中的前提,你会以像这样的标题作结束:"劳温堡——超级品质"或"当你想要唯一佳品的时候——劳温堡"或"卓越的标记"等等之类。

事实上,最终这种产品的广告是:"当他们用光劳温堡时,就订香槟酒。"

此一广告语暗示,它说劳温堡是一种最高品质的啤酒,但没有真的说"劳温堡是一种最高品质的啤酒"。

此一广告语体现的是一种关系,本产品与另外一种更被接受的高品质象征相联合。此外,这种联合能证明价格合理。

此一广告语为对正常思考反其道而行的方法,既不说啤酒是可以代替香槟酒的选择,也不说本啤酒是高档啤酒,而是通过相反的提示,让人们产生联想。

[案例2]

下雨,免费旅游

澳大利亚一家航空公司想推出一则广告吸引顾客,创意时发现了一对矛盾:旅游者热衷于晴天乘飞机旅游;旅游者担心中途天气下雨会大煞风景而很少乘机旅游。也就是说,"下雨"和"旅游"是两个相抵触的事件。创意者把这两个相抵触的事件(或者说旅游者心理相抵触的两种想法)放在一起,形成了"下雨旅游"的新组合,乍看这是违反常理不合常情的荒唐组合,但是,创意者对这个此前从未考虑过的新组合反复思索:能不能让人们下雨也去乘机旅游呢? 也许用免费优待的方式可以吸引顾客? 就这样,一个新的创意出现了:天晴不用说可以尽情游玩,下雨也不要紧,不收费,你顾客也没有什么损失,因此,无论天晴还是下雨你都放心地乘机旅游去吧! 这个新创意浓缩为六个字:"下雨,免费旅游"。

为了避免公司收入因免费过多而遭受损失,另在广告里附加一条内容:下雨时间必须在连续三天以上,意即下雨时间不满三天,旅游者不能享受免费优待。而这一规定却远不如大标题那样醒目,往往被顾客忽略了。人们心目中最深的印象只有一个:下雨旅游时乘飞机可以不花钱。这一由"二旧化一新"导致的广告创意,使该公司每年营业额增加30%,且数年兴旺不衰。

通过"二旧化一新"这一构想,将两个不相关的事情,甚至互相抵触(香槟酒是高档的、啤酒是低档的)的事物形态结合在了一起,并由此产生了另一个全新的、使人注目的构想,这就是"二旧化一新"的功效。"二旧化一新"使用各种思考、概念及关联形成新颖与不同的一些组合,那就是构想怎样想出的过程。

6. 心智图法(Mind Mapping)

射线图(radial drawings)被用于分析研究问题已经有很长的历史,最早的一个例子可能是公元3世纪柏拉图学派的思想家玻奥菲瑞(Poephyry)用它来表述亚里士多德的逻辑类别。英国著名的心理学家、英国头脑基金会总裁、心智图法的发明人托尼·布赞(Tony Buzan),一直致力于寻找一种可视化的、快速的阐释思想观点的方法，来支持学习和记忆活动。20 世纪 60 年代，他的努力使得这一现代版的心智图法开始流行起来。

心智图法又称为思维导图，它能够将各种点子、想法以及它们之间的关联性以图像视觉的景象呈现，也可说是一种观念图像化的思考策略。此法主要采用图志式的概念，以线条、图形、符号、颜色、文字、数字等各样方式，将一些核心概念、事物与另一些概念、事物形象地组织起来，输入我们脑内的记忆树图，成为一幅心智图（Mind Map）。结构上，具备开放性及系统性的特点，让使用者能自由地激发扩散性思维，发挥联想力，又能有层次地将各类想法组织起来，以刺激大脑做出各方面的反应，从而得以发挥全脑思考的多元化功能。

简而言之，心智图法就是将中心概念与关联概念连接起来的一种方法。不同于直线性思考方法，心智图法通过训练运用全脑思考，来刺激我们的想象力和创造力。因此，它被认为是全面调动分析能力和创造能力的一种思考方法。

7. 曼陀罗法

曼陀罗艺术原本起源于佛教，被日本的今泉浩晃先生加以系统化利用之后，却成为绝佳的计划工具。

今泉浩晃博士从日本空海大师带回胎藏界曼陀罗和金刚曼陀罗，成功解密此隐藏在曼陀罗的智慧密码。曼陀罗法是一种有助扩散性思维的思考策略，利用一幅九宫格图，将主题写在中央，然后把由主题所引发的各种想法或联想写在其余的八个圈内。8×8 辐射发散式，快速产生八次方的 idea（主意）。利用曼陀罗思考法，可跳脱平日想不出好构想的直线思考，而将思绪四面八方拓展，轻易产生成千上万的好灵感。

曼陀罗思考法有两种基本形式，与之相适应的，曼陀罗图可以有"四面八方扩展型"和"围绕型"两种。

"四面八方扩展型"是一种没有设限的模式，特别适合用来收集灵感进行创意思考。只要使用者在九宫格的中间填上想要发挥的主题后，便会自然地想要把其他周围的八个空格填满，而这种填满的过程也正是创意发挥的时候。如果点子不断的时候，也可以把九宫格当中周围八个格子的想法继续向外扩散，变成中心九宫格外围的八个九宫格当中的中心主题，然后再次运用向四面八方扩展的方式把空格再填满，如此，8 个 idea 可以生出 64 个 idea，如果真的创意无限，还可以生出 512 个 idea，然后再把这些想法加以精简，得到自己所要的。而这样的思维模式是一般条例式的 memo 所难以达到的，你能想象自己在列出一个主题以后，可以在纸上罗列出 512 个 idea 吗？

另一种形式是"围绕型"，围绕型的运用比较适合用来作为流程性质的思考与安排，这是一种顺时针的思考顺序，在中心格上列出主题以后，便可以开始以逆时针的方式安排行程。这样的形式可以跟"四面八方扩展型"搭配使用，亦即"围绕型"中的任何一个空格也都可以被拿出来当作"四面八方扩展型"中的中心议题，然后再加以发挥。

8. 属性列举法

属性列举法是由克劳福德（Crawford）于 1954 年提倡的一种著名的创意思维策略。此法强调使用者在创造的过程中观察和分析事物或问题的特性或属性，然后针对每项特性提出改良或改变的构想。

9. 希望点列举法

这是一种不断地提出"希望"、"怎样才能更好"等等的理想和愿望,进而探求解决问题和改善对策的技法。它的特点是不受原有事物的束缚,是一种积极主动型的创造技法。

10. 优点列举法

这是一种逐一列出事物优点的方法,进而探求解决问题和改善对策。

11. 缺点列举法

这是一种不断地针对一项事物,检讨此一事物的各种缺点及缺漏,并进而探求解决问题和改善对策的技法。

12. 七何检讨法(5W3H检讨法)

七何检讨法之优点及提示讨论者从不同的层面去思考和解决问题。所谓5W是指:为何(Why)、何事(What)、何人(Who)、何时(When)、何地(Where);3H指:如何(How)、怎样(How)、何价(How much)。

What(什么)——策划的目的、主题、方式;Who(谁)——策划的主体、客体、相关人员;Where(何处)——策划的实施场所;When(何时)——策划的实施时间;Why(为什么)——策划的假设、原因、可行性;How(如何)——策划的原理、方法和系统流程;How(怎样)——策划的精彩性、独特性、新颖性;How much(多少)——策划方案实施的预算(策划费另计)。

二、第二阶段:制订具体计划、日程安排

制订具体的行动计划是策划构想的细化过程。在大致确定了该做什么、怎么做之后,下一步的工作就是确定何时、何地干什么,需要何人、何组织的协助与监督,需要准备何种设备、物资,具体是多少等等。这些都属于制订具体计划与日程安排的内容。

具体行动计划的制订使构想变成详细的计划,从而使策划由策划人头脑中的"想法"变成具体的、可行的"方案",这是一个质的飞跃,它使策划初具现实的意义。当然,制订计划和日程表是一项工作量很大的工作,也是一项极具科学性、严密性的工作。特别是预算的准确性,很能反映策划人员的水平与工作的细致程度。

一项策划的具体计划安排越详尽,预算越准确,就越具有现实的可行性,从而越具有说服力。

三、第三阶段:撰写策划书

当策划的创意、构想过程基本完成,接下来的工作是将策划的内容和实施步骤条理化、文字化,也就是撰写策划书。

策划书如何撰写,它有什么写作技巧? 我们将在第五章详细讲解。

第二节 组织专家评估修正，选择策划方案

在制定策划方案时应同时制定多种方案以备选择，所以在接下来的环节里，我们就应该挑选、邀请相关领域的专家对所制定的方案进行评估，选出相对最优方案。同时，依据一定的标准，运用恰当的评估方法，再对所选择的方案进行评估，实现策划方案的动态修正，最后拿出一个优化的、切实可行的方案。

一、评估专家的选择

请什么样专家来参与方案评估是有选择的，一般来说，所选择的专家覆盖面应宽一点，但也不是越多越好，要根据活动的规模、目标、领域、性质等来决定。一般应包括以下几类：本行业内的业务专家；市场研究方面的专家；策划领域的专家；传播学领域的专家；其他与活动相关的交叉领域的专家。

二、策划方案评估的标准

究竟根据什么来评估策划方案的好坏优劣呢？评估的主要标准包括：

（1）政策性标准。策划方案的内容不能违背政府的法律、法规及政策等精神，这是保证策划方案能够实施的前提条件。

（2）合理性标准。首先整个策划方案是否具有实施的可行性，其次策划方案的每一步十分具有合理性。考察合理性是为了保证方案的可操作性。

（3）经济性标准。在保证达到策划目的的前提下，花最少的钱。任何一项策划活动都会考虑成本投入问题，都希望是花最少的钱办最多的事。

（4）资源性标准。包括人、财、物等资源情况，就是考察是否有足够的人手，是否具备举办活动的经济实力，是否有充足的物质保障等。

（5）时间性标准。只要是策划的进度，活动的时间安排十分合理。

（6）其他道德、文化等相关标准。是否合乎当地的道德、文化、宗教信仰、民族习俗等。

[案例1]

丰田霸道陆地巡洋舰广告引起争议

为新品刊登广告是再平常不过的事了，刚刚成立不久的一汽丰田汽车公司为了推广三款新车，在全国公开招标广告公司，最后，美资背景的盛世长城广告公司在五家公司中脱颖而出，为丰田三款车代理平面和电视广告。两则霸道和陆地巡洋舰的广告，引发了"丰田问题广告"风波。

两则广告中，争议最大的是霸道的广告。画面上，霸道越野车威武地行驶在路上，而两只石狮蹲坐路旁，一只挺身伸出右爪向"霸道"车做行礼状，另一只则低头作揖。配图的广告语写道："霸道，你不得不尊敬。"

另一则是陆地巡洋舰的广告。它的画面是,在可可西里无人区的崎岖山路上,一辆丰田"陆地巡洋舰"迎坡而上,后面的铁链上拉着一辆笨重的、军绿色的、看似"东风"的大卡车。在画面左侧,还挂着追捕盗猎者所用的军大衣、冲锋枪等。

图4-2　丰田霸道越野车的广告　　　　图4-3　丰田陆地巡洋舰的广告

看到这两则广告后,立即有人在网上留言,表示了疑义和愤怒。认为石狮在我国有着极其重要的象征意义,代表权利和尊严,丰田广告用石狮向霸道车敬礼、作揖,极不严肃。更有网友将石狮联想到卢沟桥的狮子,并认为,"霸道,你不得不尊敬"的广告语太过霸气,有商业征服之嫌,损伤了中华民族的感情。

而对于"陆地巡洋舰"的广告,网友也认为,用丰田车拉着看似"东风"的大卡车跑,有贬低中国落后之嫌。

网友的声音迅速扩大,仅新浪网上关于此事的网友评论就达到了三千多条,网友的关注程度远远超过了其他汽车新闻。其中,大多数网友把抨击的矛头指向了丰田公司、广告制作公司和刊登广告的杂志,要求他们赔礼道歉。一位网友甚至还模仿"霸道"广告制作了一幅图画,画面上狮子把霸道车按在了爪子之下。

媒体也迅速跟进报道此事,国内最具影响力的媒体——新华社对"问题广告"进行了报道,随后,国内的许多媒体都不同程度地对此事进行了追踪。而在日本颇有影响的报纸《朝日新闻》也用"有两盒香烟大小的版面"报道了此事,并带动了其他日本媒体的关注。

国家工商局也对这两则广告表示关注,并要求投放刊登广告的杂志社提交书面材料。

各方的强烈反应,使整个事件从"问题广告"有向"日资企业在华经营风波"方向转化的趋势。丰田公司、广告制作公司和刊登广告的杂志也认识到了问题的严重性,用各种途径开始道歉。

[案例2]

立邦漆侮辱中国人的广告

2004年9月份的《国际广告》杂志第48页上刊登了一则由李奥贝纳广告公司广州分公司设计的名叫"龙篇"的立邦漆广告作品,画面上有一个中国古典式的亭子,亭子的两根立柱各盘着一条龙,左立柱色彩黯淡,但龙紧紧攀附在柱子上;右立柱色彩光鲜,龙却跌落到地上。画面旁附有对作品的介绍,大致内容是:右立柱因为涂抹了立邦漆,把盘龙都滑了下来。GPC 评价称:"这是一个非常棒的创意,非常戏剧化地表现出了产品的特点……结合周围环境进行贴切的广告创意,在这一点上这个作品是非常完美的例子。"

图4-4 "龙篇"的立邦漆广告

然而,就是这样一则广告,却在网上掀起了轩然大波,连续几天来一直是各BBS上的热门话题。有的网民认为,这则广告乍一看还觉得挺有意思,可仔细一想就觉得别扭。龙是中国的象征,怎么能遭到这样的戏弄! 还有的网民则认为,发布广告者别有用心,而且恶劣程度比霸道广告"有过之而无不及"。

有专家指出,从广告本身的三个因素考虑,这个创意没有问题。但是,广告设计和发布者显然忽略了一个重要问题,就是广告与文化的联系。龙是中国的图腾,在一定意义上是中华民族的象征。每个国家对传统文化的理解不同,在我国的文化中,龙的内涵非常丰富。广告一旦忽略了与文化的联系,就会使受众感到不舒服,甚至产生厌恶。

思 考 题

1. 有多少种方法可以使自己的身体暖和起来?

2. 请尽可能地列出纸张的不同用途。

3. 这可能是什么?

4. "玫瑰色与高速"使你联想到什么?

5. 某公司生产一种新型的集洗、烘、熨为一体的傻瓜洗衣机,请你给这种新产品起五个新颖的名字。

第五章

策 划 书 的 撰 写

这里所说的策划书是指最终策划书。实际上,从策划人的最初构想开始,策划书的制作工作即已开始,只不过那时的"策划书"存在于策划人的头脑中而已。随着构想的细化,策划书也初具雏形,内容也渐渐丰富,直至最后水到渠成成为完整的策划案。

当策划的创意、构想过程基本完成,接下来的工作是将策划的内容和实施步骤条理化、文字化,也就是撰写策划书。策划书作为创意和策划的物质载体,是策划的文字或图表的表现形式,是策划人赖以展开策划内容,获得他人认可,并据以组织实施策划的"设计图"或"剧本",是策划由想法到现实的重要环节之一。策划好比排演一场戏,策划书就相当于戏的剧本,它既是编剧对故事的构思,又是演员赖以表演的蓝本。没有剧本,戏当然是演不成的。因此,策划人必须重视策划书的制作。

第一节　策划方案的框架设计

策划书不可能凭空而来,也不可能一挥而就。撰写策划书就好比盖楼房,首先要打好地基,然后打造混凝土支柱框架,最后的工作才是添砖加瓦和装修。地基和支柱框架没有建,就去砌墙,即使把楼房建造起来了,恐怕也是一幢危楼。如果把策划创意比作楼房的地基,那么策划书的框架纲要就是楼房的立柱。

一、框架设计前的准备

在设计策划书之前还有一些准备工作需要做,如你要明确方案设计的对象、作用、目的和意义等。

策划书写给谁? 策划书写作的第一步,你必须弄清策划书的提供对象是谁? 不同的接受者所要求的标准是不相同的。

策划书的作用是什么? 需要说服别人支持你的创意策划,但仅以口头说明又无法说清楚,这时候就需要书写策划书,通过策划书来将策划人的意图向不同的审议者传达。

策划书的最终写作目的是什么？从根本上说，策划书写作目的就是要使决策者接受策划的内容，并确保策划能按计划顺利实施。

为什么要写好策划书？好的策划书能够很好地帮助理解策划的内容及策划者的真正意图。

二、策划书的框架要素

不管是哪一层次的或哪一部门的策划书，其基本框架均应包括下列的内容，可以概括为"5W3H1E"：

What（什么）——策划的目标；

Who（谁）——策划相关人员（为谁策划以及由谁来策划）；

Where（何处）——策划场所；

When（何时）——策划的日程计划；

Why（为什么）——策划的假设，原因、依据；

How（方法）——策划的方法和整体系统运转；

How（怎样）——策划的步骤和表现形式；

How much（多少）——策划的预算；

Evaluation——效益评估。

一个好的策划必须具备精彩的、扣人心弦的表达形式，才能更容易实施并达到最终目标。同时，策划还是一项复杂的系统工程，它需要一定的人力、物力和财力。同其他任何一项投资一样，策划的预算与其最终的收益也要有一个适当的比率，这项策划才具有实施的可行性和合理性。因此，在策划书中，关于预算的内容是必不可少的；而且策划预算进行得越周密，费用项目划分得越细，才越具科学性和说服力，从而使这项策划案更易为决策者接受并得以实施。

需要特别指出的是，我们所说的"5W3H1E"是策划书的框架内容，但这并不意味着它们是策划书的全部内容。不同专题的策划书，其目标和要求各异，因而内容也千差万别。在具体操作时，策划者可以根据情况有所增减、变化。

例如，对于某些策划书而言，专家意见也是其重要内容之一。因为这类策划书往往专业性较强，而策划者并不一定是专业人员，因而专家意见将使得该策划书更具有说服力。

对于有着丰富经验的策划机构来讲，其策划书的体例、格式应自成一体，特征鲜明而稳定，因为策划书代表着该策划机构的品位和层次。

三、策划书框架纲要

策划书的写作要依据创意和策划者的意图勾勒出策划书的主体框架，然后才能开始具体内容的书写。框架纲要不仅是策划的总体思路的体现，还有利于找到具体问题的切入点，并及时发现不足和遗漏。

策划书框架纲要并无固定格式可循。但是依据策划活动的一般规律，策划方案的基本框架设计可分为两大部分：策划基础部分和行动方案部分。这两大部分是相辅相成、前因后果的关系。基础部分为行动方案部分作铺垫,行动方案的内容不能脱离基础部分提供的前提。

策划基础部分主要是对宏观环境、微观环境、策划对象的概况和竞争对手、市场调查情况的分析。

行动方案部分主要是对策划对象开展项目活动的范围、目标、战略、策略、步骤、实施程序和日程安排等的设计。

第二节　策划书的撰写

一、策划书的内容及写法

策划书虽然不能千篇一律,但其基本结构内容应是一样的。一部完整的策划书包括封面、策划主体、附录等部分。

(一)封面

策划书的封面应列明以下各点:(1)策划名称(主题);(2)被策划的客户;(3)策划者的姓名(策划机构或小组成员名单);(4)策划制作或完成的日期;(5)策划适用的时间段;(6)策划书的密级及编号。此外,还可在策划书的封面上附上一段对策划书内容作简要说明的文字,但不宜过长。

策划书的封面就好比人的脸面,它给使用者带来很重要的第一印象,因此不可马虎对待,应该让你的封面给你的顾客传递出这样一个信息——我的策划是最好的!

(二)概要(序文)

概要相当于一本书籍的序,主要是对策划的项目进行的概要说明,包括策划的目的、意义、创意形成的过程、相关策划的介绍,以及策划书包括的内容等。概要应简明扼要,字数在三四百左右为宜,让人一目了然。

(三)目录

策划书的目录和其他书籍的目录起到的是相同的作用,它涵盖了全书的主体内容和要点,读过后应能使人对策划的全貌、策划人的思路、策划书的整体结构有一个大体的了解,并且为使用者查找相关内容提供方便。

(四)前言(宗旨)

前言的作用在于统领全书,其内容应当包括策划的宗旨、目的及背景,以及策划的必要性等问题的描述。前言一方面是对内容的高度概括性表述,另一方面在于引起读者的注意和兴趣。当读者看过前言后,要使其产生急于看正文的强烈欲望。其主要内容应该包括:

(1)接受委托的情况。如:××公司接受××公司的委托,就××××年度的 广告宣传计划具体策划。

（2）本次策划的重要性与必要性。

（3）策划的概况，即策划的过程及要达到的目的。

（五）主体内容

1. 界定问题

在这一部分中，需要明示策划所实现的目标或改善的重点。无论多么精美的策划方案，如果定位于错误的市场，把重点放在错误的方向上，最终必定偏离企业所希望达到的目标而导致失败。所以在进行营销策划之前要找到一个最佳切入点，以及实现那些目标的战略直觉。这主要是通过界定问题来解决，即把问题简单化、明确化、重要化。所以在这部分中，需要明示策划所要实现的目标或改善的重点。

2. 环境分析

"知己知彼，百战不殆。"这一部分需要策划者对环境比较了解。环境分析的内容包括市场状况、竞争状况、分销状况、宏观环境状况等。

（1）市场状况——列出近期目标市场的数据，如目前产品市场、规模、广告宣传、市场价格、利润空间等。通过年度相对指标对比，得出分析结果。

（2）竞争状况——对主要的竞争者进行辨认，并逐项描述他们的规模、目标、市场份额、产品质量、营销战略和其他特征，从而恰如其分地了解他们的意图和行为。

（3）分销状况——列出在各个分销渠道上的销售数量资料和重要程度。

（4）宏观环境状况——描述宏观环境的主要趋势（如人文的、经济的、技术的、政治法律的、社会文化的），阐述它们与本策划内容的某种联系。

3. 问题点和机会点

策划方案是对市场机会的把握和策略的运用，因此分析问题，寻找市场机会，就成了策划的关键。找准了市场机会，可以极大地提高策划成功率。通常采取 SWOT 分析法，即对企业内部环境的优势（Strengths）、劣势（Weakness）、外部环境的机会（Opportunities）、威胁（Threats）的全面评估。

（1）优势/劣势——销售、经济、技术、管理、政策（如行业管制等政策限制）等方面的优势和劣势。

（2）机会/威胁——分析市场机会与把握情况，市场竞争的最大威胁与风险因素。

（3）SWOT 综合分析——即综合分析市场机会、环境威胁、企业优势与劣势等战略要素，明确能够为我有效利用的市场机会，即尽可能将良好的市场机会与企业优势有机结合；同时要努力防范和化解因环境威胁和企业劣势可能带来的市场风险。

（4）问题分析——在 SWOT 分析的基础上，明确在制订和实施市场营销战略计划过程中还必须妥善解决好的主要问题。

4. 经营目标

无论是什么方面的策划书，其主体内容都应当明确具体要达到的目标，如市场占有率、销售增长率、分销网点数、营业额及利润目标等。

目标必须满足四个条件:

(1)目标必须按轻重缓急有层次的安排;

(2)在可能的条件下,目标应该用数量表示;

(3)目标必须切实可行;

(4)各项目标之间应该协调一致。

5. 经营战略

在策划书中的"经营战略"部分,要清楚地表述策划对象所要实行的具体战略,包括市场细分、目标市场和市场定位三方面的内容。

市场细分——其目的在于帮助企业发现和评价市场机会,以正确选择和确定目标市场。

目标市场——根据企业资源状况及实力,找准目标市场。

市场定位——指企业为在目标顾客心目中寻求和确定最佳位置而设计产品和经营特色的活动。

6. 营销组合策略

确定经营目标、目标市场和市场定位之后,就必须着手准备在各个细分市场所采取的具体营销策略,以及确定相关的组合策略。

所谓营销组合,就是企业的综合营销方案。企业根据自己的营销目标与资源状况,针对目标市场的需要,对自己可控制的营销策略(产品、价格、渠道、促销)进行优化组合和合理的综合运用。

现代市场营销组合策略应该是4P+4C。其中4P:

产品策略——阐述产品体系、品牌体系、品牌管理、包装体系、包装形式、包装设计等内容。

价格策略——阐述定价原则、定价方法、价格体系、调价体系等内容。

渠道策略——阐述渠道建设指导方针、渠道开发步骤、渠道网络架构、渠道激励措施等内容。

促销策略——阐述人员推销、广告、营销推广、公共关系的方式方法。

4C是顾客需求和愿望、成本、方便、沟通。

7. 策划行动方案

要实施策划,还要将各项策划策略转化成具体的活动程序。为此,必须设计详细的策划行动方案。在行动方案中,需确定以下的内容:要做什么作业? 何时开始? 何时完成? 其中的个别作业为多少天? 个别作业的关联性怎样? 在何地? 需要何种方式的协助? 需要什么样的布置? 要建立什么样的组织机构? 由谁来负责? 实施怎样的奖酬制度? 需要哪些资源? 各项作业收支预算为多少? 等等。

(1)策划进度表(策划日程安排)

进度表是策划实施的必要保证。通过把策划起止活动全部过程拟成时间表,并明确工作阶段、工作任务、负责人、注意事项、工作方式等,可以方便策划活动的管理和实施。

日程的大致构成包括:策划实施的总日期;开始日期;每项作业的具体日期;具体作业时间与可变时间的安排;部分作业时间之间的关联性;结束日期。

由于在策划实施阶段难免会有难以预料的情况出现,所以在日程安排上应预留一些时间,一旦未能按期行事,应及时重新制订进度表。

(2)人员职务分配表

这个分配表的内容是策划参与者及组织系统,即何人负责何事,一旦发现权责不分或某个环节出现问题,可马上更换。有了这个分配表,可以详细记录工作人员的联系方式、地址,使分配表功能更加完善;可以明确工作人员的职责和他们之间的组织关系,指导策划的实际运作;可以清楚策划小组成员的履历和职务,使策划书更具权威感。

(3)所需物品及场地

在何时、何地提供何种方式的协助,需要安排什么样的设施,这是策划书中的细致安排,应合理配置。如安排不当,轻则导致策划结果大打折扣,重则可能出现全盘皆输的后果。

8. 财务分析(费用预算)

主要是对策划方案各项费用的预算,包括整个策划活动过程中的总费用、阶段费用、项目费用等,其原则是以较少的投入获得最优效果。

预算费用是策划书必不可少的部分。预算应尽可能详尽周密,各费用项目应尽可能细化,预算费用应尽可能准确,能真实反映该策划案实施的投入大小。同时,应尽可能将各项花费控制在最小规模上,以求获得最大的经济效益。

9. 策划控制方案(方案调整)

这部分是作为策划方案的补充部分。在方案执行过程中都可能出现与现实情况不相适应的地方,因此,方案在贯彻过程中必须随时根据市场的反馈及时对方案进行调整。策划控制方案可分为一般控制方案和应急方案。

(1)一般控制方案

● 每月或季度详细检查目标的达到程度。

● 高层管理者要对目标进行重新分析,找出未达到的项目和原因。

● 实施营销效果的具体评价方案。有经营理念、整体组织、信息流通渠道的畅通情况,战略导向和工作效率。

(2)应急方案

主要考虑市场信息的不确定性,需制定几套应急方案。其中须列出可能发生的所有特殊事件及发生这些特殊事件时的对策,以降低风险。

10. 结束语

与前言呼应,使策划书有一个圆满的结束,主要是再重复一下主要观点,并突出要点。

11. 附录

附录是策划书的附件,附录的内容对策划书起着补充说明作用,便于策划书的实施者了解有关问题的来龙去脉,为营销策划提供有力的佐证。列出附录,既能补充说明一些正文内容的问题,又显示了策划者负责任,同时也能增加策划案的可信度。

在突出重点的基础上,凡是有助于阅读者理解营销策划内容的和增强阅读者对营销策划信任的资料都可以考虑列入附录。如引用的权威数据资料,消费者问卷的样本,座谈会记录等等。作为附录也要标明顺序,以便查找。

[案例1]

台湾辰荻——组合系列化妆品企划书

一、前言

依据 1984 年 7—12 期《广告时代》之合订本中指出:近 29 年来,每个家庭化妆品消费额占该家庭一般消费支出的比率有逐渐增加的趋势。在 1966 年的后几年(石油危机)也未有下降趋势。

根据《广告时代》的另一项调查显示,女人零用钱化妆品消费额大小也会因单身或结婚而有所不同,但在化妆品消费量上,并无多大减少的趋向(平均减少量 8% 左右),且有等比率增加的趋向。事实上我们知道,化妆品已经不是奢侈品,而是生活必需品,因在富裕的生活里,妇女更注重自己的装扮,所谓女为悦己者容,即是此道理。也因为化妆品变成一种生活必需品后(所谓的流行为重点)的地位便开始动摇。

因职业妇女须事业与家庭兼顾,故在选择化妆品方面除要求品质外,亦须考虑使用方便。目前台湾方面化妆品组合系列只有佳丽宝美的组合化妆品,尚为时下妇女所喜好购买,其他品牌多属路边摊品牌型,购买行动较少。因此,本公司(凝翠堂化妆品公司)针对市场需要,推出辰荻组合系列,使职业妇女在繁忙之余仍能随时保持清爽、亮丽的外在美。

二、市场概况

(一)一般化妆品市场研究

就化妆品业而言,每年 5、6、7 及 11 月可谓淡季,夏季由于温度高、湿度大,皮脂分泌变得异常旺盛,因而脸上经常呈油腻状态,故多数人觉得保养是多余且令人麻烦之事。一旦精心化好妆的脸,经烈日一晒,更是令人难耐不舒服。

根据调查,台湾 15～19 岁的女性人口,大约近百万人,在化妆人口的比率上照说应占 18.4% 强。但事实上,这个年龄层次使用化妆品的人数几乎微乎其微。因以在校学生居多,严格的校规及升学的压力,使学生不敢太分心,比较普遍使用的仅是保养品,而不是化妆品,更重要的是化妆品价格普遍偏高,一般学生较难以负担。所以化妆品业必须考虑到消费者意愿及购买力。据调查 25～34 岁,这一阶层女性多属职业女性,购买意愿及能力最高。

(二)市场竞争状况

1. 1973 年 6 月份各化妆品业对于产品使用所强调的重点

(1)资生堂——利用皮肤复制诊断系统来测定皮肤纹路以及健美。俏丽迎骄阳,美白是漂亮的开始为号召。

(2)密丝佛陀——迎着骄阳,迎着美丽。

(3)佳丽宝——今年夏天会很凉。

(4)美爽爽——向大自然深呼吸。

(5)奇士美——以明星为号召。

2. 各家战略

4 月份——打出夏季清爽化妆制品(如水粉饼)。

5、6 月份——以清爽保养品及防晒制品为主。

7、8 月份——全力推销养白护肤制品。

辰获组合系列并不是一种新产品,在现阶段最强劲的对手品牌为佳丽宝美的组合。佳丽宝美强调的二大重点是携带方便与新奇,而本公司推出的辰获组台系列产品,所诉求的重点为色泽自然与高级精致。

以下是使用佳丽宝美的组合的市场情况:

(1)年龄——18 ~ 45 岁。

(2)女性人数——250 万人。

(3)平均消费额——600 ~ 800 元整。

(4)市场总额——15 万 ~ 20 万元。

3. 本公司(凝翠堂化妆品公司)辰获组合系列追求的目标

(1)年龄——20 ~ 40 岁。

(2)女性人数——225 万人。

(3)平均消费总额——800 ~ 1000 元。

(4)市场总额——18 万 ~ 22.5 万。

三、消费者研究

(一)

1. 一般应用化妆场合

(1)参加正式宴会。

(2)平时上班。

(3)外出逛街。

2. 化妆的目的

(1)礼貌。

(2)漂亮。

(3)维持形象。

3. 使用品牌状况

(1)未婚女性较偏爱资生堂系列。

(2)认为佳丽宝较具保养功能。

(3)各种厂牌,各具功能。

4. 一般化妆情形

(1)强调部位,分别为眼影、口红、腮红。

(2)运动时不化妆,运动后亦不补妆。

(3)随时携带以口红为最多,次为眼影,再为粉饼、腮红。

5. 购买状况(包含已婚及未婚)

(1)用完再买。

(2)没用完,看到喜欢就买。

(3)亲友赠送。

●未婚

(1)百货专柜。

(2)由国外带回。

(3)向女性推销员购买。

(4)在市场或地摊购买。

●已婚

(1)百货专柜或百货行。

(2)问朋友而去购买(包括厂牌、地点)。

(3)国外带回。

6. 商品特性之探讨

(1)外观。　　　(2)可以更换。　　　(3)携带方便。

(4)使用方便。　　(5)新奇。　　　　(6)新鲜。

(7)齐全。　　　(8)高级。　　　　(9)色彩。

(10)精致。　　　(11)有面子。　　　(12)保养功能。

7. 化妆品情报来源(见下表)

情报来源	比例 %	信任情报 %	不信任情报 %
电视广告	42.2	0.6	5.6
朋友口传	39.9	26.8	2.4
美容师、美容店员	32.4	26.8	2.4
杂志内广告报导	25.2	1.8	0.6
时髦标志广告	22.5	4.5	0.9
店内的商品说明书	20.6	6.2	0.8
杂志特集计事	15.3	5.6	2.5
女性周刊广告	12.4	0.5	4.8
DM	12.1	1.5	6.0
女销售代表	12.0	7.9	19.5
车站或车厢内广告	11.5	0.8	2.4
报纸广告	10.8	1.9	1.9
女性月刊广告	10.6	0.6	0.5
模特儿照片	7.6	1.0	20.9
朋友或小群体介绍	7.5	3.7	3.9
百货公司专门店宣传	6.4	2.3	4.5
其他	3.9	2.3	0.8

以上可知,消费者对情报信赖度,以朋友中传及美容师、美容专员介绍较高。最值得注意的是,电视广告之接触率为 42.4%,但其信赖度却仅有 6.6%,所以,电视广告只适合做企业形象广告。

(二)本公司产品——辰获系列的特性定位应为

(1)齐全。　　　　　　(2)色泽自然高雅。　　　　(3)携带方便。

(4)兼具化妆及保养功能。　(5)高级。　　　　　　(6)可以更换。

(7)精致。　　　　　　(8)使用方便。　　　　　　(9)卸妆方便。

(10)有面子。　　　　　(11)外观。

四、产品问题点/机会点

(一)产品的问题点

(1)价格太高,普及不易。

(2)除佳丽宝美的组合外。

(3)消费者习惯不易变更,仍喜非组合化妆品,故仍需教育一段时期。

(二)产品的机会点

(1)职业妇女日益增多,在化妆、补妆方面,要求简便为宜。

(2)佳丽宝美的组合已为化妆品组合市场打了先锋,做好了铺路工作,此时推出新产品较易为消费者接受。

(3)随着越来越多的女性进入社会,生活的意识亦跟着起变化,不仅职业妇女在增加,而那些没有正式工作,却想与社会保持接触的女性也在增加,他们行为意识的变化成为化妆意识的变化,连带影响了妇女们追求新化妆品和新式的化妆习惯,走向看重质量的高级系列化妆路线、高价位之化妆品。故我们新产品更居于有利的地位。

(三)产品的支持点

(1)质地细致,触感柔爽,能迅速完成化妆。

(2)亲肤性佳,能使化妆品整天保持完美。

(3)具有滋润保温的作用。

(4)色彩典雅高尚。

(5)无刺激性,任何年龄皆可适用。

(6)能增添肌肤透明感及艳丽光彩。

(7)淡妆浓妆皆适宜,可轻松愉快地使用。

(8)一年四季皆宜使用。

五、市场建议

(一)目标

由于凝翠堂化妆品公司之辰获组合系列乃是新产品,知名度低,因此我们市场目标是优先打开知名度,并使 65% 的消费者确信本商品为高级品,进而占有整个化妆品市场之 15%。

（二）消费对象

（1）主要对象是 25～34 岁的职业妇女。

（2）未婚女性。

（3）专业人才（化妆师、美容师）。

六、商品定位

第一品牌化妆品。此乃根据产品支持点多项优点，且为表示东方女性美之优点及对抗佳丽宝美的组合。

1. 卖的是：辰获组合系列。

2. 谁来买：20～40 岁的职业妇女。

3. 消费者利益

（1）中西技术合作，色泽自然高雅。

（2）携带使用简便。

（3）具价值感。

（4）不刺激肌肤，兼有保养功能。

（5）种类齐全。

七、行销建议

（一）价格

（1）为符合高品质产品，采取高价位政策。

（2）零售商进价 MYM700 元，零售定价 900 元。

（二）包装

（1）盒身为压克力所制，上面精印着商标。

（2）盒为长方形，长 16 公分，宽 8 公分。

（3）盒子外壳为乳白，盒盖商标与其四边为紫红色。

（4）盒内有一小盒粉饼，二小盒修容饼，三小盒眼影。三小盒唇膏及粉刷、眉刷、唇笔、眼线笔各一支。

（三）销售重点

分配路线是经由零售商——消费者。

（1）在台北市、台中市、高雄市设代理商，其他地区设零售商，包括百货公司、化妆品专卖店、美容材料店、百货行、美容院。

（2）为维持本产品之高水平及"不二价"之价感，故放弃军公教福利站的通路。

八、创意方向与广告策略

（一）广告目的

初期——打开知名度。

中期——增加产品之介绍。

以后——加深企业印象。

（二）广告策略

1. 广告策略

（1）打开知名度（岛内各媒体、座谈会、美容发表会）。

（2）加深品牌印象——密集广告。

（3）促进销售及指名购买（广告效果）。

（4）建立企业形象——第一品牌及东方色彩、自然之美。

2. 传播过程

（1）地点：先以北部（大台北地区）、高雄、台中为主，而后扩大至各大城市，最后通行全国。

（2）时间：7月到12月。

（3）方式：座谈会、电视、报纸、杂志、海报广告，最主要的是利用口传方式，造成无形的声势。

九、广告表现

（一）CF表现

特别强调：

（1）自然之美。

（2）东方色彩——自己的妆彩，自己的个性，塑造美的自己。

（3）携带方便，使用简便。

①CF模特儿：邓丽君。

②视觉音乐：邓丽君主唱之《爱的世界》。

③CF场景：各风景区及高级住宅。

④CF主题：30秒CF表现重点：东方色彩，使用简便，携带方便。

10秒CF表现重点：自然之美。

（二）平面广告的表现

——NP

主标题：自然的洗礼，自然的滋润。

副标题：创造天生丽质的魅力，流露出诗样的青春气息。

企划意图：表现自然的韵味，高雅的气质，青春的永恒。

——MG

东方的魅力源于辰获。

画出个性的色彩，妆点自己的个性，塑造美的自己。

企划意图：流露出青春秀丽的东方女性娇柔之特色，表现端庄、高雅、贤淑之风范。

——海报制作（共两版）

（1）"诗的梦幻，美的珍品，为了您，辰获诞生了"

此构图创意：主要表现企业知名度（印象）。

（2）自然的滋润，自然的洗礼

创造天生丽质的魅力,流露出诗样的青春气息。此表现为一切以自然为主。

十、媒体策略

1. 时间:1985 年 6 月至 11 月,为期六个月。

2. 广告费用制作费 200 万元,六个月的广告费分别为:7 月 300 万元;8 月 200 万元;9 月 125 万元;10 月 200 万元;11 月 150 万元;12 月 150 万元。

3. 以电视 CF 为主要媒体,MG 为辅,NP 为次要,因 NP 之印刷无法表现其高级感。

4. 媒体编排必须兼顾 CPM 及 GRP。

5. 电视 CF

(1) 推出产品头两个月及第四个月,此时期以 30 秒 CF 为主,10 秒 CF 为辅。

(2) 其他月份直至广告期结束,此时期以 19 秒 CF 为主,30 秒 CF 为辅。

6. MG 选择:《姊妹》、《妇女》杂志、《电视周刊》、《时报周刊》、《新女性》、《银河画报》配合刊出。

7. NP:《中国时报》、《联合报》为主;《工商》、《民生报》为搭配报纸。

十一、预算分配

六个月内广告总预算为 1500 万元,其中 200 万为制作费。

1. 电视:刊播费为 670 万元,占总刊播费 73%

(1) 刊播时段

① 高收视率之国语连续剧。

② 晚间:7:00 ~ 7:30 时段之闽南语连续剧或歌仔戏。

③ 高收视率之综艺节目及戏剧节目。

④ 妇女节目。

⑤ 高收视率之益智节目。

(2) 刊播次数与费用

① 30 秒:190 次,平均每次 53000 元,共计 530 万元。

② 10 秒:75 次,平均每次 18000 元,共计 135 万元。

2. 杂志:刊播费为 195,5500 元,占总刊播费 21%

(1)《姊妹》:彩色全页 6 次,计 24 万元。

(2)《妇女》杂志:封面里 2 次,计 116000 元;彩色全页 2 次,计 8 万元。

(3)《电视周刊》:彩色全面 6 次,计 181500 元。

(4)《时报周刊》:彩色全页 6 次,计 50 万元,封面里 2 次,计 23 万元。

(5)《新女性》:彩色全面 2 次,计 9 万元,封面里 2 次,共 11 万元。

(6)《银河画报》:封面里 2 次,计 116000 元;彩色全页 2 次,计 9 万元。

3. 报纸:刊登费共 55 万元,占总预算 6%

(1) 第一个月中时,《联合报》以第一版彩色全十批刊出一次,计 38 万元。

(2) 搭配报纸《民生》、《工商》,以第一版彩色半十批刊出一次,总计 17.2 万元。

十二、广告效果测定

广告刊播后,不定期以问卷、座谈会……方式作广告效果测定,以随时修正广告企划案。

(1)电视广告以一星期测定一次。

(2)NP、MG 以两星期测定一次。

(3)每一个月召开消费者座谈会一次。

[案例2]

冠军瓷砖 2002 年度广告策划案

一、前言

2001 年度,中国建材行业生产稳定增长,经济运行质量继续提高,在经历了全行业累积两年亏损、两年回升的基础上,开始步入了与国民经济同步稳定增长的局面。借助这种发展的大环境优势,行业内、邻近行业竞争愈演愈烈,其中为抢占市场份额,市场主导品牌之间均将行销力(行销通路、品牌策略)作最大限度的发挥。为此,从未来两年的整体战略环境角度做广告策略定位,信益中国 2002 年度将在广告策略规划上以提升品牌形象为着力点,整合影响品牌的各种元素,合理运用媒体。其中,冠军需大力维持主导品牌地位,扩大市场占有率。马可贝里在一年的有限资源宣传下,仍需作强势宣传以提高品牌知名度,带动市场销售。

二、2002 年度行业背景形势分析

(一)2001 年建材工业经济运行分析

2001 年第一至第三季度,建材行业工业产值增加值为 731 亿元,比去年同期增长 10.68%。在全国国有投资加速增长的情况下,建材工业逐步稳住增长速度。从主要经济指标分析,表现为:

1. 整个行业工业生产、销售收入、出口量略有回落。

2. 基础行业稳定向上,在前三个季度经济运行中,以最具有建材工业代表性的水泥、建筑卫生陶瓷、建筑玻璃等 13 个基础行业经济增长稳定向上,其实现利润总额占全部建材工业的 90% 以上。

3. 西部地区经济效益增长加快。前三个季度,西部地区的销售收入比去年同期增长 11.38%。

(二)2001 年上半年陶瓷行业经济运行分析

2001 年上半年,建筑卫生陶瓷行业相对上年同期稳步增长。

1. 产销稳步增长。中国建筑陶瓷(瓷砖)行业 2860 家左右,据对其中 859 家企业统计结果,2001 年 1~6 月份总产值比上年同期增长 5.13%,销售收入增长 5.41%,经济效益明显好转。广东、上海、江浙、四川等重点产区产量增加,销售形势很好。

2. 供大于求,市场竞争激烈。目前全国建筑陶瓷的生产能力在 30 亿平方米以上,而广东、浙江、四川、福建等地仍在建大型生产线。行业生产能力大于社会需求,市场竞争激烈。

除少数新产品外,销售平均价格逐步下降,全行业平均利润率逐年降低。

3. 新产品开发速度加快。重点企业非常重视新产品的开发研制,加大调整产品结构力度。

4. 名牌意识加强。经过多年市场竞争的经验教训,有实力的企业越发重视品牌宣传投入,积极申请名牌、绿色标志等。

5. 国有企业生产经营困难,合资、民营企业发展势头很快,冠军、新中源、亚细亚、四维等合资民营企业经济效益好,同时不断进行扩张。

6. 2001 年 1~6 月房地产投资完成额情况表(略)。

(三)相关行业发展、国家政策情况

1. 中国大中城市房价稳中攀升,其中东部城市比西部城市表现更为明显。

2. 中部地区政策优势逐渐有所表现,改革措施逐项到位,市场运行环境趋于规范,经济发展带动地区收入及房产消费。

3. 政府允许增加贷款,外资进入,开放金融、保险、电信等十多个投资领域,商务企业涌入,有利于促进办公写字楼等投入。

4. 预计 2001 年中国商品房销售面积为 1.12 亿平方米,绝对量与竣工面积差距不到 10%,房地产市场发展健康。

5. 2001 年上半年全国建筑业全行业盈利 19.31 亿元,上半年建筑企业施工面积 10.79 亿平方米。

6. 国家继续采取积极的财政政策,扩大基础设施建设,大力推行居民住房建设。

7. 2001 年 4 月仅中国建设银行一家接受住房贷款就突破 1000 亿元。

(四)WTO 大形势下国外品牌在关税降低后冲击中国市场

(五)2002 年瓷砖市场竞争趋势

1. 高附加值的、新型建材市场广阔,低端产品淡出市场。

2. 建材行业考虑策略联盟、规模整合。

3. 绿色环保战将全面打响。

4. 品牌形象广告战愈演愈烈。瓷砖广告轻"中央",重"地方"。

根据以上行业背景形式分析,随着 WTO 之后未来三年内,企业在一定的行业环境中将面对两种结局:一种是加快发展占据行业主导地位,另一种就是在竞争中被淘汰出局。2002 年信益(中国)有限公司将以双品牌扩张策略,巩固市场占有率,抢占市场份额。

三、2001 年度信益陶瓷广告投入及策略表现回顾

1. 2000 年度,信益陶瓷全年投入广告费用约 2182 万元,其中主要分类为 TV、报纸杂志、专卖店装修、灯箱招牌、公车、促返物、促广活动、展览。

2. 2001 年度,信益中国在广告策略上主要以品牌形象宣传为核心,并通过特定时期内的媒体宣传配合公关造势活动来提升品牌形象,宣传冠军、马可贝里品牌。2001 年信益中国参与北京申奥赞助活动,参与世界杯十强赛广告赛事、赞助、上海体育新闻广告;参加上海国际建材展览会,北京绿色建材产品评定及发布、各区周年庆促销活动,并陆续在《中国足球报》、《建材行情》、《住宅装潢》、《香港建筑指南》、《家饰》、《今日家居》发布相关广告和报道。在

上海、江苏设立巨炮广告牌,分别在北京、上海、成都、天津、杭州、无锡等地公车广告发布,并于10月起分别在各区代表城市有线电视台集中投放冠军、马可贝里促销广告。

3. 2002年度冠军、马可贝里品牌SWOT分析(略)。

(四)2001年度中国瓷砖市场地域差异性

华东——华东地区主要市场为上海市场、江苏苏南、浙江沿海。该地区房产业发展快,个人购房率较高,最明显的上海在住房及住房装饰方面有较高投入,家庭装修费平均达10万元,装饰年需求额60亿元,零售市场发展迅速。

华南——广州、深圳两地为广州乃至整个华南之主要建材集散地,个人购房比率为80%以上。但该区本身是瓷砖生产重地,竞争激烈,低价格产品冲击力大。该区消费能力强,是建材企业的重点市场之一。厦门、福州地区也具有一定市场潜力。

华中——以成都、重庆为主要目标市场,该地区幅源纵横明显,消费水平差异较大,但有相当之潜力。未来该地区基础设施投入将带来工程业务的突破,其中以成都为代表的大都市零售市场可接受中高档产品,追求潮流。

华北——以北京、天津、沈阳为主要市场,其中北京地区消费能力较强,公共工程潜力大。该地区消费水平高,居民人均住房面积居全国前列。大型建材市场主导零售通路,家装工程业务增长较快。

根据2000年度各区之未来发展之外部环境及各区不同的地域差异比较,2001年度冠军之广告资源应集中北京、上海、成都、重庆、深圳、厦门、南京、宁波、杭州等城市。马可贝里考虑品牌宣传资源有限,不宜太分散,故可集中投入北京、上海、广州、深圳等地。

(五)2002年度广告策略规划

1. 2002年度广告目标

(1)扩大冠军品牌知名度,塑造市场领导品牌形象,提升马可贝里品牌知名度。

(2)在国内各区之市场形成一定的影响,使冠军及马可贝里的品牌深入人心,逐步在消费群体及目标市场范围内提升和确立冠军、马可贝里品牌形象,最终形成一定数量消费者的忠诚度,累积品牌记忆,带动各区销售。

2. 年度广告预算及区域项目分配(见附件)

3. 2002年度广告诉求对象

冠军部分:依据冠军品牌策略,界定冠军之品牌路线以成熟、精致、环保为主要方向。为此,在向目标市场进行品牌宣传和形象确立诉求上,应主要针对中档收入之中青年人士消费层。

马可贝里:马可贝里强调自身的品牌魅力,倾向于其来自意大利的宣扬,其风格追求欧陆时尚、流行。消费对象偏向于年轻、前卫之知识型青年人士或新生代人群,消费水平为中档消费层。而由于其带有国外舶来品的附加价值,在诉求对象上则倾向于追求与众不同人群。

4. 2002年度广告策略及创意表现

2002年度广告策略应针对冠军与马可贝里品牌之市场不同地位区别对待,2002年度信益中国主要推广资源60%均集中在冠军品牌,40%集中在马可贝里。针对品牌区隔化的要求及深入市场的程度不同,规划不同的策略和广告创意表现。

冠军品牌的广告策略:强调唯一具备品质、绿色、环保、安全之瓷砖品牌。

马可贝里品牌的广告策略:强调国际品牌,来自意大利的设计风格,意大利的流行时尚。

广告媒体运用:

(1)冠军瓷砖部分

① 2002 年 1～5 月

大众媒体:央视 CCTV2 今日证券、流行杂志(时尚家具、瑞丽家具、家饰等)搜狐网站广告。

户外媒体:沪宁高速南京段、京沪高速无锡段;北京、上海、广州等城市户外巨炮。

促广造势活动:绿色选择产品一线流行杂志、二线报刊报道。

1000 万之产品质量保证险促销活动。

北京、上海、广州、杭州、南京设计师座谈会(联谊会、论坛)活动。

② 2002 年 6～10 月

大众媒体:央视或省级电视台世界杯赛事广告。

促广造势活动:全国范围内设计师优秀作品评选活动。

分期付款购瓷砖促销活动。

③ 2002 年 11～12 月

大众媒体:地方电视台广告。

促广造势活动:促销酬宾活动。

品牌联盟促广活动。

(2)马可贝里部分

① 2002 年 1～12 月

大众媒体:BTV2 梦想成真综艺栏目、上海 STV 房产报道冠名广告,广东社会纵横冠名。

户外媒体:沪宁线高速、北京市、上海市、广州市城市主干道巨炮,重点城市公车广告。

促广造势活动:综艺性文体类赛事赞助等。

1000 万之产品质量保证险促销活动。

② 2002 年 5～7 月

大众媒体:CCTV1 榜上有名常规广告。

促广活动:分期付款购瓷砖促销活动。

③ 2002 年 8～12 月

大众媒体:CCTV2 中国房产报道电视广告。

促广活动造势:品牌联盟促广活动。

(六)年度广告媒体计划(略)

(七)年度促广活动计划(见附件)

(八)年度促销及广告费用预算(见附件)

报告人:刘敦银

附件:　　　　　**2002 促销及广告计划执行成效分析**

1. 市场推广成效

(1)2002 年冠军瓷砖通过全面有效的广告及促销活动,销售业绩达到 3.6 亿元。市场占有率在高档瓷砖市场约8.6%。

（2）2002年冠军瓷砖在全年的品牌推广及活动中成效显著,第一家荣获CCGC(绿色选择)认证品牌,第一家荣获中国环境标志认证,第一家且唯一一家荣获中国环境标志杰出贡献奖,首批荣获国家免检产品。

（3）2002年冠军瓷砖通过与消费者、中间商、第三方(设计师、开发商)的良性互动与推广合作,成绩斐然,荣获全国同行业售后服务满意度第一品牌。同时,在全国48个主力市场品牌美誉度、忠诚度有明显提升,其整年度推行的"推行绿色建材,倡导健康消费"更是掀起了整个行业市场的"绿色热潮",备受大众推崇。

2. 商业成效

（1）经2002年度计划的有效执行,当年度集团盈利继续保持稳步增长,接近4500万元;新产品及新工艺设备投入回报较高。

（2）藉由2002年度品牌的有效推广,全国范围客户数量增长迅猛,终端形象专卖店、经销商达到一千余家。

第三节　策划书的撰写技巧

一台戏如果情节生动有趣,剧本却拙劣苦涩,那么这台戏真正上演时也会索然无味。策划中策划书的写作也是如此,唯有形象有趣,才能吸引更多的人参与和支持。要使策划书引人入胜,在写作时可以想象一下剧本的有关方法。剧本为了使读者一开始就进入入迷的状态,常常开始就制造一个悬念或描述一件使读者感兴趣的事件,一气呵成,提高观众的情绪,而且将这种气氛贯穿全剧。在这种气氛中,随着故事情节的进展,将剧情蕴涵的意义及主题传达给观众。在策划书的写作中同样也可以运用这种技巧。

可信性、可操作性以及说服力是策划书的生命,也是策划将追求的目标,因此在撰写策划书时应十分注重可信性、可操作性以及说服力。

下面介绍在营销策划书撰写过程中常用的一些基本技巧:

一、切忌主观言论

一篇好的文案不是装腔作势、哗众取宠,而是要"摆事实,讲道理",故其内容一定要真实可信,这也是一篇好文案的立文之本。为此在策划书的写作过程中,应该避免主观想法,切忌出现主观类字眼。因为策划案没有付诸实施,任何结果都可能出现,策划者的主观臆断将直接导致执行者对事件和形式产生模糊的分析,而且客户如果看到策划书上的主观字眼,会觉得整个策划案没有经过实在的市场分析,只是主观臆断的结果。具体来说,我们可以:

(一)合理使用理论依据

要提高营销策划内容的可信性,更好地说服阅读者,就要为策划者的观点寻找理论依据,这是一个事半功倍的有效办法。但要防止纯粹的理论堆砌。

(二)适当举例说明

在营销策划书中,加入适当的成功与失败的例子,以举例来证明自己的观点,既可以充实内容,又能增强说服力。在具体使用时,一般以多举成功的例子为宜,选择一些国外先进的经验与做法,以印证自己的观点,效果非常明显。

(三)充分利用数字说明问题

策划报告书是为了指导企业营销实践,必须保证其可靠程度。策划书的内容应有根有据,任何一个论点最好都有依据,而数字就是最好的依据。在营销策划书中利用各种绝对数和相对数来进行比较对照是绝对不可少的,而且要使各种数字都有可靠的出处。

二、突出重点,切勿面面俱到

在策划过程中,过分贪求是要不得的。贪得无厌往往使一个策划里面包含太多的构想,目标变得过多。因此,一个优秀的策划人员一定不会贪心,他们会把构想浓缩,即使有很好的方案,只要与主题无关,就舍得删除。要记住:适当的舍弃是重要的策划技巧。

三、语言表达流畅易懂,言简意赅

策划需要论述,但在撰写过程中不可将它写成抒情诗或散文,否则,会给人以幻想、不现实、虚夸的感觉,从而失去了策划的说理效果。

在说清楚问题的基础上,策划书可使用逐条举例来表现要点,使脉络清楚;应力求简洁,不宜添枝加叶;多用短句陈述,注意句子的顺序和结构。

四、运用图表,使内容视觉化

策划书要形象生动,最好还应视觉化。视觉化表现有着强烈的直观效果,并且比较美观,有助于阅读者理解策划的内容,用其进行比较分析、概括归纳、辅助说明等非常有效。

策划书中的视觉要素很多,按现代手段大致可分为两大类:

(1)静态的图片类,包括照片、插图、图表、说明图等。如在撰写策划书时,可采用一些视觉化的图表来表示日程进度表,使其更加直观生动;将策划流程通过图表的方式,制成流程图呈现出来,效果比文字表现要好得多。

(2)动态的多媒体类,包括声音资料、录像资料以及动画、情景 FLASH 等。这是更为直观和立体化的表达方式,能给人以更大震撼。但要注意适度使用,不可喧宾夺主。

五、有效利用版面设计,增强感染力

策划书视觉效果的优劣在一定程度上取决于版面设计,故有效利用版面安排也是策划书撰写的技巧之一。常用的技巧有:

(1)标题可以分为主标题、副标题、小标题、标题解说等,通过这种简练的文字,使策划书的内容与层次一目了然。

（2）用空白突出重点。用空白处将某一部分分开以示强调,这是使策划案易懂的常用版面设计方法之一。

（3）限制同一版面出现字体的数目。

（4）使用阴影突出、适度着色和其他点缀方式。

（5）若使用识别符号来增加策划书版面的美感,最好在标题前加上统一的识别符号或图案来作为策划内容的视觉识别,而不致给人以杂乱的感觉。

（6）版面的排列、设计不应该一成不变。为了防止刻板老套,可以多运用图表、图片、插图、曲线图以及统计图表等,并辅之以文字说明,增加可读性。

六、准备若干方案,未雨绸缪

当拟定策划书时,并没有硬性规定一次只能做一个策划案。对于同一个主题,同时做出两个或三个策划案也是可以的。当然,有时策划者会过于自信,认为自己的工作是完美无缺的,但从企业的实践而言,在对策划进行审查时,一定会有种种的意见出现,所以事先准备替代方案是明智的。

七、重视细节,完善策划书

细节往往被人忽视,但是对于策划书来说,这些细节却十分重要。因此,我们在书写营销策划书时还应注意下面几个问题:

（1）策划书中如果出现错字、漏字,就会影响阅读者对策划者的印象,特别是企业的名称、专业术语不能出现错误。

（2）一些专门的英文单词,差错率往往是很高的,在检查时要特别予以注意。

（3）纸张的好坏、打印的质量等等都会对策划书本身产生影响。

八、策划书应内外有别

一般来说,按机密程度划分,可分为内部策划书和外部策划书。

内部策划书是绝密的,仅供上层领导者、高层决策者参考,所以内部策划书要考虑策划实施时与政府、公交、相关组织团体、法律等方面的关系,核心内容应放置在内部的策划书中。

外部策划书是非绝密的,供策划的外部参与人员参考,但对于一般公众仍具有保密性。所以外部策划书的编写要把握好一个“度”的问题,既要让对方对策划产生兴趣,又不至于泄露机密,在此基础上明确外围参与者在此项活动中的职责与行动方案。另外要多为对方着想,写明策划对对方的好处及相关利益,体现互惠原则。

思 考 题

自拟主题,做一个创意策划案,并写出相关策划书。

第六章

策 划 的 实 施

■ 第一节　组织实施,执行策划方案

　　实施策划方案是将策划方案所规定的内容变为现实的过程,是检验策划方案成功与否的位于标准,策划方案执行得有效与否事关活动的成败。

　　策划不是为了策划而策划,而是为了取得一定的效果。因此,如果策划仅仅停留在策划书的阶段,那么它也就仅是供人观赏的摆设而已,不具有任何实际的意义。日本策划专家江川郎认为,所谓杰出的策划是:杰出的创意×实现可能性=最大的期待效果。可见,策划单有杰出的创意是远远不够的,策划的效用最终表现在它的实施上。

　　需要说明的是,有些学者常把提案与组织实施分成两个阶段分别加以说明。其实,从策划人的角度来看,从提案开始,策划即已进入实施阶段,两者是不可分割的。提案若不获通过,实施即无从谈起。如果将两者分开,容易给人一种误解,似乎提案只是一种形式上的审查工作,而实际上因提案未获通过而被束之高阁的策划是很多的。

一、方案实施的重点环节

(一)上下沟通,思想动员

　　策划方案进入实施阶段后,首先需要做的是对策划方案的意图、内容进行广泛深入的宣传讲解,要让策划文案的执行者全面了解策划方案的内容和精神,知道自己在做什么,为什么去做,怎样做好,以求得共识与合作。这样才能将大家凝聚在统一的目标之下,为策划方案的实施做好思想动员。

　　(1)做好与相关管理人员之间的沟通,以寻求管理层的支持。

　　(2)做好与一般工作人员之间的沟通,以寻求执行者的合作。

　　(3)做好与高层领导的沟通。高层管理者必须承担起项目负责人的角色,高层支持的项

目,或称"一把手"工程,往往能够推行得比较顺利。项目实施中,最经常的项目牵头人是客户方负责运营的老总或总经理。

(4)做好与相关单位、部门的沟通,以确保各项活动通过审批,取得合法进行的资格。

(二)组织人员,准备物资

人员和物资的准备是策划方案得以顺利实施的基础。任何方案的实施最终都是由人来完成的,因此,需要对实施策划方案的各方人员进行组织和分工,以明确职权范围、工作职责,各司其职,各负其责。这一环节包括建立精干高效的组织执行机构,配备胜任称职的领导和一般的执行人员,并在需要时对他们进行项目培训。

在策划方案实施过程中,诸如开支经费、交通工具、通讯联络、技术机械设备、办公用品等费用和物资,都应该能够按时到位,并且要合理使用,最好能够设立专门的部门和人员进行管理,以避免不必要的流失和浪费。

(三)多方协调,过程监控

协调与监控是贯穿于策划方案实施全过程的。协调包括情况协调、力量协调、利益协调和认识协调等。

情况协调主要是针对工作的快慢、执行规范与否、突发情况等进行的。力量协调是针对各个实施环境力量配备、各个小组的人员和物资配备等进行的。利益协调针对的是全局利益和局部利益、集体利益和个人利益等利用主体之间矛盾进行的。认识协调针对的是人们对策划方案执行过程中认识和理解上出现偏差进行的。协调做好了,大家才能步调一致。

策划者和活动实施主体对策划方案的实施要进行全程监控,这样才能随时发现执行过程中出现的偏差、矛盾以及出现的意料之外的事情,及时采取措施进行纠正和补救。监控的内容包括:方案执行的进度、执行的方向、工作完成的质量、执行中的矛盾、各种物资的使用情况等。

[案例]

七匹狼:两次踏进同一条河①

说起七匹狼,大家对它的狼文化可能印象深刻。应该承认,在文化营销这一块,七匹狼确实做了很多让人耳目一新的事情。但在2003年和2005年,七匹狼对皇马中国行的两次赞助行动,却给业内人士留下了不少茶余饭后的笑资。俗话说,吃一回亏,学一回乖。精明的狼不知被什么冲昏了头,两次踏进了同一条河里。

2003年8月2日,北京工人体育场上演了令中国球迷期盼的西班牙皇家马德里队与中国健力宝龙之队的比赛。由于皇马云集了贝克汉姆、罗纳尔多、齐达内、劳尔、菲戈等七大巨星,这场备受瞩目的比赛吸引了中国七亿电视观众的眼球,可谓是中国商家难得的商机。

红塔、健力宝、西门子、七匹狼是这次活动最大的买单者,其中七匹狼品牌付出了400万

---

① 相关内容参考《七匹狼:两次栽进同一个坑》,载《新营销》2006年第3期。

元的赞助费,成为皇马中国行第一场"龙马之战"的唯一指定服装赞助品牌,拥有了皇马球队集体形象使用权、"2003皇家马德里中国之旅"标识使用权和指定产品权,以及球星登长城独家冠名权。

皇马中国行期间,七匹狼在媒体上刊登的广告是七位巨星的大幅照片,画面上打出了七匹狼的广告语——"七匹狼男装,相信自己,相信伙伴"。但是令人啼笑皆非的是,这七位巨星身着的竟然是阿迪达斯的运动服。难怪很多人笑称,七匹狼是出大价钱帮阿迪达斯做了广告。

图6-1   七匹狼赞助2003皇家马德里中国之旅

两年后的2005年7月22日,皇马开始了第二次中国行。仍以服装赞助商出场的七匹狼,似乎并没能吸取上回的教训,而是再次充当了冤大头,甚至更冤。

作为此次活动的赞助商,七匹狼又出资300万元与负责皇马中国行的高德公司签订了协议,邀请皇马全队22日上午在北京昆仑饭店二楼出席新闻发布会。早早在酒店租赁了会场并精心准备的七匹狼却迎来了让他们始料未及的场景:一墙之隔的吉列公司迎来了自己的形象代言人贝克汉姆,而七匹狼在等待了两个小时后,只能无奈地宣布取消新闻发布会。原因是皇马与高德公司在合同细节上产生了分歧,因此拒绝参加七匹狼的活动。皇马此举让七匹狼蒙受了经济上的损失,更重要的是,他们早以为此次活动进行了大量宣传,如此结果,无疑是往自己脸上扇了火辣辣的一记耳光。

但七匹狼的伤痛并没有结束。同样在22日,奥迪迎来了皇马巨星罗纳尔多与菲戈,为其全新升级的奥迪驾控之旅亮相开球。次日上午,阿迪达斯的活动也成功请来了贝克汉姆和劳尔,在劳尔遭遇女球迷的激情之吻后,贝克汉姆更是挥毫为2008年北京奥运写下了祝福之语。两个活动场面上的热辣火爆,足以让七匹狼痛恨和垂涎。而且,皇马七位巨星身着阿迪达斯运动服出场的一幕在2005年再次重演,在镜头前,他们几乎没有穿过七匹狼品牌的休闲装。

七匹狼在此次策划活动过程中的表现如同拿着大炮打蚊子,巨额投入打了水漂。事后有人谈及七匹狼的此次赞助,戏谑道:"300万可以赞助中超或CBA一年的时间,七匹狼一个星期就花完了,却什么也没得到。"

158

当2003年七匹狼夺得第一次"皇马中国行"唯一指定服装赞助商时,确实赢得了不少叫好声。七匹狼休闲男装的主流顾客是25～40岁、月收入2000元以上的年轻男性,正好是"皇马中国行"的主要观众。而且七匹狼虽然是休闲服装,但是其拼搏奋斗、永做强者的品牌形象和皇马的风格非常吻合。皇马七大巨星的阳刚形象正好和七匹狼不谋而合,而其中的贝克汉姆和劳尔的形象更是为七匹狼增值不少。这次营销活动如果操作得好的话,能大大提升七匹狼的品牌形象。但在皇马绝尘而去之后,七匹狼却被公认是吃了大亏。

1. 选择赞助主体不妥当,被阿迪达斯偷袭成功

两次七匹狼赞助"皇马中国行"最大、最弱智的败笔,就是被阿迪达斯偷袭营销成功。

七匹狼虽然是这次比赛的唯一指定服装赞助品牌,但是在镜头前,皇马球星却几乎从来没有穿过"七匹狼"品牌的休闲装。倒是因为阿迪达斯是皇马队和贝克汉姆等几位巨星的服装赞助商,球星们不仅在赛场上穿的是阿迪达斯的运动服,就连任何活动都身着阿迪达斯的运动服,上演了一场阿迪达斯的运动服装秀。更加可笑的是,七匹狼在各大媒体和自己专卖店及网站上刊登的广告上,配合七匹狼的广告语——"七匹狼男装,相信自己,相信伙伴",七位巨星身着的竟然是阿迪达斯的运动服。阿迪达斯本身的品牌知名度再加上运动服和足球明星的高关联度,让七匹狼花费了400万元赞助费和昂贵的媒体购买费,为阿迪达斯在中国好好地做了一次免费广告。

其实,这就是七匹狼缺乏足够的市场调研和竞争对手分析而闹出的一个天大笑话。众所周知,阿迪达斯是皇马赞助商,与皇马签订的是排他权(exclusivehght)合同,也就是说,在球队集体出现的公共场合,皇马球星必须穿阿迪达斯服装。这样的对手,这样的合同,就决定了七匹狼基本上没有施展身手的舞台。

当然,也不是没有补救措施。就算无法让巨星们脱下阿迪达斯,穿上七匹狼作秀,但在广告上可以作一定的技术处理,不要让受众看到别的同类品牌,还是能够做到,也不会违反规定的。

2. 活动策划的控制力、执行力差

2003年的时候,按照七匹狼和活动承办方高德集团的合同,400万元的赞助费除了获得皇马球队集体形象使用权等外,七匹狼还可以在比赛球场比较理想的位置摆放一个广告牌,皇马球星在王府井购物游览时将进入七匹狼专卖店参观,皇马球星登长城时会在七匹狼广告牌前停留并留影等。

因为"龙马之战"是一场实力悬殊、没有悬念的比赛,所以"皇马中国行"在球场外所引起的关注要远远大于比赛本身。但是,高德集团对七匹狼在赛场外的这些承诺却一项都没有兑现。这虽然主要是由于中国体育营销市场不规范造成的,但是七匹狼集团在事先对营销活动准备不充分,对活动全程的控制力、执行力差则是造成这个后果的主观原因。事后七匹狼向高德集团"讨说法"的维权行动也一直没有结果。

2005年的时候,七匹狼在营销过程中控制能力差、危机管理能力弱的老毛病又一次暴露出来。强势的皇马在此次中国之行中并没有表现出对中国企业足够的尊重,屡屡爽约。七匹狼是跟高德集团签订的赞助合同,但这个合同对皇马没有约束力,这就使其失去了话语

权,并导致它在和皇马的博弈中始终处于被动。

3. 赞助时机把握不准确

七匹狼选择了一个错误的赞助时机。2003 年皇马巨星是顶着欧洲冠军的光环莅临中国的,疯狂过后的中国球迷能够亲近偶像,确实兴奋不已。但是,2004—2005 年赛季的皇马处在风雨飘摇之中,因三度换帅而成绩下滑,此时俱乐部不顾球员疲劳而远征东亚,众球星对这一市场策略本身就敢怒不敢言,表现在比赛中对中国球迷采取一种无所谓的态度,这让皇马在中国的人气大跌,几场比赛的上座率并不算高。加之前后有曼联、巴塞罗那等球队的鱼贯而入,皇马中国之行的轰动效应被迅速稀释。七匹狼选择在这个时候举着皇马的牌子争夺眼球,即便皇马不爽约,其赞助效应也会大打折扣。应该说,七匹狼这前后 700 万元天价的学费交得过于昂贵了。

二、策划实施中的原则——原则性和灵活性相结合

所谓原则性,就是策划方案一经制定,任何部门或个人未经策划方案实施负责人同意,不得擅自更改内容或改变行动方向、路线等,必须在统一的号令下,严格按照策划方案本身所规定的策划要求去实现策划方案目标,不能随意变更、曲解方案,确保方案的全面落实。

所谓灵活性,就是在实施策划方案过程中,执行者不能被策划方案所束缚,教条式地执行策划方案。任何策划方案在实施过程中都有可能遇到新情况、新问题,这就要能够根据具体情况适当变通,灵活地补充修改,逐步完善方案,以保证策划方案能够被最佳地执行。

策划方案在实施过程中坚持原则性与灵活性相结合,把两者有机地结合起来,就是要把策划方案的精神和实际情况相结合,既要创造性地实施方案,又要正确地把握方案实施的底线。如果放弃了原则性,滥用灵活性,就会产生混乱,所以灵活是在策划方案所允许的范围内的灵活,而不是无原则地胡乱更改,灵活性的临界点是原则性。相反,如果把方案的原则性理解为照搬照抄,不结合实际情况灵活运用,也不能很好地落实策划方案。

第二节　测评策划效果,反馈调节

这一最后阶段包括两种可能情况:第一,当策划案未获通过时,策划人应仔细分析其中的原因,并据此调整策划的结构和具体内容,以期以后再次提案时获得通过;第二,当策划案获得通过并付诸实施,而实施结果不佳或偏离预定方向时,应随时根据反馈信息做出调整,使策划按预定轨道取得预期效果。

无论是哪种情况,我们都需要及时做好信息反馈的工作,收集活动参与者、专家学者、社会大众、新媒体等关于此次活动的信息。同时,根据各业务部门在活动中表现及取得的成绩做出总结,从而能够有针对性地调整或修改原方案中的某些部分,或设计出新的方案来充实原有的方案,使之更为完善。

策划效果测评的内容包括:是否达到策划目标和效果;是否收到良好的社会效益和经济

效益;策划方案各个部分的安排是否合理;策划过程中各个环节配合情况;策划主题正确与否;策划方案的整体执行情况等等。

策划效果测评的方法包括:

- 观察体验法。这是一种信息反馈迅速的评估方法。
- 目标管理法。这是一种利用策划目标测评策划活动效果的方法。
- 民意调查法。这是一种通过调查公众态度和市场经营环境的变化来测评策划活动效果的评估方法。
- 新闻分析法。这种方法通过观察、分析新闻媒介对社会组织的报道情况,测量策划活动效果。
- 参照评估法。这是一种以其他社会组织的策划活动为参照标准,通过比较来分析策划活动效果的评估方法。
- 专家评估法。这是一种邀请策划专家测评策划活动效果的方法。

思 考 题

1. 策划实施中的基本原则是什么?
2. 结合实例,谈谈为什么要在策划实施过程进行全程监控?
3. 谈谈策划效果测评的作用是什么?

第七章

策划的主要原理
—— 把握策划的精髓

第一节　策划的本质和功能

为了更深刻、更准确地把握策划的精髓,我们有必要进一步了解策划的本质和特性。

一、策划的本质

策划作为管理活动和决策活动的先发设想和前导程序,其本质是由策划的中介性质所决定的,表现为竞争性、前导性和科学性。

(一)竞争本质

竞争本质是指策划的起源和发展是不同社会发展时期的竞争需要。从中外策划思想的发展可以看出,哪个社会发展时期存在竞争,哪个时期就需要策划,竞争得越激烈,其策划活动越频繁,策划思想越丰富;反之,哪个时期集中统一,少竞争或无竞争,哪个时期就冷落策划活动,越高度集中统一,越排斥竞争,策划思想越淡漠,甚至处于"休克"状态之中。

现代社会各方面的竞争比古代社会来得更为激烈,"商场如战场",激烈竞争的市场造就了一个个商海弄潮儿,而每个高速发展的企业无不与出色的企业策划相关。企业外其他领域的现象也是极为相似的。可见,策划这一社会现象是社会竞争的产物,正如达尔文《物种起源》所言:在竞争中适者生存、发展,不适者淘汰、消亡。策划的发展及其生命力是社会竞争所赋予的。因此,策划的竞争本质是策划本质最根本的映现和聚焦,因而它又制约着其他策划本质的内容。

(二)前导本质

前导本质是指管理决策和经营计划的生成需要以策划为前提和依据。从策划的起源和发展的全过程看,无论是什么性质的社会还是不同的历史发展时期,无论是经验策划还是科学策划,也无论是按运作程序制定策划方案的成形策划,还是捕捉机遇的随机策划,为了保证管理活动及其科学管理和决策活动及其科学决策的成功,都要在科学管理和决策之前进行有科学程序的策划活动,并依赖科学策划确保管理活动和决策活动的理智化、科学化和效能化。也就是说,策划是针对未来要发生的事情做当前的决策。换言之,策划是找出事物的因果关系,循未来可采取之途径,以为目前决策之依据。

(三)科学本质

科学本质是指策划在作用于全社会的管理和决策,推动整个社会进步和发展的同时,其自身也不断地向科学化的方向发展,呈现出一个由经验策划向科学策划的发展过程。它在原始社会里是一种思想体现,发展到战国时期就逐渐形成了策划的科学理论。随着社会的进步与科学技术的发展,特别是系统论、控制论等相关学科的进一步成熟,以及信息收集、数据处理和模拟分析能力的快速提高,使策划学这门学科的科学化进程进一步加快。

二、策划的功能

策划是人的创造性生产活动,既然是人的生产活动就带有一定的目的性,这一目的即是策划带给人们的现实功用,或者说是策划的功能。

(一)策划的竞争功能(性质)

竞争功能就是策划者以智谋及其策划方案协助策划主体赢得政治竞争、军事竞争、经济竞争、技术竞争和形象竞争等方面的主动地位,使其稳操胜券或有所作为。这是人们进行有效的策划方案的目的之一。

[案例]

丰田公司反败为胜

20世纪60年代初,日本丰田公司由于懈怠策划,很长一段时间内没有生产出新产品,以至于在轿车的生产和销售方面被日产公司远远抛在后面。丰田公司开始惊醒了,并进行精心策划。首先,是对光环牌轿车的车型更新、发动机改装;接着又重新策划了丰田广告,电视里反复播发"海滨之虎——光环"、"空中飞车——光环"、"悬崖滚落——光环"、"猛撞油桶——光环"等广告片,光环车坚固耐用的印象在公众心目中产生。从1964年9月,丰田公司开始出售新型光环车,到1965年4月,光环车在市场畅销上压倒了日产公司,1967年,光环车已在小轿车市场上遥遥领先。

丰田公司这一反败为胜的例子说明,市场就是战场,竞争如同战争,只有善于策划精于用谋,才能立于不败之地。

(二)策划的决策保证功能

这一策划功能就是策划者为策划主体的决策谋划、探索、设计多种备选方案。决策者以策划方案为基础进行选择和决断,从而保证决策的理智化、程序化和科学化。

(三)策划的计划策定功能

这种策划功能表现在策定计划的规定程序上,即策划机构在进行计划或规划之前,运用科学的策划运作程序对计划进行构思和设计,为计划生成提供智谋母体,使计划切实可行,使预算投向可靠。

(四)策划的预测未来功能

预测未来功能就是策划者注意策划主体发展的长远问题或本质问题,针对环境的未来变化发展进行超前研究,预测发展趋势,思考未来发展问题,提高策划主体适应未来和创造未来的主动性。

(五)策划的创新功能

创新功能就是策划者遵循科学的策划程序,从寻求策划主体的问题或缺陷入手,探索解决问题的有效途径。这实质上是一个创新的过程。

[案例]

高露洁公司:创意取胜

高露洁公司是以经营牙膏为主的企业,创业的头几年,尽管其产品质量不错,但销售总上不去,因此业绩平平。老板决定公开征求良策,他在媒介上登出广告:"谁能想出使高露洁牙膏销量激增的创意,即赠送十万美元奖金。"于是来自世界各地的应征者数以万计,高露洁公司只选了其中一个。被选中的创意只有两行字:很简单,主要把高露洁牙膏的管口放大50%,那么每天消费者在匆忙中所挤出的牙膏自然会多出一倍,牙膏的销量就会激增。高露洁公司采纳了该创意后,果然牙膏的销量急剧上升。直到今天,高露洁公司仍保持这一创意。

第二节　策划的若干基本原则

策划原则就是指策划活动过程中所须遵循的客观规律的理性表现,它是策划实践经验的概括和总结。

策划原则包含着策划的各种基本客观要素:

首先是目标要求,即策划的目的和所要达到的目标。

其次是方向要素。策划目标为策划活动提供了最终标准,但在策划活动过程中,其活动方向是否始终指向最终标准,则依赖于以策划目标为基准方向建立起来的一系列指标来保证,这些指标就是策划活动中的方向要素。

第三是态势要素,是指有关策划活动的形态和趋势的要求,主要包括真实、可行、机变等几个方面。

第四是环境要素。策划活动的范围和环境,是指策划活动要在一定的空间和时间界限之内进行。

从这几方面考虑,策划原则及要求应包括以下几点:

一、有的放矢原则

有的放矢原则是指策划一定要有清晰的目标,明确希望达到的效果,这是策划的首要原则。

人的一切有意识的活动都是有目的的,明确的目的就是目标。作为人类的高级活动,策划本身是一个目标性很强的行为,是为了实现特定的目标,具有鲜明的目的性。它往往是针对某一问题或事件来展开,包括分析客观情况,发现实际中存在的问题,并诊断把脉,以确定解决问题的优化方案,整合优势,围绕某一活动的特定目标这个中心,努力把各个要素、各项工作从无序转化为有序,从模糊变成清晰,从而使该活动顺利圆满地完成。

可见,有的放矢原则在策划活动中表现得十分突出,在做任何策划的时候,都先明确我们要做什么,明确定位目标后有了方向和具体的量化指标,才能更高效地执行策划。

有的放矢原则对策划的重要性可以通过许多事例获得证明。例如,英特尔公司在策划公司的发展战略时,果断决策核心业务的大转移,由原来生产电脑的储存条转为生产电脑的核心处理器,目标一明确,就坚定地实施以生产 CPU 为核心业务战略。该公司的原总裁格罗夫说,英特尔不像其他公司什么都生产,它努力的方向是不断地使自己的 CPU 实行自我淘汰,尽管该公司现行的 CPU 在同业中仍是最先进的。

再如,解放战争时期,中国人民解放军的目标是打败蒋家王朝,解放全中国。所以,我军在具体阶段采取"游击战"、"消灭敌人的有生力量"等各种方法,为达到最终目标,连革命圣地延安都可临时放弃,终于把蒋介石赶到了台湾。

[案例]

拿破仑与"雾月政变"

18 世纪末,法国局势一片大乱,内忧外患。对外有第二次反法同盟,法军在意大利和莱茵战场上一败再败,只能勉强抵挡;国内督政府不得人心,党派纷争,叛乱不断。在这内外交困之际,拿破仑崛起的时机到了。此时,虽然拿破仑远在埃及,但他敏锐地感到自己生命中的转折时机到来了。经过一番精心策划,野心勃勃的他毅然从埃及回到法国,准备夺取法国政权,雾月政变的序幕拉开了。

拿破仑一回国便受到人民的热烈欢迎,议员们甚至以让他的弟弟吕西安做议长来表达对他的敬意,这在无意中为他安排了一极好的内应。深谋远虑的拿破仑自己也很快找到了一批有权势的盟友,当时掌管政权的五位督政中有两名成了他的坚决支持者。他还和商界人物打得火热,很快得到他们强有力的经济支持。

接下来,他与弟弟吕西安和盟友们具体谋划了政变的细节,他们设计了一个环环相扣的方案:先将雅各宾派要谋反的谣言散布出去,引起立法两院的恐慌,通过种种影响,促使他们作出将两院迁到小镇圣克鲁的决定,并任命拿破仑为巴黎武装部队司令,然后再采取各种手段迫使督政官让位于拿破仑。

雾月18日,元老院通过了拿破仑预谋中的两项决议。拿破仑一上任,马上密令亲信控制了巴黎的战略要点。配合他的行动,作为他的忠实盟友的督政官西哀耶斯和罗歇宣布辞职,本就不堪一击的督政府内困外患,形同虚设,被拿破仑轻而易举地推翻了。

接下来的关键就是推翻立法两院。这时,拿破仑的政变遇到了危险,两院大部分成员虽然不满督政府,但这时并不同意建立新政府。拿破仑在元老院慷慨激昂的发言被粗暴地打断,许多雅各宾派更是对他群起而攻,他差点被这些失去理智的议员活活打死。

计划采取政治手段夺权的拿破仑一看形势不对,马上动用早已布置好的军队,士兵们冲进议会,赶走了对拿破仑不利的人,议员们奔走逃命,共和制国家的根基不复存在了。

拿破仑为使自己通过武力获得的政权得到承认,又下令抓回一些没有逃掉的议员,投票表决通过了解散议会、成立执政府、把共和国权力移交执政府的决议。拿破仑终于大权在握了。

在策划过程中,一旦偏离了既定的目标,所做出的策划方案就会流于形式,而解决不了实际的问题。比如,三国时,诸葛亮的战略方针很明确:东联孙吴,北抗曹魏,但关羽、刘备先后违背了这个战略,结果都失败了、身亡了。刘备死后,阿斗继位,诸葛亮马上恢复了与东吴的和好关系,始终坚持总的战略目标。

二、利益原则

利益原则,即无利不谋,是指在策划活动中力争策划主体以最少的投入获得最大的实际利益。

美国前国防部长在我国国防大学演讲时,头一句话就讲述了西方世界所公认的真理:"没有永恒的敌人,没有永恒的朋友,只有永恒的利益。"对这句话的认识,不同的国家和民族有不同的价值取向。但是,说到底,人们的一切活动,包括一切策划活动,实质就是在谋求利益,最终都是为了追求自身利益的最大化。这可说是人"趋利避害"的本能心理使然。我们说利益是一切经济活动的原动力,首先是说利益可以刺激人、激发人,使人萌发欲望冲动,形成利益关心和利益认识,继而产生对一定利益目标的持续追求。没有利益的刺激,也就没有人对追求利益的冲动,也就形不成为追求利益而采取的行动策划的动力。

策划的利益包括有形的经济利益、政治利益、文化利益,也包括无形的名誉、声威等,又可分为长远之利、眼前之利、钱财之利、实物之利、发展之利、权利之利、享乐之利等等。无论哪一种利益,在具体策划的实践中,都力求争取获得更多的功利。所以,在进行策划创意、选择策划方法、创造策划谋略、制定策划方案时,要权衡考虑,利益原则是策划活动的一个立足点、出发点,又是评价一项策划活动成功与否及成果佳否的基本标准。策划创意即使再完美,如果策划之利低于策划投入,那么这个策划也不能称之为好的策划,甚至说它是失败的案例。

对于利益原则的把握,我们需要从这样几个方面来考量:

其一,策划者自身的利益怎样得到满足,怎么样实现自身的利用最大化。

其二,换位思考,别人从我的策划活动中能获得怎样的利益,怎样才能实现利益最优化的博弈?

其三,策划活动的效果与策划活动所获得的收益效果是否相等。策划活动效果不等于策划收益效果。有时策划活动影响很大,审查产生了轰动效应,但策划收益效果却不大,结果很差,甚至起反作用,产生负面影响。比如人们常见的请名人做广告,由于名人本身是社会公众的焦点人物,其自身具有焦点性,也许这次策划活动能产生一定的轰动效应,但它的轰动效应是来自消费者所关注的这个公众人物,而非该公众人物所传播的产品。

[案例]

威驰汽车的宣传造势效果与销售效果为何不等

2003 年,威驰车为上市造势,策划了一系列宣传活动:请著名导演张艺谋来拍广告宣传片。为配合广告的拍摄,之前开展了一系列的相关活动,如到网上投票选女主角,网上主题曲评选,张艺谋与威驰的总设计师进行艺术对话等。广告拍好后,又在中央电视台黄金时间《焦点访谈》节目后投放了这条长达几分钟的广告。

历时半年的整个过程确实实现了厂家所希望的策划活动引起最广泛的关注的效果,但如此成功的造势所造就的关注度并没有转化为与之相匹配的销售满意度,威驰车的销售量并没有上去。其原因就在于,威驰造势所引起的关注焦点并不是和它的目标消费群产生共鸣的沟通点。

可见,在进行一项策划活动时,一定要考虑到,能否影响消费者的购买行为,而不是纯粹去追求策划活动本身的影响。也就是关键是考虑通过此次策划活动落实到最后能带来的实际收益效果,做到策划活动效果与策划收益效果能完全等同起来,使策划活动的轰动性带来巨大的收益。

遵循这样一个利益原则,策划活动要:

(一)首先谋求的是长远利益

利益又可分为眼前利益和长远利益。对前者的过分追求常常表现为急功近利、唯利是图,表现在策划活动中就是为了眼前利益而想方设法、不择手段。这种"走一步看一步"的短视行为,无异于慢性自杀。

策划追求的利益很多,但无论怎样,战略利益和长远利益相对于局部利益和眼前利益来说是至高无上的。

比如,在本书前面提到的七匹狼 2003 年和 2005 年两次赞助皇马中国行事件中,为了追求赞助大型体育赛事所带来的即时广告效应,急功近利的七匹狼期望能够通过简单复制而取得成功,但七匹狼却忽略了球迷对赛事不满会对企业品牌造成巨大的负面影响。体育赞助不仅仅是赞助一项赛事,而更重要的是能将赞助商的品牌通过赞助与消费者进行沟通,达到提升品牌知名度与影响力的目的。而这一目标的实现需要系统的传播运作,需要后续的跟进与维护。七匹狼更多的是将此次赞助当作事件营销来运作,企图将球迷对赛事的高关注度嫁接到自己的品牌上,提升品牌的知名度。但皇马中国行毕竟只是"一次性事件"(one‐off event),人走茶凉,缺乏供七匹狼针对皇马中国之行开展长期运作的商业周期。

体育营销不是简单的事件炒作,七匹狼应该知道痛定思痛,少一些急功近利,多一些长远考虑和缜密执行,这才是我们企业安身立命的哲学。

(二)必须谋求最优化的利益

以利益的实现程度来说,策划有优劣之分。《孙子兵法》中在评价策划时指出:"上并伐谋,其次伐交,再次伐兵,其下伐城。"而伐兵和伐城之所以是下策,就是因为这种做法往往会"杀敌三千,自损八百",需要付出很大的代价,更别说得到应有的利益了。而伐谋和伐交则可以达到"不战而屈人之兵"和"兵不顿而利可全"的谋略的最高境界,符合人们对利益的追求愿望。

(三)力争谋求多方受益

如果策划活动是由两方或多方利益集团共同合作进行的,其实每一位参与者都会努力追求自身的利益最大化,那么在这种多方参与的情况下,双方或多方之间如何协调和共赢,有个皆大欢喜的结局呢? 这就要求策划者能够兼顾到合作双方的利益,积极寻求博弈中的利益最大化,相互扶持,共同发展。

[案例]

国美、华谊兄弟联手　文化营销唱大戏

2003 年的岁末,华谊兄弟公司的一位广告业务员主动找到了国美,希望国美能同意在华谊兄弟公司新近拍摄的一部名为《手机》的影片中做个贴片广告。华谊兄弟公司之所以来找国美,是因为他们知道国美电器公司是信息产业部评选出来的"全国手机十大卖场"之一,国美的各种营销活动也搞得很好,国美每年投在品牌宣传上的费用都超过亿元。

其实,对这类影视贴片广告的业务,国美并没有多少兴趣,但是,出于礼节和职业的敏感,国美还是答应与对方见了面。在仔细地阅读了该片的剧情介绍后,国美觉得:这部贺岁故事片的题材比较新颖,虽然故事情节并不十分引人入胜,但却是一部既贴近大众,又贴近现代都市生活的轻喜剧,具有一定的趣味性和观赏价值。估计在葛优、张国立和徐帆等著名演员的默契配合下,影片肯定会比较好看,上座率想必也是不成问题的。借助电影《手机》的影响力来促销手机,这无疑是一种"文化营销"的新模式和新思路。

在华谊兄弟公司提供的《手机》推广方案的基础上,国美很快便策划出一套适合于国美自身的营销方案。然而,正当国美上下为实施这套计划而精心准备的时候,一个意外的插曲出现了。

原来呀,《手机》中有个男主人公叫严守一,是由葛优扮演的,该角色的身份是某著名电视台《有一说一》栏目的主持人,虽然他的名叫"严守一",但这个人物从来都是言行不一,他在公众面前讲真话,在生活当中却总爱说谎话,而且还背着怀孕的妻子在外面搞婚外恋,是

个工作上很认真,但在生活作风上很不严肃的人。

据一些看过样片的人讲,严守一这个人物好像影射的是中央电视台《实话实说》栏目前主持人崔永元,因为葛优在片中的某些表演风格很像是刻意模仿崔永元,而片中《有一说一》栏目的节目定位,也很像《实话实说》的克隆版。——此消息一传开,崔永元可不干了。他态度强硬地向剧组的主创人员提出了严正的抗议:"你们凭什么影射我呀?你们这样做的结果对我造成的伤害很大!"

据称,此举确实已给崔永元的生活带来了某些不利的影响,并且还对他的名誉造成了损害。崔永元的小女儿就曾因此问过爸爸:"你是严守一那样的人吗?"面对这部影片给自己造成的压力,崔永元的心情简直坏透了,他通过媒体频频向《手机》发起攻击,一再批判这部影片"庸俗低级,诲淫诲盗"。

的确,葛优扮演的主持人严守一确实有与崔永元相似的主持风格,葛优对此也不置可否,但他反复向前来采访的记者解释:"电影里的主持人是一个虚构的艺术形象,他只是从事着和崔永元类似的工作而已,我们不能说严守一就是照着崔永元描摹来的,这样说不准确,会让人误以为小崔本人有什么问题。"导演冯小刚也对媒体辩解说:"严守一这个角色纯属虚构,绝对没有影射崔永元的意思。再说,《手机》只是一部普通的文艺作品,大可不必对号入座。"但是,所有的这些解释都是徒劳的,甚至越描越黑,压根儿就没人相信他们的话,因为《手机》中的严守一恰好就是个"言行不一,实话不多"的人。某些媒体上的评论文章甚至感慨地说:"手机从来就不是给你坦诚相见的东西,每个人都有拿它扯谎的经历。""在中国,手机可能是推动个人主义时代来临的发端。"

如此一来,该片的影响力可就更大了,崔永元越骂,媒体就越关注;媒体越是关注,影片的发行量就越大;评论家们越是对影片的内容和立意有分歧,观众对它的关注程度就越是高涨,争论所导致的最直接的一个结果,就是电影院里座无虚席,场场爆满,上座率呈斜线状地不断向上攀升……

《手机》上映后,在社会上所引起的反响程度远远超出了制片人当初的预期,他们弹冠相庆,喜出望外。剧中的几个主要演员也都火得一塌糊涂,各种广告片约如雪片一般扑面而来,他们的腰包又要被大面额的票子塞满了。

这一切,自然也让国美感到正中下怀。12月17日,贺岁片《手机》的主创人员冯小刚、葛优、范伟等与华谊兄弟公司的董事长王中军如约来到国美电器总部,共同启动了国美电器与《手机》联合互动营销活动。随后,他们便分赴北京、上海、成都、深圳、重庆、郑州、青岛、天津等八个城市的十家国美商城,进行了一系列的明星签售活动。

据悉活动期间,凡在国美指定商城购物的消费者,都有机会与冯小刚、葛优、徐帆、张国立、范冰冰、范伟等明星面对面,并得到由明星亲笔签名的同名小说《手机》、冯小刚的《我把青春献给你》以及电影《手机》画册。同时,国美电器还为上述地区的消费者准备了一定数量的当地《手机》首映式的门票,以此感谢消费者多年来对国美电器的厚爱。其他城市的国美直营店虽然没有明星大腕的到场,但国美电器也为消费者准备了《手机》明信片,供广大影迷和消费者收藏。

由于炒作得力,造势有方,所以,这部影片的上座率非常之高,国美的手机也卖得非常火。国美利用电影《手机》推广过程中形成的巨大影响力,巧妙地将自己的品牌融入到了电影《手机》的推广中。这不仅成了激烈商战中的一个热点,更是一个热点的聚焦。有媒体评论说:"商业企业一直在寻找一种除去价格和服务以外能够更加贴近消费者的沟通方式,电影则是接触消费者最直接的方式之一。"业内人士则评价说:"国美与电影《手机》的联手,建立了商业与文化相互融合、共同营销的一种全新方式。"

事后,在中国生产力学会、中国国际策划学会、中国管理科学研究院、第三届中国企业策划案例暨策划人奖组委会联合举办的"第三届中国企业策划案例暨策划人奖评选"中,国美电器有限公司与《手机》的联合营销案例荣获"中国企业策划案例"银奖。评选委员会的专家学者们一致认为:"国美此举,是在商业营销模式上的一个创举,它表示国美已经由传统的价格营销逐渐向文化营销转变,这种开放式的营销贴近市场、贴近大众,是品位更高、层次更深的市场营销。"

三、创新原则

创新原则是指策划者在从事策划活动时要摈弃传统思维,打破常规,以与众不同的创意赢得策划的主动权。

创新是人类赖以生存和发展的重要手段,人类正是在创新思维与实践中不断地使生存的环境得到优化。策划作为人们一切理性活动的前提,创新原则当然也就成了它的重要评价标准了。

策划本身就是创新性的思维活动。策划的过程其实就是创新性思维发挥的过程,或者说是创新性思维与策划活动的结合过程。创新性思维是策划生命力的源泉,它贯穿策划活动的方方面面和策划过程的始终。在策划的观念层面、操作层面和现实层面上,都需要去创新,都可以去创新。

创新原则可以说是策划的核心、本质和灵魂,能否打破常规、标新立异、出奇制胜,将决定一个策划的好与坏、成与败。

创新原则在我国古代兵法中表现为"出奇制胜",《老子》中有"出奇用兵"之说,《孙子兵法》中也提出:"凡战者,以正合,以奇胜,出奇能制胜。"

"出奇制胜"的思想同样也受到策划者的青睐和推崇。策贵用奇,用奇旨在"攻其不备,出其不意"。这里的"意"主要在于策划措施最终达成的突然性,这也是策划的出发点和立足点,以达到标新立异、不同凡响的效果。反之,众人意料之中的计谋,也便不能称其为策划。尤其是在竞争激烈的商业策划过程中,"奇"的策略可能将企业推向不同的发展道路,意外,可以说是策划中最精彩也是最危险的领域。

[案例1]

希望工程创新募捐方式

这么多年来,希望工程之所以受到社会的广泛关注与支持,之所以能形成巨大的反响,与希望工程的组织者中国青少年发展基金会开拓创新、出奇制胜的策划是分不开的。

比如,一般的募捐活动中人们往往不清楚自己捐的钱用到了哪里,收到了什么样的效果,但希望工程的组织者中国青少年基金会所策划的"百万爱心行动"就打破常规,创造性地将知情权、参与权交给赞助者,获得了他们的信任,充分调动起他们的积极性。

"希望工程——百万爱心行动"创新的募捐方式是:一次性捐款 300 元,即为一名失学儿童提供了小学五年的书本费。汇款的同时,赞助者填写"希望工程——百万爱心行动申请卡",并寄给中国青少年基金会。收到汇款和申请卡后,中国青少年基金会将为赞助者联系一名亟待救助的失学儿童,使赞助者与失学儿童结成对子,并授予赞助者"结对证书"。被赞助的孩子复学后,将与赞助者保持直接的通讯联系,汇报学习成绩。受助小孩毕业后,捐款如有余额将转为希望工程助学基金,再帮助别的孩子。

"希望工程——百万爱心行动"这种新奇的捐款方式,加之它本身巨大的社会意义,使这次活动很快成为人们爱心融汇的焦点,成为报道的焦点。新华社、《人民日报》、《中国青年报》、中央电视台等重要的全国性媒体和海外新闻机构,几乎都把对这一新闻的报道放在了头条的位置。

[案例 2]

"平民化"的克林顿形象策划

在克林顿竞选期间,他的形象策划小组发挥了极其重要的作用。如何避免落俗套,是小组考虑的第一大问题。几经推敲,他们制定了"平民化"路线,结果证明,这个路线果然不同凡响。

在"平民化"的基调下,克林顿首次向新闻界透露了他出生在阿肯色州一个贫穷的家庭,生父早亡,家中缺少温暖,而他就在艰难的条件下以顽强的意志一步一步地取得了事业的成功。他的身世和他坦率的态度引起了大多数美国人的同情和景仰,为他的成功打下了良好的基础。在大选中,他的"平民化"和布什的贵族式作风形成了鲜明对比。他经常乘坐大轿车到各地巡回竞选,这给大批乘不起竞选飞机的地方报记者以极好的采访机会,更赢得了他们的好感,而他们的笔又影响了成千上万的选民。这个小小的策略在政治观察家眼中自然只是一个小伎俩,但这却为克林顿赢得了比布什高 24 个百分点的选票。

在他的连任竞选中,他的广告顾问曼迪精心策划了一个帮助他获得更多人支持的场面:在优美的海滨,一个饭店的阳台上,总统本人亲自为选民吹奏起了他钟爱的萨克斯管,正当他投入地演奏时,搭档保罗·贝拉递过一副墨镜,他潇洒地随手戴上。第二天,全国各地报刊都登出了身材高大的总统戴着宽边墨镜吹奏萨克斯管的照片,人们充分领略了总统迷人的魅力。

克林顿形象策划小组认为,在严肃的政治生活中展现一下总统作为普通人的一面,可以更好地与选民沟通,让他们觉得总统与自己贴得更近。克林顿在乘车穿越各大州竞选时,经常沿途停车发表演说,和选民们挨得很近。他还随身带着他的萨克斯管,在演说间隙拿出来演奏一曲,群情激动时,甚至和人们一起翩翩起舞。这将他性格中友好、亲切、潇洒的一面表现无遗。

女儿切尔西将要外出读大学,克林顿还亲自带她到白宫附近的文具店选购物品,这又成了记者们笔下勾画的慈父形象的重要一笔。

可见,只有求新、出奇的策划才能掀起巨大的参与热潮,才能达到或者超过预想的宣传效果。策划的创新原则具体体现在策划的观念、主题和手段上的不同凡响,俗话说:"不怕做不到,就怕想不到。"《孙子兵法》中有言:"兵无常势,水无常形。"策划要想不断地取胜,必须能随具体情况的改变而不断地创造新的方法,不能抱残守缺,因循守旧,即使成功的模式,我们也不要生搬硬套,只有这样,策划才能别具一格,与众不同,吸引人,打动人,更能取得成效。

策划要有创新,但追求创新过了头,就会得不偿失,让人产生反感。因此一定要注意它与哗众取宠、荒诞玩笑、故弄玄虚、恶作剧等的界限,若把握不好分寸,就会走入一种误区。

[案例]

啤酒广告戏说屈原被停播

2004年9月中旬,湖南电视台新闻频道播出了一个长沙当地某啤酒品牌的广告,大致内容是,屈原悲闷地站在江边,一边口里念着"路漫漫其修远兮,吾将上下而求索",一边摆出要投江的架势。就在这时,坐在屈原身后的一位打扮洒脱的现代年轻人奉劝屈原说:"人都死了,你还能求索啥?"结果屈原一扫愁容,笑逐颜开,与这位现代年轻人席地而坐,开怀畅饮该品牌啤酒。

这条广告播出以后,引起当地和全国不少观众的反感和意见。不少观众斥之无聊,纷纷表示不能这样拿历史文化名人开涮,并建议有关部门封杀这种广告。

多数人认为,这是一种典型的"戏说"广告,对历史和历史人物都是极其不尊重和不负责任的,有哗众取宠之嫌。屈原备受全国人民的景仰和热爱,如此拿"屈原自杀"大做广告不但是对全国人民感情的一种亵渎,还会危及青少年对历史人物的认知。

策划界、广告业界人士认为,古代人物完全可以嫁接到现代广告中,但一定要有一个度。像这个广告用历史文化名人打广告,而且内容极不严肃,这种行为已经违犯了《广告法》中"不得违背社会良好风尚"的禁止性条款规定。

9月17日,上海北极绒公司等企业上书国家工商局,建议维护家喻户晓的历史爱国人物形象,不能让商业广告随意颠覆、解构历史。在致国家工商局广告监管司的建议函中,北极绒等企业认为,屈原、岳飞等历史上著名的爱国主义人物早已沉淀为我国民族精神的一部分,因此建议制定保护名单,不准在商业广告中被颠覆、解构,甚至无厘头式的戏说。在建议保护名单中,屈原、岳飞、文天祥、戚继光、袁崇焕、史可法、林则徐等被列为禁止广告戏说的"爱国七君子"。

长沙某啤酒广告拿屈原开涮之事经媒体披露后,遭到广泛质疑,后不久"屈原广告"就停播了。

四、客观现实原则

所谓客观现实原则是指策划运作过程中,策划者通过各种努力,使自己的主观意志自觉地能动地符合客观实际情况。

主观指导符合客观事物的规律性,这是策划运筹与心理较量的一条根本原则,也是实践反复证明了的一条真理,策划符合客观现实就胜利,反之就失败。

策划的客观现实原则强调策划活动必须符合自然规律和社会规律,符合历史潮流,符合民意,符合人民大众的利益,一定要从活动主体的现实条件出发,根据主体所拥有的实物,所具有的财力,所能利用资源,以及所有可信的信息来源等,做出符合实际的可行方案。简言之,就是人们所制定的目标、所制定的计划和规划,必须能够符合客观的发展规律,这就是通常所说的"成事在天"。

违背策划的客观现实的原则而造成失败的事例不少,例如,商界名人史玉柱,前期因巨人大厦的不太现实的策划而导致自己成为中国"首穷",个人负债达2亿元人民币,后来因创新而又务实的"脑白金"营销策划,个人拥有资产据说达50亿元人民币。

再如,1999年央视黄金段广告招标,江苏春兰集团拟投1.5亿元,大约占年产值48亿的3%;广东乐百氏拟投一亿九千九百七十八万八千六百八十四元(喻为"一九九七发发乐百氏");而"秦池"不合实际地投入人民币3.2亿元,虽夺得中央电视台广告标王,但违背客观现实的原则,第二年秦池公司出现负效应,导致企业经营陷入困境。

策划坚持客观现实的原则就必须做到:

(一)深入调查客观现实

策划要求策划者真诚、求实,做一个头脑清醒的策划者,深入调查,掌握客观的数据,严格分析论证,并严格依据事实进行策划。很难想象,一个人若不搞任何的市场调查研究,就能写出一份科学有效、切合实际的策划方案来。巧妇难为无米之炊,否则,就难免有盲人摸象、闭门造车之嫌。

(二)排除各种干扰,保证据实策划

策划中没有了客观性也就没有了科学性,策划也就不会成功。因此,要有坚定的决心和足够的勇气排除各种干扰、阻力甚至压力,以保证据实策划。一是以科学的精神排除虚假因素影响,把握问题实质;二是以对公众、对社会、对事业负责的精神,排除各种阻力和干扰,把握现实,据实进行策划和实施策划方案。

五、可行性原则

可行性原则是指策划方案具有可操作性,可以实施并能取得科学有效的效果。

这一原则是策划活动各种规律的综合要求,因为只有可操作性的策划方案才是可行的,才是有意义的,才是会被客户或顾主采纳的。在策划流程中,策划主题通常就是以可行性分析报告的形式呈现科学详尽的分析过程的。

首先我们强调策划的可操作性,创意再新颖、策划书写得再翔实,如果不能付诸实施,这样的策划只不过是纸上谈兵,毫无意义,充其量只能算是一种美妙的幻想,一厢情愿的愿望。其次,我们强调策划要有良性的效果,如果为了策划而策划,最终结果适得其反,反而损害了策划主体的利益,这样的策划也是不具有可行性的。

一般来说,具备可操作性的策划方案应该具备以下几个方面的内容:

(一)进行可行性分析

一个策划方案的提出,首先人们要看的即是否操作可行,有没有实效价值。这个可行性分析是一个完整的概念,包括主观经验和客观的市场调查,包括整合力的评估,以便论证这个项目进不进行下去。在进行过程中,要面对多少事情和单位,是否继续做下去,不进行可行性分析,一个策划方案仅凭感觉去决策,这是不正确的。

进行可行性分析主要从四个方面进行:

(1)利害性分析。分析考虑策划方案可能产生的利益、效果、危害情况和风险程度,综合考虑、全面衡量利害得失。

(2)经济性分析。即考虑策划方案是否符合以最低的代价取得最优效果的标准,力求以最小经济投入实现策划目标。

(3)科学性分析。它包含两方面的意思,首先看策划方案是否是在科学理论指导下,在进行了实际调查、研究、预测的基础上严格按照策划程序进行创造性思维和科学想象而形成的;其次分析策划方案实施后各方面关系是否能够和谐统一,是否能够高效率地实施策划方案。

(4)合法性分析。即考察策划方案是否符合法规要求,一方面策划方案要经过一定的合法程序和审批手续,另一方面策划方案的内容及实施结果要符合现行法规规定和政策要求。

(二)进行可行性实验

为了准确弄清策划方案是否科学可行,可对方案进行可行性实验。可行性实验实际上是可行性分析的最高形式和最后手段。可行性实验一般以局部试点方式进行,检查策划方案的重心是否放在了最关键的现实问题上,方案的整体结构和运作机制是否合理,实施结果是否有效。

(三)运行性和有效性

策划最为关键的内容还在于策划的运行与实施,一个创意方案被提出,只有付诸于运行才可能具有现实意义。在策划过程中,我们必须注重运行的重要性。事实上,运行本身是一个计划确定好的行为,是按照策划已定的方案实施的过程。然而在实际的操作当中,客观的外在因素影响时刻都在变化的环境因素,决定了运行也是一种创新,是一个重新整合的行为。因此,我们在策划时应当考虑到人力、物力、财力的支撑,同时又要考虑天时、地利、人和的时势。运行过程中的时间、地点、人物等非常重要,不应当忽视每一个细节。

在这方面,诸葛亮借东风的故事是个极好的例子。在"万事俱备,只欠东风"的情况下,诸葛亮稳住蜀吴盟军,终于盼来东南风,一场火烧赤壁的大战就这样开始了。"借东风"因为看来似乎是不可能的,所以被蒙上了一层神秘色彩。其实,这是诸葛亮精通气象知识而胸有成竹的表现,他的一系列策划都是建立在这个现实条件上的。

有效性在策划实施过程中的主要体现是：第一，用最小的消耗和代价争取最大的利益。第二，所冒的风险最小，失败的可能性最小，经过努力基本上有胜利的把握。第三，要能圆满地实现策划的预定目的。当然，有些策划局部利益的损失是为了换得总目标的实现，这也是值得的。第四，要看是否争取了主动。至于主动性的意义，下过棋或留心过下棋的人就会有很深的体会。

[案例]

奥克斯：弱势品牌做规则破坏者

与大多数既想借题炒作在行业内迅速蹿红，又怕因此沾上"捣蛋分子"坏名气的企业不同，奥克斯从不羞于在公众面前承认自己的"破坏"行为。这样做有一个背景：奥克斯的志向是想有朝一日做中国空调业的一位领军人物。但是在一个"酒香还怕巷子深"的商业时代，它早些年低调行事的作风，显然已经不合时宜了。为此奥克斯不得不借助一些"惊人之举"来招揽观众。

2001年2月11日，中国质检总局公布了首批20家空调免检产品。各大空调免检产品的生产厂商们纷纷将此作为产品的一大卖点，应用在空调的包装物、宣传单上。但是，也就仅此而已。奥克斯却从中找到进行"事件行销"的由头——号召首批通过免检的20家企业赴京探讨空调的价格走势。

在空调市场摸爬滚打了多年，虽然奥克斯的平价策略颇得一部分求廉消费者的欢迎，却也因此被许多人视为低档品牌。这种占据主导的传统消费观念对奥克斯平价策略的推广大为不利。眼看着别人价格定得特别高，卖得还特别好，奥克斯虽心有不甘，却也一时无可奈何。它迫切需要一个名分，来佐证自己的产品质量并不亚于任何高价品牌。而免检产品殊荣就是这样一个名分。著名的"免检是爹，平价是娘"口号就是在那次提出来的。

果然此消息在《南方周末》通过发邀请函的方式放出空气后，即引起业界和媒体的高度关注。到2月20日，会议在北京长城饭店如期举行，参加研讨会的只有海信、TCL、广东志高、新科和奥克斯自身五家企业。研讨会虽然由于几个空调大佬的缺席而留下遗憾，但也小有成果——在与会企业中成立了"质量联合体"，即承诺任何时候都不得降低产品的质量标准，共同保护"免检产品"这块金字招牌。当然更大的成果奥克斯秘而未宣，那就是它通过在京召开行业峰会，吸引了国内几乎所有主流媒体的注意，同时也为其几天后对全国市场40款主流机型实行全面降价的"将空调的'贵族外衣'一脱到底"大行动赢足了"眼球"。后者尤为奥克斯此次策划的主要目的。

2002年4月20日，奥克斯向外界首家披露了空调成本白皮书，大曝行业"秘密"，并宣布十款主力机型全线降价。据奥克斯称，一台1.5匹的冷暖型空调的生产成本为1378元，加上销售费用370元、商家利润80元、厂家利润52元，市场零售的标准价应该是1880元。

美的、格力、海尔、科龙、格兰仕等企业相关负责人在听说奥克斯的"空调成本论"后，均不约而同地斥之为"绝对的炒作"。一位业内人士指出：奥克斯作为新军，其真实的产量规模远远无法与一二线品牌相比，其抛出的所谓成本价，难以作为行业标准。

此举被奥克斯自诩为"启动核按钮"，虽然不免夸张，但其引发的冲击波的确在一定程度

175

上波及了包括同行、商家、配件厂、消费者在内的整条空调生态链。直至今日,仍"余震"不断。

公布产品成本明细历来是行业之大忌。奥克斯此次破釜沉舟,表明了它企图迫使国内空调行业重新洗牌的决心和信心。

时隔近一年之后,权威财经媒体《销售与市场》、《经济观察报》在对 2002 年度中国经典营销案例的总结评选中,奥克斯"成本白皮书成功祭起价格大旗"的策划案高票入围,成为空调类产品中唯一获此荣誉的企业。

不可否认,奥克斯的这两次策划是独特而富有想象力的,也在一定范围内给奥克斯赢得了不小的知名度,但其负面效果却远远大于正面效果。一是要想在行业内发起一场联盟运动,前提是要有雄厚的实力和广泛的行业号召力,显然奥克斯在空调业还不是"龙头老大",尚不具备一流的品牌效应和行业号召力,无法起到"一呼百应"的效果。二是你想当盟主也好,要制定标准也罢,只要不去伤害别人,别人往往一笑置之。但问题是在这两次策划中,奥克斯上攻高价品牌,下打杂牌部队,把同行基本上都得罪完了。所以,对于奥克斯来说,其实这两次策划都不具有可行性,但奥克斯生硬实施策划,最终导致自己陷于孤军奋战的不利局面。

六、灵活应变原则

灵活应变原则是与客观现实原则、可行性原则相互配套的。所谓机变性就是随机应变。它是指用发展的眼光来灵活对待策划活动,在策划过程中准确地掌握相关情况变化的信息,根据现实的变化及时地调整策划目标,修正策划方案,并采取应对措施,以保证策划的顺利进行。

现实生活是动态的,策划本身也是一个动态的过程,它不是一成不变的,也不是机械刻板的,而是有弹性、灵活的,具有调适性。灵活应变原则所强调的就是在策划的具体实施过程中,要遵循与时俱进的原则,要因时、因地、因人而进行,根据环境的变化不断调整实际的环节,随时做好应对突发事件的准备。实际上,也就是把运动变化发展的观点作为策划学的哲学根据。

[案例]

"寻找成都男孩",英特尔成为焦点

2002 年 5 月的第二个星期,英特尔 CEO 贝瑞特开始了第六次中国之行。出发前他说:"美国只占世界人口的 4%,我要征服另外 96% 的人心。"在他野心勃勃的目标里,中国无疑占据了重要地位。因为征服了中国市场,就等于征服了世界五分之一的人心。

要想征服中国人的心,必须赢得中国人足够的关注。为此,英特尔为贝瑞特的此次中国之行进行了精心策划,在成都发起的"寻找成都男孩"活动就是一个最好的证明。

5 月 11 日,贝瑞特在抵达成都后不久,就向蜂拥而至的成都各媒体记者出示了一张照片。这是一张由英特尔公司工作人员于 2001 年 7 月 27 日 16 时 11 分在成都某电脑城抓拍

的照片,照片的主角是一个身着白衣黄裤的小男孩,正一心一意地玩着电脑,眼睛中似乎充满了对这台电脑的渴望,该照片为侧身照。贝瑞特希望成都媒体帮助找到这名男孩,并表示要满足这名成都男孩"想拥有一台更好电脑"的愿望。

5月12日,成都各媒体均在版面显著位置上隆重推出贝瑞特急找"幸运男孩"的消息,同时这一事件也开始成为成都市民谈论的话题。

5月13日,小男孩浮出水面,但结果却具有戏剧性,成都三家主要的报纸竟然找到了三个不同版本的"成都男孩"。《成都商报》找到的王佳宇、《成都晚报》找到的汪琪明和《天府早报》找到的方子昂,都与贝瑞特提供的侧面照极为神似。这一变故更使这一事件成为全成都关注的焦点。

5月14日,面对成都三家媒体的不同结果,英特尔公司又喜又"恼"。但谁才是贝瑞特要找的小男孩呢?为进一步印证,英特尔中国公司发来了三张拍摄于前一年7月同一时间和地点的小男孩的正面照,并承诺三个男孩均有礼品。

5月15日,英特尔中国公司与成都媒体联系,称仍未能确定各媒体报道的男孩中到底哪一位是贝瑞特要寻找的人,表示将派人赴蓉与成都媒体报道的三名男孩面对面,进而作出确认。

5月17日上午,经过一个小时与三位成都男孩面对面,这张照片的拍摄者、英特尔公司中国区总监庄海鸥给出了一个意料之外却又是情理之中的答案:考虑到确认"主角"对另两位男孩及家庭可能带来不良感受和影响,他拒绝指认哪一位是"真"的成都男孩。庄海鸥说,从感情上讲,三个成都男孩都是真的,都将获得一台英特尔赠送的世界上速度最快的个人电脑,并随时享有由英特尔提供的终身免费培训。

对于这一个皆大欢喜的结果,已经回国的贝瑞特专门从美国发来电子邮件,对英特尔中国公司向成都三名男孩各赠送一台电脑的决定深表满意。贝瑞特在发给中国区市场总监庄海鸥的邮件中说:"我本想满足一个成都男孩的心愿,你却让我满足了三个成都男孩的心愿,让三位孩子高兴,我更高兴。"

其实单以最初的"寻找成都男孩"来说,就已是一个足以赚到"眼球",凸显英特尔品牌的好策划。因为这个活动,本属于IT新闻的贝瑞特来访,最后竟演变成一个人人关注的社会新闻,使他的成都之行满城倾动。更令人叫绝的是,策划实施过程中对于突然出现的意外的处理,使整个事情变得更曲折、更有趣,也更好看。使媒体更投入,使老百姓更关注,当然也使得策划的效果远远超过了原先的预计。

英特尔公司在处理突发事件时的灵活应变可圈可点,到最后谁是真正"成都男孩"已经不重要了,因为英特尔公司的品牌宣传已经超额达到了他们的目的。

可见,灵活应变原则是完善策划的重要保证,它要求在策划中要处理好机遇与规律的关系。规律是客观的、必然的,而机遇是随机的、偶然的,二者要达到统一,就是要既充分发挥人的主观能动性,又要顺应客观发展规律。也就是说,在策划过程中,要善于掌握、利用、巧用规律,顺应必然规律,及时抓住机遇。具体来说:

（一）增强动态意识和随机应变观念

因为谁也无法预测偶然事件的发生,客观因素的变化影响了计划的进行,就需要灵活应对,以应付不测之变。因此可以说,任何策划都是处于高度机动状态的活动,策划者必须深刻认识策划的这一本质特征,从思想深处建立起自觉的机变策划的观念。

（二）了解掌握主体对象的变化信息

必须不停地广泛了解、全面搜集和及时分析并加工处理这些信息,为策划提供具有真实性、时效性、系统性和可靠性的信息资料。尤其是面对一项策划方案孕育时间较长的策划对象时,客观环境的变化是难以让人意料的,总会有一些因素在时间的推移中发生变化。策划者就应当对这样的事件与信息了如指掌,否则只能说是一项失败的策划方案。

[案例]

福特营销史上的一大败笔

"野马"可以说是福特营销历史上最成功的例子,而埃德塞尔(Edsel)汽车则是福特营销历史上的一大失败。

没想到的是,推出埃德塞尔汽车用了十年多的时间。1957年9月4日,埃德塞尔汽车作为1958年福特的新型汽车终于推向了市场,然而埃德塞尔推向市场后的结果却令人大失所望。推出当天,订单达6500份,还算可以,但接下来的几天,销售情况却急剧下降。10月13日,星期天晚上,福特公司在电视上推出了大量的广告,但情况仍不见好转。直至第二年11月,埃德塞尔系列新车型面世,销售才稍有转机。第三年9月中旬,虽然推出了埃德塞尔第三个系列产品,却没有造成任何影响。11月19日,埃德塞尔被迫停止生产,以失败告终。

为什么经过十年左右精心策划的埃德塞尔会失败呢?原因有很多,其中一个重要的因素就是,车型有悖于市场环境。那又为什么会出现这样的失误呢?原因就在于客观环境发生了变化,一些因素在时间的推移中也发生了变化,而策划却没有变。由于埃德塞尔策划时间较长,在市场调研期间正是美国经济景气繁荣之时,而在50年代末埃德塞尔推向市场之时,美国经济开始出现衰退。如果说原来市场看中中价位的汽车,而在经济不景气时,经济型汽车逐渐占据了大众的心。更不利的政策因素是,美国交通安全局那时开始限制生产大马力的汽车,因为他们把高速公路的意外事件归于此。美国汽车制造协会回应美国交通安全局的批评,签署了一项同意书,禁止汽车就马力、速度刊登广告。埃德塞尔过去力捧的车型大、动力强劲、加速性好等,卖点一下子变成了弱点,使汽车的销售大打折扣。

（三）依据变化了的情况适时地调整策划目标,修正策划方案

当客观情况发生变化影响到策划目标的基本方面或主要方面时,就需要对策划目标作必要的调整,自然也就要对策划方案进行修正,以保证策划方案与调整后的策划目标相一

致。但是,在修正策划方案时也应当把握住机变的限度,根据变化了的客观情况对策划的目标进行调整和对策划方案进行修正。这种调整和修正并不是随意为之,而应当把握一定的限度:一是要看变化信息的可靠性,根据信息的可靠程度来决定是否对策划方案进行调整、修正;二是看变化的程度,即变化的范围和幅度,以此来决定调整和修正物幅度;三是看调整和修正后的效益度,一旦对策划目标和方案分别作出调整和修正,就要充分估计将会产生的实际效益,看效益是否增加了,有没有带来负效益。

七、整体原则

整体原则就是在策划活动中,要使所策划的工作或活动的各个组成部分、各个子系统相互协调、统一,要有目的地保持总体的最优化。

整体原则是策划的一个重要原则。策划是一个系统工程,不是一个人能够完成的,也不是一件单独事件。这就需要策划者在整体上遵循一个原则。

我国古代策划活动就非常重视整体性原则的运用,"田忌赛马"的故事就很好地体现了整体性的重要。

现代社会,策划的整体原则变得越来越重要。随着社会化大生产的形成,社会活动的日益复杂多样,活动规模层面越来越大,相关事项也越来越多,策划活动所处理的数据资料也更多、更复杂。这就更要有一个合理的整体性策划,把各方面活动有机组合起来,以规范约束每个人的行为,从而更好地为预定的目标服务。

经验和教训都说明,策划者必须时刻遵循整体性原则,离开整体性去搞策划,必然会导致短期、狭隘行为,使长远、全局利益受损。

(一)全局性

注重研究全局的指导规律,局部服从全局,以全局带动局部。为了全局甚至不惜特殊和舍弃局部。有时虽然局部蒙受了损失,但从全局着眼,局部的舍弃可以换来全局的胜利。

(二)长远性

整体性原则的着眼点不是当前而是未来。具有远见的策划者,绝不会只顾眼前而不顾及长远。有些事情,尽管从眼前看是有利的,但从长远看却是有害的,如为了眼前利益而牺牲长远利益,这就叫作缺乏谋"势"的眼光。正如"杀鸡取卵"一样,得到了鸡肚子里现有的蛋,却以鸡长远下蛋机会的失去为代价。立足眼前,放眼未来,照顾眼前与长远的关系,是实现整体性原则的紧要之点。

(三)层次性

策划活动是个系统工程,而系统工程是有层次的,有大系统、小系统,有母系统、子系统。对不同层次的系统,就有不同层次的策划,就要体现不同层次的整体性。全局和局部的划分是相对的,子系统的全局相对于每个系统来说,只是后者的一个局部。局部应服从全局,因此,考虑制定下一个层次的策划时,应该同上一层次的战略要求相符合,而不能相背离。

八、协同创优原则

这个原则就是指在策划具体实施过程中整合各种资源,使各种资源协同作用,以创造出新的效果,达到更理想的目标。

"整合"一词是一个合成词,"整"就是调整、整顿,"合"就是组合、协同。整合各种资源就是将相关联或不相关联的事物联系起来,创造出新的价值,而这个整合的过程就一定必须符合协同创优的原则。

协同产生新效应。协同的各方既存在竞争又存在互利,竞争是实际存在的,真正的协同不是掩盖竞争,不是回避竞争,策划的目的在于找到超越竞争的协同机制,通过协同机制创造良性的竞争,将双方的竞争引向更大的竞争系统,并转化为联合对外的合力。

策划学的协同创优原则是"协同学"在策划领域的应用。协同学是德国斯图加特大学理论物理学家哈肯教授于 1973 年创立的一门新兴的横断学科,它研究自然、社会等各个不同系统在一定的外部条件下,系统内部各子系统之间通过非线性的互相作用产生协同效应,这种效应表现为从无序状态向有序状态转化,又从有序状态向混沌状态转化的机理。

中国古代的"中和"、"中庸"的理论,蕴含着深刻的协同哲理,求同存异,执两用中。战国、三国等时期有许许多多讲中庸的协同事例,如合纵连横、孙刘联盟等。现代的国际企业大兼并都是基于协同创优的策划原则,如中科院计算机所新技术发展公司(北京联想的前身)与香港导远公司及中国技术转让公司合作;中国银行和中国农行的合作联盟;杨澜的阳光集团对传统媒体的并购,等等。在现代商战中,企业兼并如果能有效地利用协同创优原则,将为合作各方带来巨大的效益。

第三节　策划的若干操作技巧

一、占领制高点

就是策划者在进行策划的时候,要能够超越此时此地的时空限制,占领制高点,只有站得高,才能望得远,才能更具前瞻性和预见性。登高望远,方能一览众山小,这种起点较高的策划,往往能带给人耳目一新、高屋建瓴的感觉,也有利于控制事物的全局,有利于掌握事物的发展和运行状态。

[案例]

遗憾没办全省婚庆服饰节

某策划公司为婚庆服饰企业策划了一个大型婚庆活动——××杯婚庆服饰节。在立项上本可以向省妇联打报告申请立项,结果策划认为这工作量太大,就放弃了,只在当地妇联立了项。后来活动取得成功之后,另一家婚庆礼品企业效仿之,他们在省妇联进行了立项,声势做得很大,使前一个活动相形见绌,也使前一家企业失去了一大片市场。

这就是前一个策划公司没注意占领制高点而造成了损失。如果一开始就考虑办一个省级范围的活动,占领制高点,也就会少了一个竞争者。

二、巧借东风

就是要善于借势,是指借助外部力量或热点事件的影响力,借用别人的优势为我用,站在巨人的肩膀上去做事,以达到事半功倍的策划效果。

《三十六计》中说,借局布势,力小势大。鸿渐于陆,其羽可用为仪也。意为借助某种局面或手段布成有利的阵势,兵力弱小但可使阵势显出强大的样子。其实说的就是这个"借势"。

[案例]

蒙牛神五奇迹营销

2003 年,最令国人振奋的事件无疑当属"神舟五号"载人航天飞船的成功发射与回收。"神五"实现了中国人的飞天梦想,成为中华民族伟大复兴的重要象征。航天工程历来都是一个国家科学技术和综合国力的表现,会推动国民经济和社会的发展。同时"神五"升空,也是提升中国国家形象的一项重要工程。借势"神五"成为各行各业的契合点,这其中不少企业适时把握了这个千载难逢的良机,全力以赴打造品牌。但各企业之间在"神五飞天"事件营销上有很大差距,赞助"神五"的企业很多,但今天能够清晰记住的首推蒙牛。根据央视市场研究公司品牌成长检测系统 2004 年 2 月份的最新数据显示,蒙牛品牌在乳业品牌的各项指标评估中都排在第一位,抓住"神舟五号"上天的契机,蒙牛成功地进行了一次借势飞升的营销战。那么蒙牛借势"神五"一飞冲天的秘诀何在呢?

现在人们都知道 2003 年蒙牛成为中国航天员专用乳制品。事实上,早在 2001 年,蒙牛就已经和航天部门订下合作协议,中国航天城里的航天员就开始饮用蒙牛牛奶。

我国首批航天员候选者共 14 人,个个都是万里挑一的空军精英、现役歼击机飞行员。在中国,数百名军人中,才选拔一名空军;数百名空军中,才选拔一名战斗机飞行员;数百名战斗机飞行员中,才选拔一名航天员候选人。对航天员来说,关键时刻体重增加或减少一公斤,往往会影响到他们的职业生涯。尽管航天城里的食品也是"万里挑一",但牛奶这个产品太特殊了,它有双重功效:既增体能,又保体型。中国载人航天工程的专家们对牛奶分外重视,对蒙牛的乳制品"从市场到工厂,从工厂到牧场,最后从牧场回到现场"。

为了将"中国航天事业合作伙伴"这一荣誉争取到手,孙先红先后四五次赶到北京与航天部门接洽,并多次组织航天载人工程研究所的专家到蒙牛考察,考察过程非常仔细,包括公司的奶源、生产设备、市场流通等环节,并进行多次物理、化学、微生物学的分析。最后经中国载人航天工程严格筛选、检验、认证,认定蒙牛乳制品符合航天员专用标准,2003 年 4 月被确定为中国航天员专用乳制品。

在"神舟五号"飞天前几个月,蒙牛就已经开始运作,从创意、拍片到媒介计划和购买,进行得比较从容。

181

蒙牛产品来自蒙古大草原,具有远离污染、贴近自然的优势,所以"健康奶"是它给一般消费者印象最为深刻的认知。不仅如此,蒙牛产品源自更科学的工艺配方,既保证口味、卫生,更保证了人们喝奶时最希望获得的营养和健康。蒙牛希望借助"神五"的宣传,推广其"健康是强国之路"的品牌主张。"神五"载人航天在中华民族发展史上是开天辟地的大事,"神五"上天又说明中国已经强大起来了。因此,蒙牛将口号定为"蒙牛牛奶,强壮中国人",既体现蒙牛作为民族品牌为中国的航天事业尽心尽力的表率,又为蒙牛牛奶作为"航天员专用牛奶"作宣传;另一口号"举起你的右手,为中国喝彩"同"蒙牛牛奶,强壮中国人"的品牌信息紧密结合,由此树立起一个具有民族内涵的品牌形象,从而提升蒙牛的品牌魅力。与这一大事件进行捆绑,有助于蒙牛建立起一个鲜明的"健康奶"的品牌印象。

2003年10月16日早上7点,"神舟五号"一落地,门户网站第一时间出现了蒙牛的广告,9点左右,蒙牛在中央电视台的广告成功启动。中午12点,所有电视广告、路牌广告也都相继在北京、广州、上海等城市实现了"成功对接",全国三十多个城市的候车厅被蒙牛的广告占据。蒙牛的所有户外广告做了四个版本:女性版面、男性版面、儿童版、老人版,同时,印有"中国航天员专用牛奶"标志的蒙牛牛奶相继出现在全国的各大卖场。

"蒙牛牛奶,强壮中国人"和"蒙牛牛奶,航天员专用牛奶"的口号,仿佛一夜间充斥着整个城市的大街小巷。杨利伟和蒙牛都吸引了所有媒体的注意,可以说蒙牛这一次赚足了社会公众的眼球。从2004年1月起,蒙牛液体奶销量已经连续30个月居全国奶类销量之冠。

受载人航天精神的鼓舞,整个蒙牛团队中都充满了一种奋发向上、积极进取的精神风貌。这一年,蒙牛销售额达到51亿元人民币。这一年,蒙牛更是载誉而归。"蒙牛航天事件营销"被评为"中国十大广告运动"之一。"蒙牛牛奶成为中国航天员专用牛奶"新闻传播活动,被评为"中国广告业十大新闻"之一。总策划人孙先红本人被评为"中国十大营销操盘手"之一。

2004年10月27日,我国最高规格广告奖项——中国艾菲奖经过三天案例评选,谜底在成都最终揭晓,蒙牛牛奶航天员系列广告一举夺得金奖。

艾菲奖创立于1968年,是纽约美国营销协会为表彰每年度投放广告达到目标,并获得优异成绩的广告主、广告公司所专门设置的特别广告奖项,它与夏纳奖、克里奥奖并称世界三大广告大奖。2001年,美国营销协会特许授权艾菲奖进入中国,称为中国艾菲实效奖,享有与艾菲国际同等的权威性。

在航天事件营销中独具慧眼的决策人牛根生,在2004年召开的中国第二届策划大会上,与张瑞敏等人被授予"中国策划最高奖"。

借势有借大势、借优势、借形势之分。

1. 借大势

人们往往说大势所趋,就是指事物的发展规律。比如我国每五年制定一个五年发展计划,这就属于国家发展的发市方向,就应该掌握。掌握大的发展趋势,有利于在策划时保持主动。

2. 借优势

借优势一方面要了解掌握本企业本单位的优势,另一方面要了解掌握竞争对手的优势,知己知彼。

3. 借形势

古人说,识时务者为俊杰,指的是要认识当前形势,掌握当前形势,这种人才聪明出息。策划人亦是如此。

具体操作时,需要策划人准确判断什么样的事件是可以搭乘的好机会。一般来说,社会重大事件属于此列,包括政治的、社会的、经济的、文化的,等等,像"两会"、党代会、奥运会等。如海尔的小康列车巡展活动就是抓住党的十六大提出的"建设小康社会"这一宏伟目标而实施的策划活动。其次,可以利用同行的相关行动来实现自身的行动策划。如 1999 年 3 月,当微软联合国内信息、家电巨头联想、海尔、步步高、四通四家公司推出"维纳斯计划",但却迟迟没有产品上市。这时,海信率先推出网络机顶盒产品,成为"维纳斯计划"雷声中的第一滴雨,一时间成为媒体追捧的对象,形成了一股"海信热"。

但值得注意的是,策划人在搭乘顺风车的时候,一定要有理性判断,不能盲目跟风,也不能为了借势而借势,不恰当的借势非但不能起到良性的效果,有时还会浪费资源。

三、重视信息

占有大量的市场信息是策划及实施成功的基础和保证。策划活动是在掌握大量而有效的信息基础上进行的,没有这些及时准确的信息的存在,将导致策划的盲目性和误导性。当今社会是一个信息社会,信息在策划中越来越重要,这就要求策划人一定要重视信息。

策划所要求的信息必须是准确、及时、适用的。信息的传递必须做到:提供尽可能详尽而有效的信息源;建立尽可能多的信息传递渠道;尽可能保持信息传递的交互性;充分提高信息传递的有效性。

[案例]

欧米茄:世界上第一只登月手表

在美国人即将实施"阿波罗登月计划"时,瑞士欧米茄手表公司打听到三名宇航员中有一位戴的是欧米茄手表。厂家认为这是一个绝佳的促销机会。欧米茄公司立即派人去美国商谈赞助,条件是买断手表指定权。美国宇航署获得了这笔当初没有想到的赞助费,同意欧米茄为太

图 7-1　瑞士欧米茄手表

空手表,并让另外两位宇航员也戴上欧米茄手表。在登月的当天,报纸上刊出了"世界第一只登月手表欧米茄,谨向美国太阳神探月英雄致敬"的整版广告。随着登月计划的完成,欧米茄手表的销量立即大增。

这个案例的成功之处就在于策划人员及时充分挖掘和运用了信息,抓住千载难逢的机会,成功促销。

四、把握心理

消费者的任何购买活动,都是在一定的情感推动下完成的。消费者心理真实需求把握得准确与否,决定着策划的成败。

消费者消费心理是很微妙的,也许消费者表现出来的并不是消费者真正的内心感受,策划者若不能准确把握消费者心理,就有可能"差之千里"。所以在策划过程中,要注意运用心理因素,动之以情。

[案例]

速溶咖啡的消费心理

20世纪40年代,速溶咖啡脱颖而出,在市场上初露头角。照理,速溶咖啡不仅品质高,口味好,而且饮用方便,不需烧煮,上市后一定大受欢迎。然而事实却与此相反,这种速溶咖啡投入市场后,消费者反应冷淡,销路不畅。厂方市场营销人员会同广告人员、消费者心理学专家对此进行调查研究,分析结果发现,毛病出在广告上。由于广告词一味强调速溶咖啡的快速简便,使众多家庭妇女产生偏见,认为只有那些懒惰的、生活无计划的、邋遢的人才去购买速溶咖啡。症结找到了,广告设计人员立即改变过去广告中的内容,从强调使用简便这一特点,转向突出新潮咖啡与新鲜咖啡同样具备美味、清香、质地醇厚的特点,并邀请当时的总统罗斯福为其做广告。在罗斯福总统的那句"滴滴香浓,意犹未尽"的感召下,美国的家庭主妇的偏见慢慢地消除了,争相品尝速溶咖啡的醇香美味,从此速溶咖啡迅速地打开了销路,成为西方咖啡消费的主流。

五、注重细节

细节决定成败。凡做一件事,在事先都需要周密的布置与策划,只有用理性的思维对未来之事作必要的统筹策划,才有可能取得圆满的成功。

当然,在运用制定的策略之时,每一个步骤都需要考虑清楚,慎重行事,否则稍有不测,就有可能使行动失败。一个坏的微小的细节,如果不加以及时地引导、调节,会给整个策划带来"龙卷风"般的灾难。"老谋深算"在一定意义上反映了策划者总是力求疏而不漏,周全稳妥。世界上本无十全十美之事,任何策划也不可能尽善尽美,因此,凡策划不可能百分之百地求全,只能在慎重之中求周全。但周全是相对的,不周全是绝对的,于万变之中求不变,于不周全中求周全,才能立于不败之地。

思考题

1. 策划的本质是什么?
2. 如何正确把握策划活动中的利益原则?
3. 如何正确把握策划活动中的灵活性原则?
4. 策划的可行性可以从哪些方面来考量?
5. 结合实例,谈谈策划中信息的重要性。

第八章

不同类型的策划活动

前面的章节里,我们已经介绍过,根据不同的标准,策划活动可以有许多不同的类型。本章选取其中几种目前在实践中运用较广泛的策划活动,经典理论与实际案例相结合,对每一类型策划的定义、特点、操作流程、操作原则等进行详细介绍。

第一节 促销策划

一、什么是促销策划

促销策划是在市场目标的导向下,使促销与多种市场工具实现良好交互作用的策略设计、策略评价和策略控制过程;同时,它也是追求促销投入效益最大化,通过提供一些临时性的附加利益来进一步实现对消费者、中间商或内部销售人员的积极影响的策略规划活动。

一个好的促销策划往往能起到多方面作用,如提供信息情况,及时引导采购;激发购买欲望,扩大产品需求;突出产品特点,建立产品形象;维持市场份额,巩固市场地位,等等。其最终目的就在于:整合、集中企业各类优势信息,刺激消费者,提高品牌影响力,提升知名度与美誉度,树立并展示企业品牌形象;唤起消费者自身或潜在需求,充分利用各类有吸引力的产品信息和活动,吸引顾客进店关注乃至消费;促成消费者直接购买行为,达成业绩销售目标;应对市场,狙击竞品。

二、促销手段与促销策划的策略

(一)促销手段

1. 降价式促销

降价式促销就是将商品低于正常的定价出售。其运用方式最常见的有库存大清仓、节庆大优惠、每日特价商品等方式。

库存大清仓——以大降价的方式促销换季商品或库存较久的商品、滞销品等。

节庆大优惠——新店开张、逢年过节、周年庆时，是折扣售货的大好时机。

每日特价品——由于竞争日益激烈，为争取顾客登门，推出每日一物或每周一物的特价品，让顾客用低价买到既便宜又好的商品。低价促销如能真正做到物美价廉，极易引起消费者的"抢购"热潮。

2. 打折式优惠

一般在适当的时机，如节庆日、换季时节等打折以低于商品正常价格的售价出售商品，使消费者获得实惠。

（1）设置特价区

就是在店内设定一个区域或一个陈列台，销售特价商品。特价商品通常是应季大量销售的商品或为过多的存货，或为快过保持期的商品，或为外包装有损伤的商品。注意不能鱼目混珠，把一些变质损坏的商品卖给顾客，否则，会引起顾客的反感，甚至会受到顾客投诉。

（2）节日、周末大优惠

即在新店开业、逢年过节或周末，将部分商品打折销售，以吸引顾客购买。

（3）优惠卡优惠

即向顾客赠送或出售优惠卡。顾客在店内购物，凭手中的优惠卡可以享受特别折扣。优惠卡发送对象可以是由店方选择的知名人士，也可以是到店购物次数或数量较多的熟客，出售的优惠卡范围一般不定，这种促销目的是为了扩大顾客群。

（4）批量作价优惠

即消费者整箱、整包、整桶或较大批量购买商品时，给予价格上的优惠。这种方法一般用在周转频率较高的食品和日常生活用品上，可以增加顾客一次性购买商品的数量。

3. 有奖式促销

顾客有时总想试试自己的运气，所以"抽奖"是一种极有效果的促销活动。因为抽奖活动一定会有一大堆奖品，如彩色电视机、洗衣机等，这样的奖项是极易激起消费者参与兴趣的，可在短期内对促销产生明确的效果。通常参加抽奖活动必须具有某一种规定的资格，如购买某一商品达到一定的数量，在店内消费达到固定金额，或回答某一特定问题答对者。另外需要注意的是，办抽奖活动时，抽奖活动的日期、奖品或奖金、参加资格、如何评选、发奖方式等务必标示清楚，且抽奖过程需公开化，以增强消费者的参与热情和信心。

4. 竞赛式促销

竞赛式促销是融动感性与参与性为一体的促销活动，由比赛来突显主题或介绍商品，除了可打响商品的知名度以外，更可以增加销售量，如喝啤酒比赛等。此外还可举办一些有竞赛性质的活动，如卡拉 OK 比赛等，除了可热闹卖场之外，也可借此增加顾客对零售店的话题，加深顾客对零售店的印象。

5. 免费品尝和试用式促销

在促销之时，零售店可以在比较显眼的位置设专柜，免费品尝新包装、新口味的食品。

非食品和其他新商品实行免费赠送、免费试用,鼓励顾客使用新商品进而产生购买欲望。例如,许多连锁百货店设有美容专柜,免费为愿意试用新品牌化妆品的顾客做美容。国外零售店的香水柜台也常常进行免费试用。

6. 焦点赠送式促销

想吸引顾客持续购买,并提高品牌忠诚度,焦点赠送是一种非常理想的促销方式。这一促销活动的特色是消费者要连续购买某商品或连续光顾某零售店数次后,累积到一定积分的点券,可兑换赠品或折价购买。

7. 赠送式促销

赠送促销便是在店里设专人对进店的消费者免费赠送某一种或几种商品,让顾客现场品尝、使用。这种促销方式通常是在零售店统一推出新商品时或老商品改变包装、品味、性能时使用。目的是迅速向顾客介绍和推广商品,争取消费者的认同。

8. 展览和联合展销式促销

这是说在促销之时,商家可以邀请多家同类商品厂家,在所属分店内共同举办商品展销会,形成一定声势和规模,让消费者有更多的选择机会;也可以组织商品的展销,比如多种节日套餐销售等等。在这种活动中,通过各厂商之间相互竞争,促进商品的销售。

(二)促销策划的策略

根据促销手段的出发点与作用的不同,促销策划的总策略方式可分为两种:

1. 推式促销策划

即以直接方式,运用人员推销手段,把产品推向销售渠道。其作用过程为企业的推销员把产品或劳务推荐给批发商,再由批发商推荐给零售商,最后由零售商推荐给最终消费者,它强调的是企业的能动性。这种方式适用于:(1)企业经营规模小,或无足够资金用以执行完善的广告计划;(2)市场较集中,分销渠道短,销售队伍大;(3)产品具有很高的单位价值,如特殊品、选购品等;(4)产品的使用、维修、保养方法需要进行示范。

2. 拉式促销策划

即采取间接方式,通过广告和公共宣传等措施吸引最终消费者,使消费者对企业的产品或劳务产生兴趣,从而引起需求,主动去购买商品。它强调的是消费者的能动性。其主要路线为企业将消费者引向零售商,将零售商引向批发商,将批发商引向生产企业,这种方式适用于:(1)市场广大,产品多属便利品;(2)商品信息必须以最快速度告知广大消费者;(3)对产品的初始需求已呈现出有利的趋势,市场需求日渐上升;(4)产品具有独特性能,与其他产品的区别显而易见;(5)能引起消费者某种特殊情感的产品;(6)有充分资金用于广告。

三、促销策划的原则

在实际促销策划过程中,我们常常会陷入一些误区,活动"华而不实",过于追求噱头及眼球效应等。事实上,一份好的促销策划应该有其遵循的原则,只有在良好的原则体系下,好的促销策划案才能变成成功的促销策划案。

虽然促销的形式具有多样性,但是透过这些形式我们总能发觉其中的一些共性。那么我们在进行促销策划时应力求把握哪些原则呢?即抓住消费心理的新颖出奇制胜原则、利用产品特征突出优良形象原则、利用利益诱惑消费的导向原则。

1. 新颖出奇原则

这种促销的心理学原则就是利用消费者求新、求奇的心理来进行策划。盲目地跟进或模仿竞争对手的促销方式或内容,非常危险。一方面消费者可能对此形式已不再有新鲜感或兴趣,另一方面永远跟着竞争对手的策略,在资源上也是极大的浪费。比如,别人九折优惠,你最好不要盲目效仿,可以在这个基础上进行再创新,如适当开展有奖销售,在赠品策略、服务策略等方面下功夫,应能吸引更多的消费者。下面这两个案例都是啤酒促销,但采取了不一样的促销策划方案。

[案例1]

男孩撒尿雕像的启发[①]

比利时一家啤酒厂推出了一种新型啤酒,为了迅速打进市场,厂家想尽了各种办法,但是奏效不大。一天,厂家企划人员来到了布鲁塞尔市区一个公园游玩,这里有一个大广场,经常人山人海,公园中央有一尊小男孩撒尿的雕像。关于这个正做撒尿状的小男孩有一个妇孺皆知的"撒尿救城"的动人传说:早在比利时抗法战争时,法军安放炸药要毁灭这座城市,导火索点燃后,恰巧一个小男孩路过这里,情急之下,这个小男孩立即撒尿把导火索淋熄,从而保全了城市。人们为纪念他而为他雕塑了这尊像。面对此景,厂家企划人员急中生智,想出了一个促销创意。

啤酒厂经有关部门同意,将小男孩雕像清洗干净,选择一个节日做好了准备。节日这天,人山人海,中心公园无比热闹。天气很热,许多人口渴难耐。忽然,人们闻到从小男孩雕像处传来阵阵浓厚的啤酒芳香。有人大呼小男孩撒出的是啤酒(厂家事先安排),有人试着用杯子接啤酒,一喝,哇!好啤酒!消息传来,人们蜂拥而至,附近专门有人免费发放一次性纸杯。这一举轰动全城,很快,这家啤酒就迅速占领了市场。

[案例2]

不准偷看![②]

有一家饮食店,它在门家店前摆了一个大酒桶,颜色很醒目,装饰也非常漂亮。来来往往的街边行人都被吸引住了。然而这家饮食店老板却让伙计在大酒桶上面挂了一个牌子,上面大书:"不准偷看!"这种禁止反倒更加激起了人们的好奇心。许多行人都停下脚步,往桶边的小洞去看个究竟。一看之下不觉令人捧腹大笑。原来桶放着一张漂亮的女子画像,旁边写着:"我店与众不同,清醇芳香的生啤酒,一杯5元,请享用。"人们佩服这家饮食店真

---

①② 乔均:《企划知识讲座——第十讲企业促销策划(上)》,《销售与市场》1996年第11期。

是与众不同,那么生啤酒也许别有风味,抱着这种好奇心理进店试喝一杯,结果小店生意十分兴隆。

这两个案例是促销策中比较典型的求新、求奇策划。

第一个案例里,虽然促销方法用的是免费试喝,但是,促销工具、场地选择、时间选择都恰到好处。如果这三个客观要素有一个选择不当,那么企划人员事先的创意就难以实现。比如地点还是选择在城市中心广场,依然人山人海,但是促销工具不是小孩雕像,而是在广场设摊点搞免费试喝宣传等,这种促销创意的格调及创意的促销力要比选择小孩雕像的促销创意差得多。时间选择在节日,地点选择在城市广场,这为促销创意的效果提供了客观保证。若不是节日期间人山人海,若不是该天气温炎热,创意的诱惑力和宣传的轰动性就会差得多。这个促销创意步骤连贯、内容新颖、形式奇特。正是这些特征使得厂家完成了预期的设想。

第二个案例非常简明,就是利用消费者的好奇心理而进行的促销策划。它没有什么新奇的促销道具,只是利用一个"醒目"、"漂亮"的大酒桶以引人注目。这个策划方案的独特之处是在"不准偷看!"这四个字上。桶里有什么东西会不让偷看呢?正是抱着这种人皆有之的好奇心,人们反而要偷看一眼。正是这一看,让消费者看清了店家的宣传广告。如果不用这种促销程序,设想变化下,依然有个"醒目"、"漂亮"的大酒桶以引人注目,但是,不是用"不准偷看",而是直接将店家啤酒广告挂在大桶外边,那么整个效果也就完全不同了,店家宣传的"与众不同"恰恰是与众都同,消费者早已习惯了这种店家的自吹自擂,断然不会有消费者产生好奇而进店喝啤酒。

促销活动越来越要求在形式与内容上有所创新,以便吸引更多消费者参与,拉升销量。但创新要有一个基本前提:在要求促销策略创新的同时,也要确保促销活动具有一定的品位,以便一次促销活动下来换回一个较好的美誉度,给消费者一个美好印象。

当前市场上所进行的各种各样的现场促销,越来越注重各式各样的演员作现场表演,甚至认为要女演员穿得越少越好,以此吸引消费者注意力。如此一来,形式上有无创新暂且不论,但品位实在落败,很容易让消费者对整个促销活动产生"粗俗"的评价,甚至对产品销售造成不利影响。对于类似的现场促销,在"品位"上真的应多加小心,弄不好就可能给消费者留下一个"不良"的感觉,费力不讨好。[①]

2. 突出产品特征原则

促销除了利用消费者求新、求奇心理进行新奇促销策划外,企业还可以直接利用产品的特征(质量、款式、色彩、性能等)进行促销策划,以吸引消费者并引起消费行为的促销。这种利用产品特性的促销策划应以最大限度地塑造和突出产品的优良品质和形象为原则。

---

① 国强:《促销活动策划必须遵从一些基本原则》,http://blog.sina.com.cn/s/blog_6a5cb1be01015n0p.html。

[案例]

"兔撞试验"的发动机①

有一年,一架美国赛斯纳公司生产的"奖状号"飞机在下降时,遇到一只叼着兔子的老鹰。老鹰见到飞机很害怕,丢下兔子跑了。非常凑巧,掉下的兔子恰好被吸入飞机发动机。飞机在飞行时别说遇到兔子,就是遇到麻雀也会受到重大损伤。如果发动机被损坏,就会发生机毁人亡事故。但是,奇迹发生了,兔子撞到发动机后,飞机只是抖动了片刻,原来只是使螺旋桨受了点损伤,飞机平安地降落地面了。

这件偶然的事本没有什么了不起的,但加拿大普拉特·惠特民公司则立即看出这含有的巨大经济价值。因为这架"奖状号"飞机安装的PT6发动机正是普拉特公司生产的。于是,公司企划人员精心策划了一次宣传,大力宣传PT6发动机是世界上唯一经受过"兔撞试验"的发动机。确实世界上也没有哪家公司的飞机发动机用"兔撞"做实验,实际上也不敢作。普拉特公司借此机会在航空工业界赢得了声誉,许多航空公司都开始向普拉特公司订货,普拉特公司飞机发动机成了该行业质量的象征。

这个案例是件典型的偶发性被动事件,普拉特公司企划人员敏感地抓住了机会。这是一件突出产品质量特征再好不过的事例,这种"兔撞试验"是世界上唯一的,这种唯一性足以让普拉特公司击败所有同行。如果普拉特公司丢掉了这次宣传机会,那么,普拉特公司就不会有今天在航空工业界的地位。该公司善于把不幸事件转化为企业宣传的契机,实在是有着与众不同的眼光。

3. 利益诱导原则

很多情况下,商家的企划人员采取让利诱导(奖券、折价券、减价、赠奖、竞赛、交易印花、免费货品等)式促销策划。古罗马哲人马第尔说过:"礼物犹如鱼钩。"由于人类的贪利本性以及经济组织追求获利性的本能,让利促销几千年来一直被沿革使用。作为现代社会的企划人员应学会和掌握利益诱导原则,并在促销策划中的运用。

[案例]

有金币的乳酪②

风行世界的苏格兰立普顿红茶的开山祖师立普顿,由于他擅长心理宣传,从而使自己开设的食品批发店生意日渐隆兴。

有一年圣诞节,立普顿先生为使其代理的乳酪畅销,就想到欧美有一种传统的说法:圣诞节前后所吃的苹果若含有6便士的铜币,明年将终年吉利如意。立普顿从中受到启发,于是他在食品店每五十块乳酪中挑一块装进一个英镑金币。同时用轻汽球从空中散发传单,造成声势,以广招客。于是,成千上万的消费者在汽球的震撼与金币的诱惑下,拥进贩卖立

---

① ② 乔均:《企划知识讲座——第十讲企业促销策划》(上),《销售与市场》1996年第11期。

普顿乳酪的经销店,人们想买到有金币的乳酪。

立普顿的发达遭到竞争对手忌妒,他们向法院控告立普顿的做法有赌博的嫌疑。立普顿并没有因为对手的抵制而退缩,反而以退为进,在各地经销店张贴通知:"亲爱的顾客,感谢大家爱用立普顿乳酪。但若发现乳酪中有金币者,请将金币退回,谢谢您的合作。"果不出立普顿所料,消费者不但没有退还金币,反而在"乳酪含金币"的声浪中踊跃前往购买。苏格兰法院认为这已是纯粹娱乐活动,而不再加以干涉。

立普顿的竞争对手仍不罢休,又以安全理由要求法院取缔这次危险活动。在法院再度调查时,立普顿又在报纸上刊登了一大页广告:"法院又来一道命令,故请各位爱用者在食用立普顿乳酪时,注意里面有个金币,不可匆匆忙忙,应十分谨慎小心,方不至于吞下金币,造成生命危险。"结果是顾客更多,竞争对手也无招架之力了。立普顿乳酪因此占领了绝大部分市场,获得了巨额利润。

这个案例是企划人员利用金币进行促销,是典型的让利诱导促销。立普顿金币乳酪促销给今天的企划人员还有更多的启示。让利促销策划必须选择好所让利益与让利商品的结合,如果选择不当,消费者可能不会响应。如果乳酪里放的不是金币,而是一枚铜币;如果金币不是放在乳酪里,而是摇号抽奖等,结果可能就不是这样。再者,让利促销在当今有很大风险,由于世界各国都纷纷颁布了反垄断、反不正当竞争法案,让利太小,无法引起消费者兴趣;让利太大,极有可能违反法律。

当然,在运用利益诱导原则进行促销策划时,我们要做到利益明确、方便简单、可操作性强。促销对消费者的利益承诺要简单明了,利于广告传播。不能让消费者看过很长的文案之后还不知所云。利益点最好能用一句话的方式表达出来,引起消费者的兴趣或好奇。比如,科龙公司搞的"科龙空调、华宝空调千禧寻宝大行动",现场寻空调或照相机,一句话就足以引起消费者的兴趣,尽量减少了中间传播环节。再比如血尔公司搞的"血尔千人大赠送活动",企业与红十字基金会联合举办"预防贫血工程",将一千盒血尔口服液免费赠送给需要帮助的贫血者。这些都是利益明确、方便简单的促销方式。

四、促销策划的若干操作技巧①

在进行促销策划时,不是简单地硬打硬拼,而要讲究战术技巧的应用。

1. 借势打力

在竞争对手出招的时候,想办法把对方的优势转变成自己的优势,把对手的某种力量,通过一定的策略转化到自己手中。

比如,"利脑"是一个地方性品牌,高考期临近,在脑白金、脑轻松等知名补脑品牌纷纷展开促销,并请一些人现身实地说法时,利脑就掀起了"服用无效不付余款"的促销旋风。利脑作为实力弱小的品牌,在广告上无法跟大品牌打拼,而在促销上也无法进行更强大的投入。

---

① 部分内容参考龙啸:《死地促销法》,《中国商业评论》2006 年 9 月。

因此,只有在跟进促销中进行借力打力——采取"服用一个月,成绩不提升,不付余款"的活动。这一下,因为跟大品牌在一起,并采取了特殊策略,于是就有效地解决了消费者的信任问题,也提升了知名度。

2. 击其软肋

在与竞争对手开战前,一定要做到"知己知彼",这样才能决胜千里。实际上,竞争对手无论怎么投入资源,在整个渠道链条上都会有薄弱部分。比如,在渠道上投入过大,于是终端的投入就往往不够,如果在终端投入多了,在渠道上就往往会投入少了。再如,当面临中国区域时,可能会在某些区域市场不具有优势,这些都是很好的攻击机会。

比如,在摩托罗拉为自己的新品大打广告的时候,某些国产手机则迅速组织终端拦截,在拦截中,也大打新品的招牌,并且低价进入,以此将竞争对手吸引到零售店的顾客牵引一部分到自己的柜台、专区。在竞争对手忽略终端执行的时候,这种模式是最有效的。

3. 寻找差异

要学会进行差异化促销。比如,竞争对手采取价格战,你就进行赠品战;竞争对手进行抽奖战,你就进行买赠战。

比如,可口可乐公司的"酷儿"产品在北京上市时,由于产品定位是带有神秘配方的5～12岁小孩喝的果汁,价格定位也比果汁饮料市场领导品牌高20%。当时,市场竞争十分激烈,很多企业都大打降价牌。最终,可口可乐公司走出了促销创新的新路子:既然"酷儿"上市走的是"角色行销"的方式,那人们就来一个"角色促销"。于是,"酷儿"玩偶进课堂派送"酷儿"饮料和文具盒,买"酷儿"饮料赠送"酷儿"玩偶,在麦当劳吃儿童乐园套餐送"酷儿"饮料和礼品,"酷儿"幸运树抽奖,"酷儿"脸谱收集,"酷儿"路演……

4. 提早出击

当对手比你强大许多的时候,最好的应对方法就是提前作促销,让消费者的需求提前得到满足,当对手的促销开展之时,消费者已经毫无兴趣。

比如,A公司准备上一个新的洗衣粉产品,并针对B品牌策划了一系列的产品上市促销攻势。B公司虽然不知道A公司到底会采用什么样的方法,但知道自己实力无法与之抗衡。于是,在A产品上市前一个月,B公司开始了疯狂的促销——推出了大包装,并且买二送一、买三送二,低价格俘房了绝大多数家庭主妇。当A品牌产品正式上市后,由于主妇们已经储备了大量的B品牌产品,所以A产品放在货架上几乎无人问津。

所以我们要经常对竞争对手进行分析,对各竞争对手何时会启动促销大致做到心里有数,这样针对竞争对手的惯用手法就可以提前采取行动。

比如,在2005年,针对往年一些乳业公司以旅游为奖项的促销,身居"新鲜"阵营的另一乳业巨头光明早早地在华东地区推出了"香港迪士尼之旅",为自己的新鲜产品助阵促销,并首次在业内把旅游目的地延伸到了内地以外。"香港游"刚刚落幕,光明紧接着又与CCTV体育频道"光明乳业城市之间"节目结盟,同步在中国范围内举行以"健康光明喝彩中国"为主题的大型市场推广活动。其促销产品不仅囊括旗下新鲜乳品,还包括部分常温液态奶,奖项设置也再次破位,"百人法国健康游"成为诱人大奖。

5. 针锋相对

简单地说,针锋相对策就是针对竞争对手的策略发起进攻。

比如,1999 年至 2001 年期间,某著名花生油品牌大量印发宣传品,声称其主要竞争对手的色拉油产品没营养没风味,好看不好吃。2004 年,该品牌又改变宣传主题,说竞争对手的色拉油原料在生产过程中用汽油浸泡过,以达到攻击竞争对手,提升自己销量的目的。

6. 搭乘顺车

很多时候,当人们明知对手即将运用某种借势的促销手段时,由于各种条件限制,人们无法对其打压,也无法照样进行,但由于其可预期有效,如果不跟进,便会失去机会。此时,最好的办法就是搭乘顺风车。

比如,2006 年世界杯足球赛上,阿迪达斯全方位赞助。耐克则另辟蹊径,针对网络用户中占很大部分的青少年(耐克的潜在客户),选择与 Google 合作,创建了世界首个足球迷的社群网站 Joga. com,让足球发烧友在这个网络平台上一起交流他们喜欢的球员和球队,观看并下载比赛录像短片、信息、耐克明星运动员的广告等。数百万人登记成为注册会员,德国世界杯成为独属于耐克品牌的名副其实的"网络世界杯"。

7. 高唱反调

消费者心智是很易转变的。因此,当对手促销做得非常有效,而人们却无法跟进、打压时,那么最好就要高唱反调,将消费者的心智扭转回来,至少也要扰乱他们,从而达到削弱对手的促销效果。

比如,2001 年,格兰仕启动了一项旨在"清理门户"的降价策略,将一款畅销微波炉的零售价格大幅降至 299 元,矛头直指美的。六个月之后,格兰仕将国内高档主流畅销机型"黑金刚系列"全线降价。同时,美的也开展了火药味十足的活动,向各大报社传真了一份"关于某厂家推出 300 元以下的微波炉的回应"材料,认为格兰仕"虚假言论误导消费者",美的要"严斥恶意炒作行为";2001 年,美的还隆重推出了"破格(格兰仕)行动"。

8. 百上加斤

所谓"百上加斤"即是在对手的促销幅度上加大一点,比如对手降低三折,你就降低五折,对手逢 100 送 10,你就逢 80 送 10。在很多时候,消费者可能就会因多一点点的优惠,而改变购买意愿。

比如,某瓶装水公司举行了"进一箱(12 瓶)水送 5 包餐巾纸"的活动。开始的两个星期,活动在传统渠道(终端零售小店)取得了很大的成功。对此,另一家饮料公司则加大了促销力度,推出了"买水得美钻"的活动。即促销时间内将赠送 100 颗美钻,价值 5600 元/颗。采取抽奖方式,确定获得者。另外,在促销时间内,每购买两箱水,价值 100 元,可以获得价值 800 元的美钻购买代金券,在指定珠宝行购买美钻,并承诺中奖率高达 60% 以上。促销结果,火得出奇。

9. 错峰促销

有时候,针对竞争对手的促销,完全可以避其锋芒,根据情景、目标顾客等的不同相应地进行促销策划,系统思考。

比如,古井贡酒开展针对升学的"金榜题名时,美酒敬父母,美酒敬恩师";针对老干部的"美酒一杯敬功臣";针对结婚的"免费送丰田花车"等一系列促销活动,取得了较好的效果。

10. 促销创新

创新是促销制胜的法宝。实际上,即使是一次普通的价格促销,也可以组合出各种不同的玩法,达到相应的促销目的,这才是创新促销的魅力所在。

比如,统一"鲜橙多"为了配合其品牌核心内涵"多喝多漂亮"而推出的一系列促销组合,不但完成了销售促进,同时亦达到了品牌与消费者有效沟通,建立品牌忠诚的目的。统一结合品牌定位与目标消费者的特点,开展了一系列的与"漂亮"有关的促销活动,以加深消费者对品牌的理解。比如统一在不同的区域市场就推出了"统一鲜橙多 TV - GIRL 选拔赛"、"统一鲜橙多·资生堂都市漂亮秀"、"统一鲜橙多阳光女孩"及"阳光频率统一鲜橙多闪亮 DJ 大挑战"等活动,极大地提高了产品在主要消费人群中的知名度与美誉度,促进了终端消费的形成,扫除了终端消费与识别的障碍。

11. 整合应对

整合应对就是与互补品合作或联合促销,以此达到最大化的效果,并超越竞争对手的声音。

比如,看房即送福利彩票,小心中取百万大奖;又如,方正电脑同伊利牛奶和可口可乐的联合促销,海尔冰吧与新天地葡萄酒联合进行的社区、酒店促销推广。在促销过程中要善于"借道",一方面要培育多种不同的合作方式,如可口可乐与网吧、麦当劳、迪尼斯公园等的合作,天然气与房地产开发商的合作,家电与房地产的合作等;另一方面要借助专业性的大卖场和知名连锁企业,先抢占终端,然后逐步形成对终端的控制力。

12. 连环促销

保证促销环节的联动性就保证了促销的效果,同时也容易把竞争对手打压下去。实际上,促销活动一般有三方参加:顾客、经销商和业务员。如果将业务员的引力、经销商的推力、活动现场对顾客的拉力三种力量联动起来,就能实现购买吸引力,最大限度地提升销量。

比如,某公司活动的主题是"减肥有礼!三重大奖等您拿",奖品从数码相机到保健凉席,设一、二、三等奖和顾客参与奖。凡是购买减肥产品达一个疗程的均可获赠刮刮卡奖票一张。没刮中大奖的顾客如果在刮刮卡附联填写好顾客姓名、电话、年龄、体重、用药基本情况等个人资料寄到公司或者留在药店收银台,在一个月活动结束后还可参加二次抽奖。奖品设 34 英寸彩电到随身听等一、二、三等奖。如果年龄在 18~28 岁的年轻女性将本人艺术照片连同购药发票一同寄到公司促销活动组,可参加公司与晚报联合举办的佳丽评选活动(该活动为本次促销活动的后续促销活动)。这次活动的顾客参与度高、活动周期长、活动程序复杂,一下子把竞争对手单一的买一送一活动打压了下去。

13. 善用波谷

某纯果汁 A 品牌针对竞争对手的活动,进行了反击——推出了一个大型的消费积分累计赠物促销(按不同消费金额给予不同赠品奖励)。活动后没几天就受到竞争对手 B 更大力度的同类型促销反击。A 的促销活动原定是四周,见到竞争对手有如此强大的反击,便立即停止了促销活动。一周之后,A 的促销活动又重新开始了,但形式却变成了"捆绑买赠"。结果,虽然竞争对手花了巨大的代价来阻击 A 产品的促销,但 A 产品依然在接下来的一个月里取得了不俗的销售业绩。

第二节 广告策划

在中国广告恢复之初的近十年中,广告业处于一个"零策划"的时代。而时至今日,广告策划的观念从无到有,策划的呼声由弱渐强,策划的范围由小趋大,策划的效益愈加明显,尤其是进入 21 世纪以来,在广告主、广告代理公司以及广告媒介的合力推动下,现代广告进入了一个全面的、崭新的、策划的时代。

一、广告策划的概念

20 世纪 60 年代,一个名叫斯坦利·波利特的广告人率先提出了"广告策划"这一概念。斯坦利·波利特是英国伦敦博厄斯·马西来·波利特广告公司的创始人之一,他将"广告策划"的思想视为企业策划的核心内容介绍给广告业,并且不遗余力地加以推行。广告策划的理念逐渐影响了整个英国广告界,并传播至英国以外的欧美国家。美国以创作力见长的奇阿特·戴广告公司较早接受了这一理念,并广泛运用在广告推广活动中。随后,广告策划作为一种先进理念以及工作方法迅速地在西方广告界普及开来。可以说,广告策划的提出是现代广告活动科学化、规范化的标志之一。

我国引入"广告策划"的概念,大约是在 80 年代中期。之前也有有关"以消费者为中心"的西方理论的介绍,但这些译介当时并没有引起广告界的真正注意。直至 1986 年 11 月的成都会议上,为顺应市场发展的需求,由中国广告协会专业公司委员会率先在广告界提出"以策划为主导,以创意为核心,为客户提供全面服务"的响亮口号。这是自 1979 年恢复广告业之后对广告理论一次观念上的冲击,它迫使人们重新认识广告工作的性质及作用。广告工作开始走上向客户提供全面服务的新阶段,由此揭开了中国企业广告策划的序幕。

1989 年 4 月,上海的唐仁承出版了大陆第一本书《广告策划》专著,其后,北京的杨荣刚也出版了《现代广告策划》,初步构建了我国广告策划的基础理论体系。[1] 关于"广告策划"的概念,两位作者均有明确的界定。

唐仁承认为,现代广告策划就是对广告的整体战略和策略的运筹规划。具体是指对提出广告决策、广告计划以及实施广告决策、检验广告决策的全过程作预先的考虑与设想。

---

[1] 李道平:《实用策划学》,中国商业出版社 1996 年 6 月版。

　　杨荣刚则通过对广告策划流程的描述来定义之,他认为策划是通过周密的市场调查和系统的分析,利用已经掌握的知识(情报或资料)和手段,科学合理地有效地布局营销、广告战略与活动进程,并预先推知和判断市场态势和消费群体定势的现在和未来的需求,以及未知状况的结果。策划的概念有五个要素:策划者、策划依据、策划方法、策划对象和策划效果的策定和评估。

　　事实上,广告策划的含义有一个动态发展的过程,一直处在不断的充实和发展过程中。迄今为止,究竟什么是广告运动中的"策划",专家学者们也是各持所见,难以统一。从狭义的意义上去理解,策划就是对某一个特定广告活动的筹谋和规划,比如针对某个特定节日展开的促销活动的策划,针对某个电视广告创意展开的策划等。而从广义的意义上去理解,企业的所有活动,从产品设计、品牌建设、市场推广活动,公共关系的展开,媒体的组合运用以及贯穿在广告运动全过程中对广告效果测定,都可以被认为是"策划"。

　　在对上述概念进行梳理的过程中,北京广播学院广告学系也提出了有关"广告策划"的定义:所谓广告策划,是根据广告主的营销计划和广告目标,在市场调查的基础上,制订出一个与市场情况、产品状态、消费群体相适应的经济有效的广告计划方案,并加以评估、实施和检验,从而为广告主的整体经营提供良好服务的活动。

　　无论是哪一种定义方式,我们从中都可以看出广告策划的本质。这就是:广告策划实际上就是对广告活动过程进行的总体策划,或者叫战略决策,是一系列集思广益的复杂的脑力劳动,是一系列广告战略、策略而展开的研讨活动和决策活动。包括确立广告目标、广告对象、广告战略、广告主题、广告策略、广告创意、广告媒体选择、广告评估等;广告策划不是静止的,它的出发点是现在,落脚点是未来,是一种运动过程。广告策划是广告运作的主体部分,是在企业整体营销计划指导下做出的。

二、广告策划在广告中的作用

　　广告策划是对广告活动所进行的事前性和全局性的筹划与打算。广告策划在整个广告活动中处于指导地位。

(一)使广告活动目标明确

　　古语云:"凡事预则立,不预则废。"预,实际上就是事先做好充分准备并进行必要的策划。广告策划在整个广告中起的就是"预"这个词的作用。策划的作用在于确定主旨、规定范围。它能让顾客明确地知道,自己所要表达的是什么类型的产品,产品的长处,以及与其他同类产品的区别,展现出自己的优势所在。

(二)促进广告活动效益

　　优秀的广告策划可以让企业花少量的钱打开较大的市场,四两拨千斤;相反,糟糕的广告策划不但让企业大量的金钱付之东流,更恶劣的还会对企业和品牌的美誉度大大受损。企业通过广告使顾客了解到产品的性质,顾客就会凭自己所需选购适合自己的产品。它能使一项默默无闻的产品通过广告活动变得人竟皆知。

(三)使广告活动更具竞争能性

我们每天都在接触广告,可绝大多数的广告不但不能给我们带来快感和美感,反而令人生厌;或者像一个笨拙的求爱者,喋喋不休,不知所云,难以讨人欢心。广告主通过广告向顾客传达信息,顾客通过比较筛选选择适合自己的东西,它最能树立起企业或品牌的个性,使企业的形象或其品牌形象与竞争品牌有明显的区别。好的广告策划能提高核心竞争力,使广告活动更具竞争性。

(四)提高广告业的服务水平

策划是创造力与规划力的结合,是专业性和技术性很强的工作,既要有强烈的示差性,新异独特、与众不同,表现出明显的行业特色;又要有很好的识别性,蕴涵深刻、言简意赅、易懂易记;还要讲求艺术性,创意独到、赏心悦目,给人以美的享受。广告策划就是一个使人们得到快感与美感的过程,它能提高行业的整体服务水平。

三、广告策划的类型

(一)按广告活动规模划分

广告策划可分为两种:一种是系统性的,即为企业在某一时期的总体广告活动策划,也称整体广告策划。另一种是单独性的,即为一个或几个单一性的广告活动进行策划,也称单项广告策划。

1. 整体广告策划

整体广告活动是指多个按照统一的目标与计划开展的广告活动,是多个相关联广告活动的总和形成的广告系列,又称为广告运动对整体广告活动的策划。整体策划在统筹企业广告活动,集中力量树立商品品牌形象方面具有重要的意义。整体策划往往是为规模较大的、一系列的、为同一目标所做的各种不同的广告组合而进行的策划,有时甚至是超越了广告本身而谋求与其他营销手段合作的策划过程。整体广告活动策划具有规模大、持续时间长、内容复杂、难度高等特点。因此,整体策划并不是指广告活动中某个具体的设计制作业务,而是指企业广告决策的形成过程。

2. 单项广告策划

单项广告策划是指按照单一目标开展的某一项或几个单一性的具体广告活动。单项广告活动策划具有规模小、持续时间短、内容简单、难度小等特点。就像政府或者地方举办某一活动,如旅游节、美食节等,指定某个媒体为其做广告。例如,我们所熟悉的潘婷洗护系列,它有许多类型的洗护产品,所邀请代言的明星各具其一,其中每个明星所代言的一种产品的广告即为一个单项广告。单项策划往往是整体策划的组成部分,其策划的宗旨和目标指向应该与整体策划相一致。

广告策划可以是一个或大或中或小的概念。单一性的广告经过策划,可以增加广告的说服力。但是,要使企业及其产品与服务在消费者心目中占有一定的地位,往往需要整体性的广告策划。因为只有经过整体性的广告策划,才能使广告目标更集中,更有系统性和连续性,从而将广告的作用和效果充分发挥出来,这正是广告策划的意义所在。

[案例]

可口可乐进军中国市场的广告策划①

可口可乐是最早进入中国市场的跨国公司之一,其传统的全球经营哲学是 3A 原则(availability、affordability、acceptability),即要让消费者买得到、买得起、乐意买。为此,可口可乐公司推出了本土化战略 2L3O 理念(long term、local、optimism、opportunity、obligation),即长期、本地化,信心、机会、公民责任。但是,当可口可乐面对中国文化、中国消费者时,如何策划他们的本土化战略呢? 我们可以看到,可口可乐公司本着"本地化思维,本地化营销"(think local,act local)的理念,对可口可乐产品从名称选择、产品品牌矩阵组合、产品的包装组合、分销渠道到传播策略,进行了全面的重新策划。"本地化"是一个战略原则,而围绕此而展开的整合营销活动,就是最典型的宏观意义层面上的一场整体策划运动。

在"本地化"原则指向下的传播策略策划,就是一个中观意义上的整体策划运动。为此,一系列精彩的策划方案应运而生:

修改可口可乐的全球性广告战略,注入中国文化因素;

调整在中国的品牌形象;

起用本土明星代言广告;

广告形象融入丰富的中国元素;

公关活动的本土化;

促销活动培育"中国的可口可乐"……

而微观层面或者说单一意义上的策划,可以指归到某个具体的广告传播方案。比如,可口可乐在进入中国最初的大部分时间里,总是以最典型化的美国风格和美国个性来塑造自己的品牌形象。从 1999 年开始,可口可乐开始执行本土化策略,于是,在此后的每年春节,可口可乐相继推出了名为"风车篇"(1999 年)、"舞龙篇"(2000 年)、"泥娃娃阿福篇"(2001 年)等,在拍摄场景、视觉元素使用、形象代言人、情景画面等方面,充分体现出中国文化和中国气氛。

作为一个国际品牌,在既结合当地文化又不失自己"国际一流品牌"形象的战略决策上,可口可乐经过精心的一系列策划运动,获得了令人瞩目的成就。更值得骄傲的是,自 1999 年起,这些运动的策划者由亚特兰总部改为了在中国的广告公司。

(二)按广告策划内容的全面性划分

1. 战略性广告策划

战略性广告策划是指企业发展的广告战略规划,涉及范围较广,规模较大,时间周期较

---

① 马中红:《广告整体策划新论》,苏州大学出版社 2007 年版。

长且投资也较大。它是企业经营发展战略第一个重要组成部分,只有制定出一个科学的广告战略规划,企业的广告目标才会明确,广告活动才会更有针对性和实效性。

2. 战术型广告策划

战术型广告策划指企业针对细分市场,某些产品在一定时期内进行的广告活动所制定的广告规划,是在广告战略的指导下,进行的具体广告活动的执行计划。不同地方的民俗人情是不同的,就需要企业对不同地区的人们制定适合他们的广告。

3. 单一型广告策划

单一型广告策划指企业针对某一目标市场,某一产品在一定时间里进行广告活动所制订的广告执行计划,是对战术性广告策划的进一步细分化。如到了夏天,由于天气炎热,冷饮、饮料等商品销售紧俏,所以每当快到夏天的时候,我们总能看到冷饮的广告络绎不绝,但是一到冬天就消失得无影无踪,这就是单一型广告策划。

(三)其他类型的广告策划

根据广告活动目的不同可以划分为促销广告活动策划、形象广告活动策划、观念广告活动策划。

根据广告活动对象划分的不同可以划分为以消费者为对象的广告活动策划、以经销者为对象的广告活动策划。

根据时间划分可为长期广告策划、中期广告策划、短期广告策划。长期广告策划:一般是指一年以上,五年以下的广告策划,多为战略性计划。短期广告策划:多指一年以内某一时间段的广告活动策划。一般多用于临时性广告活动、季节性商品的广告活动、新产品推广期广告活动等方面的广告策划,又称之为辅助性广告策划。中期广告策划:介于长期广告策划与短期广告策划之间的广告策划。

广告按照其发起目的,可以分为营利性广告(商业广告)和非营利性广告(公益广告)两种类型。

四、广告策划的基本原则

广告策划是一个有着特殊规律的系统工程,也是一种创造性的思维活动过程。作为科学活动的广告策划,其运作有着自己的客观规律性。不同类型的广告在策划上会有很大差异,但广告策划的精髓需要我们深刻准确地把握,其中也有一些基本原则需要共同遵守。

(一)目的针对性原则

无论何种类型的广告策划,都带有某种明确的目的针对性。广告策划意在针对特定的消费者,充分调动他们的需求欲望。这就要求广告策划者要准确地把握广告对象,为什么要做这种商品的广告? 广告对谁说话? 说什么话? 如何说话? 选择什么时机说话? 通过什么渠道和媒体说话? 怎样才能使话说得漂亮,说得打动人心? 也就是说,怎样做才能使广告更有效? 等等。这些内容如果不能确定,那么,企业做广告就完全是无的放矢了。只有把这些问题思考透彻了,我们的广告策划才能有的放矢。

不同的商品,不同的企业,其广告策划有着明确的目标针对性;而同一企业的同一种产品,在产品处于不同的发展时期,也要采用不同的广告战略。只要市场情况不同,竞争情况不同,消费者情况不同,产品情况不同,广告的目标就应有所不同,那么广告策划的侧重点和广告战略战术也应该有所不同。比如,富豪汽车在美国这样一个实用主义占上风的文化中,它的广告强调的是经济、耐用和安全;在法国浓郁的情调文化中,它的广告强调的是地位和休闲;在德国理性的技术主义文化中,它强调功能优异;在墨西哥这样经济不太发达的文化语境中,它又改为强调产品价格的优势。

广告策划的最终目的是提高广告效果。广告策划不讲究针对性,很难提高广告效果。用一个模式代替所有的广告策划活动,必定是无效的广告策划。

[案例]

有华人的地方就有华侨银行①

台湾华侨银行是台湾第一家民营银行,在华人世界曾经众口称誉。但是,20 世纪 90 年代中期,由于操作衍生金融商品失利及内部董事们为利益起纷争,再加上媒介无情报道后,引起挤兑风潮,银行经营陷入困顿,员工士气低落,股票跌至有史以来最低点。在此情景下,重振华侨银行的命题被提上了议事日程。这是一件千头万绪的事情,如果没有明确的目标,没有明确可行的目的,那将是一团乱麻。

在积极的调研和研讨之后,一个新的传播目的被清晰地提炼出来,即"有华人的地方就有华侨银行",将华侨银行发展成为以华人经济圈为中心的现代的、国际化的银行。换言之,有利于达成该目的的传播手段是可行的,而无利于达成该目的的传播手段,哪怕最具创意,也只能忍痛割爱。

为建立华侨银行的新形象,为其负责整体策划的台湾智得沟通公司提出了全方位传播的策略。

其一,对华侨银行的视觉识别进行重新规划设计。设计的核心理念是"传薪、创新",创意取材借用了"郑和下西洋"时率领宝船旗舰,拓展中国海外贸易,促进中西文化交流,奠定华人海外发展机会的历史事件,创造出了华侨银行新的标志:"以中国'宝船'图形为主,简化其原船形,以简洁笔触,使标志展现出现代化、国际化的视觉魅力,再配以中国人向来视为吉祥、健康及财富的金、银两色(黄色、灰色)为标准色,除了代表华侨银行为金融服务业,也象征着其为民生利、生息、生益。"

其二,全面导引 CS 顾客满意策略。"有华人的地方就有华侨银行,"这不是一句空话,赢得华人的心依托的是"以服务顾客为乐,以顾客满意为荣"的经营理念和全员上下为此付出的努力。为此,华侨银行调低了柜台高度,以拉近与顾客的距离;免收存款户金融卡跨行提款手续费 7 万新台币;率先在各分行内设立咖啡交谈处,平添一分温馨体贴的感觉;同时,还根据不同年龄层次消费者的爱好及个性,推出 12 星座系列上学、SINO 卡、珍宝卡、钻石卡、血

① 马中红:《广告整体策划新论》,苏州大学出版社 2007 年版。

型卡、高尔夫球卡等多种信用卡,处处为顾客设想⋯⋯

其三,广告沟通策略。定期发行《侨银通讯》,作为沟通内外,传达公司信息的媒介;拍摄制作企业形象的电视广告、广播、报纸、杂志广告和 DM 广告,向海内外华人圈发布。

其四,华侨银行还通过诸如公关、事件等等传播策略,通过名为"扬帆万里,航向新世纪"的新闻发布会向海内外推出了"新企业识别体系",进一步强化了公司这套整体策划的目标,取得了令人瞩目的成就。

(二)创造性原则

创造性思维是广告策划生命力的源泉所在,它贯穿于广告整体策划活动的方方面面和策划过程的始终。围绕着广告策划目的性而发展出的创造性思维可以化腐朽为神奇,可以点石成金。

(三)执行的程序性原则

为了保证广告策划方案的合理性和高成功率,现代广告策划在充分利用策划者个人财富的同时,还特别强调按部就班和创意及其执行过程的逻辑性,要求策划小组按照一定的程序和步骤,发挥团队的作用去从事广告策划工作。虽然按这样的要求去从事策划活动,比起"灵感一动"要耗费更多的时间和更多的精力,但却能有效地减少广告策划的失误,保障策划的合理性和高成功率,也正是在这一点上,体现出广告策划的现代性。

(四)整体统一性原则

广告策划是一项系统工程,它的整个活动过程是个统一的整体。对于这样一个系统工作,策划时如何将各部分有机地整合起来,以谋求各个组成部分、各个子系统相互协调统一,从而保持总体的最优化,这是广告策划者必须重视的一个原则。

广告策划的整体统一性原则,就是以系统的观点将广告活动作为一个有机整体来考虑,要求广告活动的各个方面的内在本质上要步调一致;广告活动的各个方面要服从统一的营销目标和广告目标,服从统一的产品形象和企业形象。不遵循广告策划的整体统一性原则,就做不到对广告活动的各个方面的全面规划、统筹兼顾,广告策划也就失去了存在的意义。

广告策划的整体统一性原则体现在这样一些方面:

(1)广告和产品作为同一系统中的两个子系统,必须相互统一,相互协调。产品决定广告,广告服从产品。广告高于产品,会导致虚假;广告低于产品,会导致过谦;广告背离产品,会产生离散。

(2)广告策划的流程是统一的,广告策划的前后步骤要统一,从市场调查开始,到广告环境分析、广告主题分析、广告目标分析、广告创意、广告制作、广告媒体选择、广告发布,直到广告效果测定等各个阶段,都要有正确的指导思想来统领整个策划过程。

(3)广告的内容与形式要和谐统一。如商品本身是高档产品,那么广告中就不可出现"价廉物美"的痕迹。内容决定形式,形式服从内容。

（4）广告的各种发布手段相互配合,协调一致。广告所使用的各种媒体要统一,既不要浪费性重叠,以免造成广告发布费用的浪费,也不要空缺,以免广告策划意图不能得到完美实现。媒体与媒体之间的组合是有序的,不能互相抵触,互相矛盾,甚至在同一媒体上,广告节目与前后节目内容也要相统一,不可无选择地随便安排;有的产品同一时期的广告出现不同的主题,不同的媒体出现不同的建厂年代,自相矛盾,这些都是应当避免的。

（5）广告活动与外部环境发生着信息与能量交流,是一个更大的系统,也要保持统一性。广告活动要适应外部环境,充分利用外界的各种有利因素,以提高广告的效能。

（6）广告要与销售渠道相统一,广告的发布路线与产品的流通路线要一致,不能南辕北辙,产品到达该地区而广告却没有,形成广告滞后局面,或者广告发布了,消费者却见不到产品。

[案例]

飞亚达:把荣誉束之高阁

2003 年 10 月 15 日,"神舟五号"载人飞船成功发射,成为吸引国人全部眼球的最佳时机。有四家国内企业——蒙牛、飞亚达、农夫山泉和中国人寿保险公司被航天基金会公布为赞助商,这是他们利用事件营销提升品牌、增加销量的绝佳机会,而这些企业的商业产品中唯一一个被带入到太空中的只有飞亚达的一款航天表。在中国航天员出现的电视画面之中,细心的观众可以发现其左手臂上佩戴着一块黑色表带的手表,这正是第一次曝光的中国第一块航天表——飞亚达航天表。这块国产航天表代表着国内制表技术的最高水平,虽然和国外技术成熟的太空表还有一定差距,但毕竟是 Made in China 的至高荣誉。可这个至高荣誉在飞亚达随后的市场推广中似乎并没有得到相应的回报。

1. 行销动作缓慢

在"神五"飞天后短短两三天内,其他三家企业与"神五"相关联的广告宣传、产品包装铺天盖地,随处可见。而在这一场对速度的角逐中,飞亚达行动却颇为缓慢,大约在 2003 年 12 月份,部分消费者才看到了飞亚达为配合圣诞所推出的一款圣诞手表,也只是在这份宣传资料中看到了有关赞助"神五"的文字。是否有配合这个表的宣传? 航天表的复制品何时推出? 让人一头雾水。这无疑让飞亚达丧失了趁热打铁,塑造强势品牌的机会。

2. 没有及时推出相应价值的产品

腕表的"航天概念"随着人类探访太空的每一次成功,日渐深入人心,并且影响着腕表时尚的发展。在"神舟五号"飞船成功载人飞行之前,作为航天表使用的钟表品牌只有欧米茄(OMEGA)和一个前苏联品牌富利斯(Fortis)。

这两款手表都依托飞天的成功以及后期的品牌运作在全球市场上成功地树立及维护了自己高档产品的形象,其中以欧米茄尤为突出。欧米茄的价位在 10000 ~ 80000 元之间,其中以万元左右的型号最受欢迎。

能制造出代表世界先进技术的中国专用航天表代表了企业的实力,但在终端市场上,飞亚达只推出了标价为 1980 元的仿制航天表——"航星"民用手表。记者在采访几位普通消费者时,先针对飞亚达航星表进行一次心理预测,他们给出的可接受价格为 5000 ~

6000 元,但当记者告诉他们此表的功能、配置以及售价时,他们倒是吃了一惊,并表示定价这么低,这不是砸自己的牌子嘛。

近年来,手表市场的需求正日益向高档化转变,其中能接受万元以上的消费者正平稳增长。但在中国零售市场中,万元以上高价位手表却是进口名表一统天下,在中国人心目中,似乎只有进口表才符合高价高质的要求,有品牌含量,代表着身份,而对一向低廉的中国表还没有一个新的认识。

飞亚达无疑与树立自己中国本土高端品牌的机会失之交臂。

(五)灵活性原则

统一性原则是广告策划的最基本的原则。但是,仅仅有统一性还不够,还必须具有灵活性,具有可调适的余地。以不变应万变,这不可能在市场活动中游刃有余。客观事物的发展与市场环境、产品情况并不是一成不变的,广告策划也不可能一下子面面俱到,也总是要处于不断的调整之中。广告策划如果忽视了灵活性原则,必然呈现出僵死的状态,必然会出现广告与实际情况不一致的现象。广告策划的统一性原则也要求广告策划活动要处于不断的调整之中,以保证广告策划活动既在整体上保持统一,又在统一性原则的约束下,具有一定的弹性。这样,策划活动才能与复杂多变的市场环境和现实情况保持同步或最佳适应状态。

及时灵活地调整广告策划,主要表现在三个方面:一是广告对象发生变化时。广告对象是广告信息的接受者,是广告策划中所瞄准的产品消费者群体。当原先瞄准的广告对象不够准确,或者消费者群体发生变化时,就要及时修正广告对象策划;二是创意不准时。创意是广告策划的灵魂,当创意不准,或者创意缺乏冲击力,或者创意不能完美实现广告目标时,广告主体策划就要进行适当的修正;三是广告策略的变化。原先确定的广告发布时机、广告发布地域、广告发布方式、广告发布媒体等不恰当,或者出现新情况时,广告策划就要加以调整。

(六)效益原则

广告策划不是纸上谈兵,也不是花架子。广告活动作为企业经营活动的一部分,对其策划的结果必须使广告活动产生良好的经济效益和社会效益。也就是说,要在非常经济地支配广告费用的情况下,取得良好的广告效果。效益原则是广告策划所必须遵从的一项基本原则。

广告策划要很完善地把广告活动的微观效益与宏观效益、眼前效益与长远效益、社会效益与经济效益统一起来。广告策划既要以消费者为统筹广告活动的中心,也要考虑到企业的实力和承受能力。

首先要讲求经济效益。广告费用是企业的生产成本支出之一,广告策划就是要使企业产出大于投入,就是以最少的广告费用,取得最大的广告效果。这就要求广告经营者在进行广告策划时,从消费者和企业两方面的利益出发,认真进行经济核算,选择最优方案,使企业乐于使用,消费者也乐于接受。一般来说,好的广告策划可以使广告产生三个方面的经济效果:创造需求,树立品牌,减少流通费用。

其次,广告既是一种经济现象,又是一种文化现象,因而也要追求社会效益。要体现为社会大众服务的宗旨,正确引导消费,倡导健康的生活理念和生活方式,鼓励良好的社会风尚和人际关系,以培养公众高尚的思想情操和文化修养,推动物质文明与精神文明的发展。

(七)现实可行性原则

科学活动的特点之一,就是具有可操作性。广告活动的依据和准绳就是广告策划,要想使广告活动按照其固有的客观规律运行,就要求广告策划具有严格的科学性。广告策划的科学性主要体现在广告策划的现实可操作性上。一切广告策划不能只停留在纸面上,为策划而策划,其最终目的是应用于实际,指导广告活动的操作过程。因而广告策划必须遵循可操作性原则,使策划的环节明确,步骤具体,方法可行,即"拿出来即能用"。

广告策划的现实可行性还要求策划者必须在现实所提供的条件基础上进行谋划。如果策划方案脱离了环境所能提供的条件,那创意只能是空中楼阁。比如,策划方案的经费预算超越了企业的广告预算范围,超越了企业能够承受的极限,或者是投入产出不成正比;再如,客观条件和技术条件是否具有可行性,在今天利用飞机超低空飞行和定点跳伞为企业活动进行促销,已经不是什么新鲜事,但是,这样的策划方案如果放在若干年前,那只能是一种美好的期望,因为无论是技术,还是审批手续,都会使具体的实施者望而却步。

现实可行性还表现在广告策划方案的合理合法。广告是一种戴着脚镣起舞的艺术,为广告进行策划,当然也会受制于种种现实的道德原则和法律规范,受制于整个社会环境,广告活动从形式到内容,都要符合所在地或所在国的法律制度,遵从所在国家和民族的风俗习惯和宗教信仰。如强生公司在波兰所做的一个广告表现了医院里一位刚生完孩子的妇女。而在波兰妇女看来,只有在她们或她们的孩子们有严重疾病时,才在医院生产,因此,这样的广告就影响了波兰妇女对产品的好感度。

换言之,广告策划活动不能损害社会公共利益,不能助长社会不良风气,更不能为利益驱动而无视国家的法律法规,否则,广告策划的结果必然遭到社会的排斥,反过来损害企业的公众形象。这样的事屡见不鲜。

[案例1]

多芬种族歧视广告

种族主题向来是广告创作的忌讳,虽然如此,有些客户及广告公司都喜欢铤而走险,因为话题有争议性,可吸引大众注意。

Dove推出过一款新沐浴露产品,广告中暗示使用后能令肤色由深变浅,平面广告出现三名不同种族的模特儿,分别是黑人、拉丁美洲裔和白人,背后贴上两张肤色照片,写上"使用前"及"使用后"的字句,令人联想到使用产品后,可由黑人变成白人,广告过分夸大效果,最后引发了广泛的种族歧视争论。

图 8-1　多芬种族歧视广告

[案例 2]

森马反环保理念广告

　　2007 年 8 月,森马无视全球环保理念,并反其道而行之,在各大门户网站打出一则"个性十足"的动漫广告,广告词为"我管不了全球变暖,但至少我好看"。

　　这则广告很快受到网友的广泛关注并招致无数谴责。2007 年 9 月初,森马通过媒体向社会公开道歉,并宣布撤回广告。

图 8-2　森马反环保理念广告

[案例3]

广告牌暗示"包二奶"的广告

2002 年 11 月,深圳繁华地段突然出现一巨幅的"包二奶"广告,底色为红色,左半部是一白色的性感女子剪影,下端有一行"等……着你来包"字样。尤其显眼的是,"等"字就压在女子剪影的臀部上,而"包"字特地运用黄色进行处理。搞了这么多噱头,实际上,这就是一个"广告牌发包"的广告。市民对此恶评如潮。

图 8 - 3　深圳的"包二奶"广告

(八) 真实性与艺术性结合的原则

真实是广告的生命,真实不仅是对企业的利益负责,更是对消费者的利益负责。无论什么时代、什么场合、什么媒体、什么商品,不真实的广告只能失去社会公众的信任和支持,无论其设计多么巧妙,均逃脱不了失败的命运。即使蒙混一时,也不可能支持多久。

[案例]

胡师傅"空想无烟锅"广告

曾经风靡一时的胡师傅无烟锅,在广告中宣称自己使用了宇宙飞船所使用的锰钛合金和紫砂合金,能将锅体温度控制在油烟挥发的临界点 240℃ 以内,从而达到无油烟的效果。但实际上,消费者购买该产品后,不仅油烟缭绕,还出现脱落现象。

经查实,该产品为铝合金制成,并未通过国家权威部门检测,其发明人胡金高亦承认所谓的"紫砂陶瓷合金"不过是自己空想出来的名称而已。曾经风靡一时的神秘异常的"无烟锅"最终被撕下那层遮羞布,被各终端卖场下架退场。

图 8-4　胡师傅"空想无烟锅"广告

另一方面,在真实性的基础上,广告还应进行加工创造,使之具有一定的艺术性。那些或夸张,或明丽,或凝重,或幽默的广告,令人为之耳目一新,总能引起人的遐想,激起人的情感浪花。那些枯燥、呆板、干瘪无味的广告不会给人以美感,也不会产生好的宣传效果。所以,广告策划要处理好真实性与艺术性的关系,真实性是艺术性的基础,艺术性要服务于真实性。

五、广告策划的程序[①]

不同的广告代理公司在具体展开广告策划实务时其流程不尽相同,这与公司的规模、实力、结构体制、工作流程以及命名方式等有关。通常而言,一个较完整的广告策划应包括这样一些内容:市场调查研究——广告的定位——创意制作——广告媒介安排——效果测定。这既是大多数广告代理公司的作业流程,也是符合广告策划思维特点和具体实施特征的内容。

具体操作时,一般来说,广告策划可由企业提出构想和说明,具体实施运作可委托广告代理公司。某家广告公司参加企业的产品说明会后,或直接接受某个广告主的委托,一般按照以下步骤展开工作:

(一)成立策划小组

策划小组需要集聚多方面的人士组成,主要有:

业务主管(account executive)——一般由业务部门经理、创作总监或副总经理甚至总经理担任,负责与广告主的联络和业务洽谈,保证广告客户在广告公司的活动得以开展。

文案撰写员(copywriter)——负责各类文案的撰写。

美术设计员(art director)——负责各种视觉形象的设计。

---

① 本节内容部分参考倪宁:《广告学教程》,中国人民大学出版社 2009 年 9 月版。

在策划小组中，这三类人是必需的、重要的。另外，还可再配置计划书撰写人员，负责编制拟订广告计划；市场调查人员、媒体联络人员和公共关系人员，配合整体策划活动的进行。

(二)明确分工,深入调研

根据广告客户提出的要求,策划小组初步规划出策划活动的大致工作任务,进行分工,向有关部门下达。第一步是要在调研的基础上,充分占有和掌握有关信息资料,如了解市场状况、目标消费者的基本情况、企业产品的生产与开发、总体消费环境和消费特点,以及目标消费者的购买动机和购买行为等,在此基础上,才能展开广告策划后面的步骤。

(三)会商构想有关战略策略

在对相关信息资料消化的基础上,着手拟定广告战略,确定广告目标,以此为起点和方向,对品牌策略、广告主题、广告媒体战略和广告表现战略等,以及与之相配合的其他营销策略进行决策和筹划。

1. 分析市场,发现广告机会

市场分析是广告策划和创意的基础,也是必不可少的一步。广告市场分析基于市场调查,通过一系列的定量和定性分析得出广告主和竞争对手及其产品在市场的地位。市场分析的主要内容包括营销环境分析、企业经营情况分析、产品分析、市场竞争性分析以及消费者分析。通过深入细致的调查分析,了解市场信息,把握市场动态,研究消费者的需求方向和心理嗜好,并且明确广告主及其产品在人们心目中的实际地位和形象。

广告机会分析主要是解决针对哪些消费者做广告以及在什么样的时机做广告等问题。所以要市场分析,找出广告的最佳切入时机,做好广告的群体定位,为开展有效的广告策划活动奠定基础。

2. 确定广告目标

确定广告目标就是根据促销的总体目的,依据现实需要,明确广告宣传要解决的具体问题,以指导广告促销活动的执行。具体而言,它要回答这样的问题:(1)广告活动后,企业或产品的知名度及美誉度提高的百分比;(2)市场占有率提高的百分比及销售额或销售量提高的百分比;(3)消费者对企业或产品态度或评价转变的情况。但是,营销活动和其他活动有千丝万缕的关系,广告目标仅属于营销目标的一部分,有时销售额的增长很难说明是广告的作用,还涉及产品、通路等问题。因而广告目标的确立要有明确的衡量指标,既有实际性,又有可操作性。

3. 确定广告定位

定位的核心理念就是寻找消费者心智中的阶梯,是站在消费者的角度,重新对产品定位,是将产品定位和确立消费者合而为一,而不是将它们彼此分离。在对消费群体进行细分的基础上确立目标消费者,然后在这群消费者的心智中寻求还未被占用的空间,再将产品的信息削尖了钻进这个未被其他品牌或产品使用的空间,牢牢地站稳消费者的心智。广告定位就是要在目标消费者心智中寻找产品的最有利于接受的信息。

4. 形成广告创意内容

这一部分内容是将广告策划人头脑中的东西从无形转为有形的阶段,也是广告策划的重点。首先是广告主题的确立,即明确说要表达的重点和中心思想。广告主题由产品信息和消费者心理构成,信息个性是广告主题的基础与依据,消费者是广告主题的角色和组成,消费心理是广告主题的灵魂和生命。只有将两者合而为一的主题才能打动消费者,在此基础上,进行广告创意,并将创意表现出来。广告创意是个极其复杂的创造性思维活动过程,其作用是要把广告主题生动形象地表现出来,它的确定也是广告表现的重要环节。广告表现是由决策进入实施的阶段,即广告的设计制作。广告表现直接关系到广告作品的优劣。

(四)准备参加提案会

广告策划能否被广告客户采纳接受,还有一道工序需要重视,这就是准备参加向广告客户说明介绍广告策划的决策构想的提案会。大型企业、较大规模的广告活动,往往会采取竞标的方式来决定采用某一广告决策方案,在提案会上能否成功,很大程度上决定着广告策划方案能否顺利通过。故而一定要充分准备,精益求精。

(五)广告媒介选择和规划

媒介策划是针对既定的广告目标,在一定的预算约束条件下利用各种媒体的选择、组合和发布策略,把广告信息有效地传达到市场目标受众而进行的策划和安排。广告活动最基本的功能即广告信息的传递,而广告信息的传递需要通过一定的媒体才能有效地传播出去,然而不同的媒体在广告内容承载力、覆盖面、送达率、展露频率、影响价值以及费用等方面互有差异,因此,正确地选择广告媒介是广告策划过程中一项非常重要的工作。

广告媒介策略主要包括媒体的选择、广告发布日程和方式的确定等项内容。广告活动是有价的传播活动,它需要付出费用,而广告预算是有限的。因此,要在有限的费用里,得到比较理想的传播效益,如何运用好广告媒介,便是一个关键问题。

企业的广告策划人员在选择广告媒体时必须了解各种媒体的特性。

1. 印刷媒体

印刷媒体指的是报纸、期刊等印刷出版物,这类媒介是广告最普遍的承载工具。报纸的优点是:信息传递及时、记者广泛稳定、可信度比较高;刊登日期和版面的可选度较高,便于对广告内容进行较详细的说明;便于保存,制作简便,费用较低。报纸的局限性是:时效短、转阅读者少;印刷简单因而不够形象和生动,感染力相对差一些。

期刊的优点是:读者对象比较确定,易于送达特定的广告对象;时效长,转阅读者多,便于保存;印刷比较精美,有较强的感染力。期刊的不足是:广告信息传递前置时间长,信息传递的及时性差,有些发行量是无效的。

2. 视听媒体

视听媒体主要有广播、电视等。广播的优点是:覆盖面广、传递迅速、展露频率高;可选择适当的地区和对象,成本低。广播的缺点是:稍纵即逝,保留性差,不易查询;受线性传播的影响缺少选择性,形象直观性较差,感染力较弱。

电视的优点是:覆盖面广,传播速度快,送达率高;集形、声、色、动态于一体,生动直观,易于接受,感染力强。电视的不足是:展露瞬间即逝,保留性不强;对观众的选择性差,绝对成本高。

3. 户外媒体

户外媒体包括招牌、广告牌、交通工具、霓虹灯等。户外媒体的优点是:比较灵活,展露重复性强,成本低,竞争少。户外媒体的缺点是:不能选择对象,传播面窄,信息容量小,动态化受到限制。

4. 邮寄媒体

邮寄媒体是指遍布全国乃至全世界的邮政网络。邮寄媒体的优点是:广告对象明确而且具有灵活性,便于提供全面信息。邮寄媒体的局限性是:时效性较差,成本比较高,容易出现滥寄的现象。

(六)广告预算

广告是一种付费活动,如果不对广告活动进行科学合理的预算,浪费的将不只是一半的广告费。广告预算就是广告公司对广告活动所需费用的计划和匡算,它规定在一定的广告时期内,从事广告活动所需的经费总额、使用范围和使用方法。准确地编制广告预算是广告策划的重要内容之一,是企业广告活动得以顺利展开的保证。广告预算的制订会受到各方面因素的制约,如产品生命周期、竞争对手、广告媒介和发布频率以及产品的可替代性等。

(七)广告实施计划

这是广告策划在上述各主要内容的基础上,为广告活动的顺利实施而制订的具体措施和手段。一项周密的广告策划,对广告实施的每一步骤、每一层次、每一项宣传,都规定了具体的实施办法。其内容主要包括:广告应在什么时间、什么地点发布出去,发布的频率如何?广告推出应采取什么样的方式?广告活动如何与企业整体促销策略相配合等。其中较为重要的是广告时间的选择和广告区域的选择,这两者都与媒介发布的具体实施有着密切关系,可以说是媒介策略的具体化。

(八)广告效果评估与监控

广告发布出去之后,有没有达到广告的目的或有没有产生对其他方面的影响,就要对广告效果进行全面的评估。为了增加广告的有效性,还会在广告活动中,甚至广告活动前,进行广告效果的监控和评估。通过广告效果的评估,可以了解到消费者对整个广告活动的反应,对广告主题是否突出、诉求是否准确有效以及媒体组合是否合理等作出科学判断,从而使有关当事人对广告效果做到心中有数。广告效果的评估和监控不能仅仅局限在销售效上,而传播效果作为广告效果的核心应该受到重视。此外,广告还会对整个社会的文化、道德、伦理等方面也造成影响。

(九)整合营销传播

整合营销传播的作用越来越受到营销和广告人士的认同,广告主为了能在爆炸的媒体环境中追求产品的统一声音,希望广告公司同时也能承担起整合的传播功能。因而现代广告公司逐步向整合传播公司转型,在承担原先的工作任务的同时,强调将其他的传播方法,如人员推销、直销营销、公共关系、销售促进等与广告结合,产生协同作用。其内容一般包括:收集资料和细分消费者,确定营销目标,传播策略思考,传播整合,接触管理以及效果测量。

六、部分国内外知名的广告公司

(一)奥美:Ogilvy & Mather(简称 O & M)

奥美隶属于 WPP 集团,是世界上最大的传播集团之一。凭借 WPP 集团的雄厚实力,奥美已经成为调研、公关、设计、视觉识别、零售市场营销、促销和新媒体等传媒领域的专家。至今奥美集团旗下已有涉及不同领域专业的众多子公司:奥美广告、奥美互动咨询有限公司、奥美公关、奥美世纪、奥美行动营销、Brandunion、ITOP、奥美红坊等。

(二)麦肯:McCann – Erickson World Group

麦肯世界集团成立于 1902 年,总部设在美国纽约,是全球著名的跨国 4A 广告公司之一。麦肯世界集团有着世界上最大最完善的广告服务网络系统,其投资建立的独资或合资广告公司遍布全球 131 个国家(地区)的 191 个城市,业务涉及整合营销传播的各个领域,包括广告、直效行销/网络广告、活动行销、公共关系、品牌管理、保健行销及媒介购买等。今天的麦肯世界集团拥有 263 亿美元资产,全球员工人数达 2.4 万名。麦肯光明广告有限公司是由美国麦肯世界集团(McCANN – Erickson World Group)与光明日报社于 1991 年底合资组建的专业广告公司。

(三)李奥贝纳:Leoburnett

李奥贝纳广告公司是美国广告大师李奥·贝纳创建的广告公司。现在是全球最大的广告公司之一,于 1935 年成立于美国芝加哥,是美国排名第一的广告公司,在全球 80 多个国家设有将近 100 个办事处,拥有一万多名员工,集品牌策划、创意、媒体为一体,在中国为国际及国内的知名客户提供全方位的广告服务。"李奥贝纳"的客户包括全球 25 个最有价值品牌当中的 7 个,如麦当劳、可口可乐、迪斯尼、万宝路、Kellogg、Tampax 和 Nintendo 等,曾为"万宝路"牌香烟创立男性香烟的性格和美国西部牛仔的形象,把在美国市场上占有率不及 1% 的香烟,推到世界销售的第一位。

（四）Avazu 艾维邑动

Avazu 艾维邑动作为网络广告中的整合营销专家，属于 Avazu Inc. 旗下四个子品牌之一。Avazu Inc. 于 2009 年成立于德国，同年在文莱、香港、上海设立分公司。Avazu 艾维邑动提供：SEM 搜索引擎营销、Media Buying 媒体购买以及网络公关业务。Avazu 艾维邑动拥有目前国内唯一的 DSP——广告需求方平台。Avazu 艾维邑动是一个年轻充满活力的创新企业，Avazu Inc. 业务分布于全球多个国家，目前一共有九个国籍的员工。它成功地与 Yahoo、Doubleclick、Bertelsmann、Microsoft、Arvato、Google、Otto Group、Rakuten 等国际知名企业合作，同时也是 Doubleclick 亚洲唯一合作伙伴。

（五）盛世长城：Saatchi & Saatchi

盛世长城国际广告公司是 Saatchi & Saatchi 和中国航天工业部中国长城工业总公司合资的公司，由国家对外经济贸易部批准，成立于 1992 年 8 月。十多年来，盛世长城不断探索和努力，由小到大，发展壮大。

盛世长城是第一家在中国取得营业执照的国际 4A 广告公司，连续十年在中国广告业独占鳌头；国内规模庞大，拥有员工超过七千人。盛世长城是第一家在戛纳为中国勇夺平面大奖而扬威国际的广告公司，帮助客户生意屡创高峰，坚持专注创作优秀的创意作品。心动传媒是盛世长城的唯一合作伙伴。

第三节　公关策划

一、什么是公关策划

公关策划即"公共关系策划"，是公共关系人员根据组织形象的现状和目标要求，分析现有条件，谋划并设计公关战略、专题活动和具体公关活动最佳行动方案的过程。公关策划的目标是指组织通过公共关系策划和实施达到理想的形象状态和标准。其核心就是要解决以下三个问题：一是如何寻求传播沟通的内容和公众易于接受的方式；二是如何提高传播沟通的效能；三是如何完备公关工作体系。

公关策划属于公共关系活动中的最高层次，是公共关系活动的价值集中体现，公共关系竞争的法宝。

二、公关策划的常见模式[①]

常用的战术型模式有：宣传型、人际交流型、征询调查型、优质服务型、社会公益型。常用的战略型模式有：建设型、维系型、防守型、矫正型、进攻型。

---

① 部分内容参考 http://www.hc-pr.com/yingxiao-gongguan/145.html。

（一）宣传型公关策划

宣传型公关策划主要利用各种传播媒介直接向公众表白自己，以求最迅速地将组织信息传输出去，形成有利于己的社会舆论。这是最经常采用的公关模式，包括发新闻稿，登公关广告，召开记者招待会，举行新产品发布会，印发宣传材料，发表演讲，制作视听材料，出内部刊物、黑板报，等等。其特点是：主导性强，时效性强，范围广，能迅速实现组织与公众的沟通，获得比较大的社会反响。但它的局限性主要表现为：传播层次浅，信息反馈少，传播效果一般停留在"认知层次"。

这类公关策划要尤其关注内外传播的途径和效果，不可顾此失彼，以使组织获得更多的支持者与合作者，形成良好舆论，最终达到促进组织发展的目的。在网络传播迅速兴起的今天，策划者应重视网站及博客、微博、微信等传播平台，并加以积极地运用。

（二）人际交流型公关策划

人际交流型公关以人际交往为主，目的是通过人与人的直接接触，为组织广结良缘，建立起社会关系网络，创造良好的发展环境。其具体内容包括：各种招待会、座谈会、宴会、茶会，慰问、专访、接待，个人信函、电话等等。交际型公关策划特别适于少数重点公众。其特点是：灵活而富有人情味，可使公关效果直达情感层次；但缺陷是活动范围小，费用高，不适用于大数量的公众群体。

人际交流型公关策划是一种极有效的公共关系模式，通过沟通直接从"认知"进入"情感"层面，获得更有效的公关效果。

（三）征询调查型公关策划

征询调查型公关策划是以采集信息、调查舆论、收集民意为主，目的是通过全面掌握信息和舆论，为组织的管理和决策提供参谋。其具体工作包括：建立信访接待制度，进行民意调查，建立热线电话，收集报刊资料等。这类策划对思维逻辑精密度的要求更高，因为在采集信息、舆论调查、民意测验这些流程中，都涉及精确数据和严格执行，要确保步骤经得住推敲，万无一失。

征询调查型公关策划是一项日常的工作，要坚持不间断地进行下去。

（四）优质服务型公关策划

优质服务型公关策划以提供各种实惠的服务工作为主，目的是以实际行动获得社会公众的好评，树立组织的良好形象。其具体工作包括：售后服务、消费引导、便民服务、义务咨询等。优质服务型公关策划能够有效地使人际沟通达到"行动"层次，是一种最实在的公共关系。因此，这类策划也是各种公关策划中的基础和源头。

（五）社会公益型公关策划

社会公益型公关策划是以各种社会性、赞助性、公益性的活动为主，组织通过对社会困难的行业的实际支持,为自己的信誉进行投资。其主要形式包括:主办传统节日,主办电视晚会,赞助文体、福利、公益事业,救灾扶贫等。一个组织不论经营什么行业,它都是社会整体中的一员,负担着不可推卸的社会责任。

(六)建设型公关策划

建设型公关策划是指组织的初创时期,或某一产品、服务刚刚问世的时候,以提高知名度为主要目标的公关活动。这时组织的形象尚不确定,产品的形象也没有在公众的头脑中留下什么印象。此时公关策略应当是以正面传播为主,争取以较大的气势,形成良好的"第一印象"。从公众心理学的角度讲,就是争取一个好的"首因效应"。其常用的手段包括:开业庆典,剪彩活动,落成仪式,新产品发布、演示、试用、派送等。

[案例]

高天赐的宝冶公关战

1994年3月,上海宝山钢铁公司冶金建设公司总经理高天赐邀请日本二阶进堂先生率日本著名实业家来到上海,参加宝冶和日本合资的宝日高分子材料有限公司投产典礼。这次活动引起了新闻界的密切关注,各大报社、电台、电视台都作了极为详尽的报道,宝冶和宝日的知名度大增。二阶进堂先生是日本自民党前副总裁、前国务大臣和内阁长官,当时任日本国会议员、日中友好顾问,是中日邦交正常化的决策人之一。他为什么会对宝冶如此器重呢? 这正是总经理高天赐策划的一场大公关。

自从1986年宝冶在上海落户以来,在确保"立足宝钢、服务宝钢、建设宝钢"的同时,高天赐总经理提出了"广交朋友、广收信息、广泛联系、广阔合作"的公关"四广"政策,利用一切机会宣传宝冶的优势和成绩,让社会了解宝冶。

1988年以来,公司举行多次研讨会、新闻发布会,扩大企业影响,还和新闻界沟通了感情,宝冶事迹多次被《人民日报》、《经济日报》、《工人日报》等全国多家大报和中央电视台、中央人民广播电台、上海电视台等报道。另外,宝冶还参加了中国公关协会和上海公关协会,高天赐担任中国公关协会和国际公关协会理事。这些都为宝冶进行进一步的宣传活动打下了一定基础。

几年前,日本产研工业株式会社来上海和宝冶洽谈合作事宜,高天赐结识了株式会社社长小泉满先生和青木董事,他们都是二阶进堂先生的老朋友,回国后,他们多次向二阶先生介绍高天赐和宝冶公司,二阶先生表示一定要见见这位优秀的中国建筑企业家。1990年,高天赐赴日本考察,二阶进堂在国会议事厅接见了他,两个多小时的会见,双方谈得非常愉快。高天赐产生了请二阶出席中日合作的宝日公司各种活动的想法。

1992年,二阶率代表团来参加中日邦交正常化20周年纪念活动,江泽民主席、李鹏总理都接见了他。听到消息,高天赐马上向二阶先生发出邀请,在两人多次交往,已经建立了深厚感情的基础上,再加上二阶先生对宝日公司的前景很有信心,他很快接受了邀请,决定直接从北京飞往上海参加这个有意义的活动。

1994年3月10日,宝日公司举行投产典礼,二阶又带领日本著名实业家35人前来参加。

13 日,高天赐陪同二阶前往北京,在中南海受到时任中共中央总书记江泽民的亲切接见。整个来访活动时间紧、节奏快、层次高,一个国有企业单独策划组织这样高规格的国际性公关活动,在中国历史上是少有的。这次活动产生了意想不到的社会轰动效应,宝冶在全国树起了一个独特的形象。

(七)维系型公关策划

维系型公关策划是指社会组织在稳定、顺利发展的时期,维系组织已享有的声誉,稳定已建立的关系的一种策略。其特点是采取较低姿态,持续不断地向公众传递信息,在潜移默化中维持与公众的良好关系,使组织的良好形象长期保存在公众的记忆中。

(八)危机处理型公关策划

危机处理型公关策划较之其他类型的策划更为紧迫和突发,因此要求在开诚布公的基础上,进行更加积极有效的策划。根据危机存在的程度,由轻到重可分为防御型公关策划、矫正型公关策划、进攻型公关策划。

1. 防御型公关策划

防御型公关策划是指社会组织公共关系可能出现不协调,或者已经出现了不协调,为了防患于未然,组织提前采取或及时采取的以防为主的措施。

2. 矫正型公关策划

矫正型公关策划是社会组织公共关系状态严重失调,组织形象受到严重损害时所进行的一系列活动。社会组织要及时进行调查研究,查明原因,采取措施,做好善后工作,平息风波,以求逐步稳定舆论,挽回影响,重塑组织形象。矫正型公关属于危机公关的组成部分,如组织发生各种危机后采用的各种赔偿、致歉、改组等活动。

3. 进攻型公关策划

进攻型公关策划是指社会组织与环境发生某种冲突、摩擦的时候,为了摆脱被动局面,开创新的局面,采取的出奇制胜、以攻为守的策略。组织要抓住有利时机和有利条件,迅速调整组织自身的政策和行为,改变对原环境的过分依赖,以便争取主动,力争创造一种新的环境,使组织不致受到损害。

[案例]

沙松冰箱的危机公关

1988 年 7 月,南京发生了一起闹得沸沸扬扬的冰箱爆炸事件,一台"沙松牌"140 升冰箱炸开了花,冰箱门锁被炸弯了,而钢门则飞到对面两米外的墙上,幸运的是无人受伤。一时间,各大报纸纷纷登出这则奇闻,这事也成了广大市民茶余饭后的话题。一些沙松冰箱用户紧张得不得了,好像家里藏了一颗定时炸弹一样。

生产沙松冰箱的湖北沙市电冰箱厂厂长傅清章和智囊团经过策划,在坚信产品质量没有问题的基础上制定了低调处理、认真调查,并将调查结果广为宣传的行动方案。然后马上派出由总工程师、法律顾问和合资方日本松下冷藏机株式会社海外部技术课长及翻译组成的事件处理小组,日夜兼程赶往南京。

事件处理小组一到南京便按照策划方案开始了紧张的公关活动。他们每天接待前来采访的记者,不断以诚恳的态度表示尽快查清事故原因,并在第一时间公之于众。

第二步是解决问题的实质性举措:召开新闻单位、物价管理局、消费者协会、标准计量局、保险公司和研究所制冷专家共同参与的论证会。专家们在事故发生地点只花了几分钟就得出了结论:爆炸后的冰箱压缩机正常、制冷系统正常,这表明,冰箱爆炸与产品质量无关,爆炸原因肯定来自外部。

这个结论当然对厂家极为有利,可是用户不配合,不肯说出什么原因使冰箱爆炸,反而一味要求厂家赔一台180立升冰箱。面对这一无理要求,小组没有拒绝,马上意识到这个时刻有无数观众正在关心这一事件的处理结果,正是一个宣传沙松形象的大好机会,于是爽快答应按用户的要求赔偿,但要求用户讲清爆炸的真正原因。用户态度十分坚决,既不说明冰箱放过什么物品,又拒绝小组仪器检测。在这样的情况下,小组的态度也强硬起来,表示如果用户再不配合就只能请公安部门协助强制检测冰箱。最后,用户终于承认冰箱里放过易燃易爆的丁烷气。至此,爆炸案真相大白。事件处理小组将这一情况迅速通报各大报刊,对厂家早有好感的各新闻单位很快登出了事件处理结果。

三、公关策划对象

前面章节里,我们介绍过公共关系现象和活动有三大最基本组成要素——组织、传播、公众。"组织"和"公众"是公共关系的承担者,分别是公共关系的"主体"和"客体",这两者之间的相互作用方式是"传播"。任何公共关系活动都是由这三个要素构成的。显然,公关策划就是针对这三个要素的策划。

(一)策划对象

公关策划的对象也就是公关策划行为的客体,主要是指社会组织的公众对象和所处的客观环境。公众对象分为一般公众和目标公众。一般公众对组织的影响是间接的,但却是广泛而全面的;目标公众对组织的影响是直接的、迅速的。一般公众和目标公众并没有截然的界限,它们只是相对的。组织面对的客观环境又可分为宏观环境和微观环境、社会环境和自然环境。相对而言,微观环境和社会环境对组织的影响要大得多,它们是策划的主要对象。但高明的大策划却往往产生于对宏观环境和自然环境的思考之中。①

(二)对象选择的原则

公关策划中,组织选择什么样的信息对什么样的公众进行传达,这存在一个对象选择的

---

① 周黎民:《公关策划》,华中理工大学出版社1997年11月版。

问题。公关策划对象的选择有这样一些原则:①

1. 相关性原则

公关策划所选择的公众对象必须是与公关策划目标相关,是影响公关策划目标实现的公众。一般地说,矫正型公关策划目标主要是为了向公众说明事实真相,消除公众的误解,恢复组织的信誉,重新树立组织的良好形象;因此,公关策划的对象应选择对组织持怀疑态度和对立情绪的公众。维持型公关策划目标主要是组织开展连续不断的公关活动,与公众保持良好的公关发展状态,维持组织在公众中的良好形象;因此,公关策划通常选择对组织情况比较了解的公众和准备采取行动的公众作为对象。建设型公关策划目标主要是为了提高社会组织的知名度和信誉度,取得公众对组织的信赖和支持,它的公众选择范围比较广泛;因此,不论对组织了解与否,只要可能与组织发生利害关系的个体、群体,都可以作为选择的对象。

2. 层次性原则

社会组织在确定公关策划的公众对象时,既要考虑公众的代表性,又要注意公众的广泛性,使公关策划活动既有中心公众,又有一般公众。所以,公关策划活动在重点解决中心公众问题的同时,还应扩大其一般公众的辐射范围,改善社会组织整体的公关状态。

3. 复合性原则

社会组织在确定公关策划的公众对象时,应注意公众区域的合理跨度,除了邀请本地区的公众外,还应邀请其他地区的公众,在开展社会组织内部公关策划活动时,应适当邀请外部公众,而开展外部公关活动时,则可委派部分内部员工前去助兴。此外,还要注意公众的年龄、职业种类,以扩大社会组织在全体公众中的影响。

四、公关策划目标

公关策划目标是指公关策划者在一定的政治原则和价值观念指导下,为解决公关策划主体在形象战略中的问题而提出的对环境对象应达到的期望状态。

公关策划目标是公共关系全部活动的核心,是企业形象战略目标的具体化,它把组织公关项目的方面以生动具体的文字、图表或模型方式摆在公关人员和决策者的面前。对于公关策划者来说,如果缺乏明确的目标,策划只能是盲目的策划,就无法拟定策划方案。如果目标出了问题,也会失之毫厘而谬之千里,造成难以挽回的损失。而且,策划目标也是组织内部协调统一的依据。在组织内部,组织决策者、公关策划者、公关部成员以及具体执行实施运作的人员之间由于各自的经历、学识、信息以及对问题的观察、理解不同,必然会造成许多意见分歧。这就需要一个明确的目标来引导方向,统一认识,统一行动,使所有参加工作的人心往一处想,劲往一处使,各尽所能,各司其职,相互配合,协调一致。即使遇到意外情况,也能心中有数,在总目标的指导下,对工作进行及时的控制和调整,做到既灵活处理,又不失原则,从而避免重复、无效的劳动,大大提高工作效率。也因此,目标为组织决策者、方

---

① 邱伟光、罗国振:《公共关系实务》,东方出版中心 1997 年 2 月版。

案实施者和成果评价者都提供了一根准绳,它可以成为评价和监督全部公关策划行为的准则,并不断地影响、调整和控制公关策划及其实施活动的进程。

[案例]

北京奥申委的公关策略

申办奥运会的过程是一种特殊的竞争过程,申办中的每一项工作都不同程度地带有公关的性质。在强手如林的情况下,要想实现取得举办权的目标,就需要明确公关工作的对象,采取灵活多样的方式,充分展示自身的独特优势,多方面、多渠道、多角度地开展工作,努力争取各方面的理解和支持。

第一,高水平完成各项规定任务,多出精品,赢得国际奥委会委员对北京的信心,争取国际奥委会委员对中国对北京的了解,使其对北京成功举办一届历史上最出色的奥运会充满信心,这是取得申办成功最关键的因素。北京奥申委针对前面提到的新情况,充分利用申办规则所允许的活动空间,向国际奥委会委员及奥林匹克大家庭的成员展示北京的独特优势,不断增强他们对北京的信心。

我们在申办之初通过在国内外的广泛征集,形成了独具特色的申办会徽和口号,提出了"绿色奥运、科技奥运、人文奥运"的理念,使北京的申办一开始就带有自己的特色,收到独树一帜的效果。我们的会徽将中国与奥林匹克、体育与文化艺术紧密地联系在一起,特别突出了以人为本的人文奥运的内涵,得到了国内外广泛的赞赏。相对于其他城市的申办口号,我们的"新北京、新奥运"特别突出了通过举办奥运会,促进城市与奥林匹克运动共同发展的相互关系,高度概括了奥运会将使北京展现更加蓬勃兴旺的新面貌,13亿人民直接参与将为奥林匹克运动掀开崭新的篇章这样一个寓意。"三个奥运"的主题表现我们既继承以往奥运会的成果,又突出北京奥运会作为一届人文奥运会的特色。

接受国际奥委会评估团的考察是申办中最为关键的环节之一。由于委员不能访问城市,能否使国际奥委会考察团得出于北京有利的考察结论,对取得多数委员的支持是至关重要的。在迎接考察团的过程中,我们充分发挥首都知识密集、人才密集、信息密集的优势,借助"全市之力",动员各方面优秀人才直接参与17个主题的陈述,使考察团对我们的语言交流能力、专业知识和经验、工作进展和计划等各个方面留下了深刻的印象,为申办成功奠定了坚实的基础。

莫斯科陈述是整个申办的决定性环节,是北京奥申委唯一一次面对全体委员进行的直接交流。为胜利完成这项任务,奥申委进行了长时间的、周密的、反复的谋划和演练。八位出场陈述的同志涵盖了政府领导人、体育官员、奥运冠军、体育工作者以及文化界的知名人士,形成了广泛的代表性。在陈述内容上,既反映政府和人民对举办奥运会的热切愿望和积极支持,又详细介绍我们对奥运会重要设施建设和组织工作的规划和构想;在陈述形式上,既有声情并茂的演讲,也有画面生动的影片。在全体同志的共同努力下,陈述取得圆满成功,深深打动了全体委员,为赢得申办打好了最后一个漂亮仗。

第二,积极主动加强与国际媒体的联系,开展丰富多样的外宣工作,向世界展示北京和中国的风采,赢得国际舆论的广泛支持。争取舆论支持,营造良好的舆论环境是取得申办成功的重要条件。申办期间,北京奥申委与300多家境外媒体驻京机构建立了密切联系,定期召开新闻发布会。到2001年6月底,奥申委共接待境外记者240批334人次,涉及境外新闻机构130家。国际媒体对中国、对北京的报道量不断攀升,仅2001年前五个月的文字报道就达1700多篇。

北京奥申委网站是申办城市中最早开通的官方网站,每天用中、英、法、西四个语种向外发布大量信息,介绍中国,宣传北京。网站首页图片新闻基本做到每日更新,中文新闻每天保持在15~20条左右,英文保持在每天10~15条,法文、西班牙文每天5~10条。为在激烈的竞争中始终处于领先位置,网页进行了两次大的改版,仅四个语种的页面就达5000多个。奥申委网站还经受住了多次"黑客"的入侵,一分钟也没有停止工作。网站全新的画面、丰富的内容吸引了众多的访问者,平时的访问量就达6万次左右,重大活动期间访问量成倍增长。2001年7月13、14日两天,日均访问量创下了660万次的纪录。

北京奥申委还在海外人士集中的20个四五星级饭店、首都机场、中国国际航空公司、美国西北航空公司等七家外国航空公司发送申办宣传品20万份。大规模的对外宣传和公关活动,使北京蓬勃发展、充满生机的形象得到国际社会越来越充分的认同。

第三,将申办奥运会与加快城市发展紧密联系起来,最大限度地争取人民群众对申办的支持。民众的支持率如何,是国际奥委会在选择举办城市时重点考虑的因素之一。因此,争取广大群众的支持是取得申办成功的必要条件。奥申委从申办一开始,就把申办奥运会同加快首都城市发展紧紧联系在一起,极大地调动了群众支持申办的热情。

北京市委、市政府始终坚持"以申办促发展,以发展助申办"的方针,从基础设施建设、环境保护、市容管理、新闻宣传等七个方面提出了四十多项与申奥直接相关的任务,并逐项加以落实,大大加快首都各项建设的步伐,使群众亲身感受到申办带来的巨大变化,支持申办奥运的热情更高了。正因为有90%以上市民的坚定支持,我们在五个候选城市中,一直雄踞民众支持率之首。

公共关系策划目标可以分成以下几类:全新塑造目标,形象矫正目标,形象优化目标,问题解决与危机公关。一般包括这样一些具体内容:

(1)提高组织的知名度,树立组织的形象及信誉;

(2)使组织与公众保持经常化的信息沟通与交流,设计并不断完善组织与公众进行信息沟通与交流的正常渠道;

(3)检测社会环境及舆论变化的趋势,根据这种趋势督促、协助组织的决策者及时调整组织的政策与行动;

(4)利用各种渠道和途径,争取公众舆论的支持与协作,在发生公共关系纠纷时,利用有效的传播手段,争取公众的谅解,变敌视为友善,化冷漠为关心,妥善解决各种公共关系纠纷;

(5)积极开展组织内部的公共关系活动,强化组织的凝聚力和向心力,为组织创造良好的内部人际关系;

(6)为组织推销产品和服务进行公共关系营销活动,帮助组织提高产品及服务的市场占有率。

五、公关策划的具体内容[①]

由于组织的性质、规模不同,战略策划或是专题活动策划的层次不同,公共关系策划的内容也不尽相同。但一般至少包括如下较为规律性的几个方面:

1. 分析公共关系现状

应做好三方面工作:审核已收集的公关资料,分析公关现状;明确公共关系存在的主要问题及原因;了解企业形象的选择和规划。

2. 确定公共关系目标

3. 选择和分析目标公众

明确组织的公关活动,公关策划是针对谁搞的。

4. 确定主题

不论大小项目均应将一系列目标概括成既能反映本质又能用简明扼要的一句话,或一小段表述,来广泛传播。

5. 制定公关行动方案

主要涉及:

(1)选择公关活动模式。

(2)选择媒介。是大众传播、人际传播,还是实务传播;是用报纸、广播,还是用电视传播、卫星传播。

(3)确定时间。如何利用各种时机与策划新闻"由头"。

(4)确定空间。大至洲界、国界,小至房间布置,公关策划都要考虑到。

6. 编制公关预算

主要分两类:一是基本费用,人工、办公经费、器材费;二是活动费用,招待费、庆典活动、广告、交际应酬等。

7. 完成公关策划书

尤其要注意:公关时机选择;重视细节;策动传播;选好公关模式等。不要在策划内容或项目上,力图面面俱到。要善于抓住主要矛盾和矛盾的主要方面,集中有限的人、财、物力量,用在最主要的重点项目上,以点带面。

[案例]

向乘客出租雨伞

美国纽约长岛铁路公司准备展开一项新的业务——向乘客出租雨伞。这项业务的准备工作早已就绪,只等开张,也不向乘客透露消息,他们是在等待有利时机的到来。雨季到来

---

① 王馨多:《公共关系学新论》,1998 年 10 月版。

前夕,公关人员立即将这一便民措施张榜公布,并把早已写好的新闻稿投向报社、电台,通过各种新闻媒介将这一措施通告广大公众。当这一些乘客望着车窗外的风雨,正愁无伞挡雨的时候,听到可以租借雨伞的广播,真是喜出望外,从心底感激铁路公司处处为乘客着想的美好风范和得力措施,新闻机构也为公司"想乘客之所想,急乘客之所急"的善行义举所感动,各方都为之宣传,铁路公司通过各种媒介的广泛传播,不仅提高了经济效益,而且美誉度也大大增加了。

如果铁路公司的公关人员将租借雨伞这一项传播活动放在晴朗的日子里,公众就会因不需要而表现出与己无关,没兴趣等。传播效果可能是事倍功半,甚至是毫无效果。可见抓住时机,主动出击,这是公关传播的一大窍门。如果错过时机,公共关系传播活动的收效就会大大降低,反之,抓住这一有利时机,在付出同等投资的条件下,会收到事半功倍的效果。善于抓住有利时机主动出击,这是训练有素的公关人员的看家本领之一。

六、公关策划的原则

一个成功的策划,需要涉及方方面面,对于公共关系策划,我们要遵循这样一些原则:

(一)公众利益优先原则

公众利益优先,不仅是公共关系工作的指导思想,还是文秘人员所应遵循的职业道德准则。所谓公众利益优先,并不是要组织完全牺牲自身的利益,而是要求组织在考虑自身利益与公众利益的关系时,始终坚持把公众利益放在首位;要求组织不仅要圆满完成自身的任务,为社会作出贡献,同时还应重视其行为所引起的公众反应,并关心整个社会的进步和发展,以此获得自身利益的满足。组织只有时时处处为公众利益着想,坚持公众利益至上,才能得到公众的好评,才能使自身获得更大的长远的利益。

公共关系思想的精髓不仅仅注重企业和经营主体在生产过程中投入的人力、物力、财力、科技与信息所产生的适应市场需要的物质产品,而且更注重为社会、为消费者提供创造的精神产品——社会责任和他人利益。这种社会责任和他人利益乃是一种崇高的社会文化道德精品。

(二)实事求是原则

实事求是是公共关系策划的一条最基本原则,这一原则的含义是:公共关系策划必须建立在对事实的真实的把握基础之上,向组织如实传递有关组织公众的信息,并根据事实的变化来不断调整公共关系策划的策略和时机等内容。

进行公共关系策划时,必须以事实为基础,只有这样,才能真诚地与外界往来,脚踏实地地开展公关工作。相反,如果没有对事实的准确把握,组织进行公共关系策划,开展公共关系工作就失去了根基。

埃迪生公司在美国的宾夕法尼亚州三里岛上建了一家核电厂,该厂曾在很长一段时间内只宣传核电的好处,向公众展示核电的经济效益,对核电可能产生的危险则轻描淡写。谁知在1979年3月的一天,核电厂发生泄漏事故,周围的居民既无思想准备,也无应变办法,白白地受到核污染的伤害。

这个案例表明,不以客观事实为依据,回避问题不仅会损害公众利益,而且有害于组织形象。

在收集和整理信息时,做到真实、客观与全面,这是求实原则的必然要求。美国公共关系专家 H. 森特、E. 沃尔什指出:"如果一个职业公关人员不能处理好信息的流通,只通报好的消息,而对不利的情况有意无意地延误、积压、削弱、回避,那么对他的雇主来说,他的实际价值就很有限了。"

(三)创新求变原则

所谓公共关系策划的创新原则,就是在谋划公关的策略时机,刻意求新,打破传统思维的束缚,别出心裁,使公共关系活动进行得生动活泼,给公众留下难忘、深刻、美好的印象。它并不讲究照章办事,而用发散型思维抓住一切机会,想出奇妙点子,使公关工作获得出人意料的效果。

(四)弹性原则

弹性原则是指进行公关谋划时,必须保持充分的弹性,以及适应组织外部环境和内部条件的各种可能的变化,有效地实现动态策划。

公共关系策划的弹性原则是公共关系活动的客观要求,因为公共关系活动涉及的因素非常广泛,其中不可控因素很多,任何人都难以完全把握,必须留有余地;并且公共关系是各种因素的合力,需要综合平衡,但往往在实践中不可能达到最佳平衡,这就需要留有可供调节的机动性;况且公共关系活动是一个活动过程,各种因素都在变化,具有很大的不确定性。所以公共关系活动必须遵守弹性原则。

弹性原则在公关策划中的应用有两种情况:一是内部弹性,就是公共关系活动必须在一系列活动环节中保持可以调节的弹性,特别是在重要的关系环节要保持足够的余地。另一类是整体调节,公共关系活动的整个系统都存在整体弹性问题,它标志着整个公关活动系统的可塑性或适应能力。

(五)系统原则

系统原则是指在公共关系策划中,应将公共关系活动作为一个系统来认识,按照系统的观点与方法进行谋划与运筹。

系统原则应用到公关策划中去,就是要如实地把公关策划作为一个有机整体来考察,从系统的整体与部分之间相互依存、相互制约的关系中,揭示系统的特征及其运动规律,实现整体最优。具体来说就是:(1)对系统作统筹安排,确定最优目标,实行系统最优,整体大于其各部分的简单总和;(2)协调公关活动的要素与环境的关系,讲究整体的最佳组合效应;(3)考虑到公共关系策划的有序性,要使公关策划中的各项工作有步骤地进行,这是系统有序性的要求。

七、公关策划的执行技巧①

(一)目标一定要量化

公关活动策划特别是大型公关活动往往耗费很多人力、物力、财力资源。一个新产品在中心城市的上市传播费用,一般都在百万元以上。但是有的时候一些公司耗费巨资做公关活动,说不清楚为什么要做,要传播什么样的卖点、概念,没有设立目标;或者有的企业做公关活动,设定了不少目标,比如,提高知名度、美誉度,促进销售等,但是没有量化(提高知名度、美誉度的百分比,促进销售的货币额度),方向模糊,错把目的当目标。这样的公关策划都是不可取的。公关策划目标一定要量化,它不是希冀式的观测,而是指日可待。只有量化目标,公关活动策划与实施才能够明确方向,才会少走弯路。

(二)没有调查就没有发言权

国内不少公关公司做公关活动,因缺乏公众研究意识或公众研究水平有限、代理费少、时间紧等原因,省略公众调查这一重要工作环节已是司空见惯的事情。想一个好的点子,找一个适当的日子就可以搞公关活动,这是某些所谓"大师"的通病。但没有调查就没有发言权,所谓"知己知彼,百战不殆",只有摸清自己的优劣势,洞悉公众心理与需求,掌握竞争对手的市场动态,进行综合分析与预测,才能扬长避短,调整自身公关策略,赢得公关活动的成功。公关实践表明,公关活动的可行性、经费预算、公众分布、场地交通情况、相关政策法规等都应进行详细调查,然后进行比较,形成分析报告,最后做出客观决策。

[案例]

"先搞清这些问题"

有一家宾馆新设了公共关系部,开办伊始,该部就配备了豪华的办公室、漂亮迷人的公关小姐、现代化的通讯设备……但该部部长却发现无事可做。后来,这个部长请来了一位公共关系顾问,向他请教"怎么办"。于是,这位顾问一连问了以下几个问题:

"本地共有多少宾馆?总铺位有多少?"

"旅游旺季时,本地的外国游客每月有多少,港澳游客有多少?国内的外地游客有多少?"

"贵宾馆的'知名度'如何?在过去三年中,花在宣传上的经费共多少?"

"贵宾馆最大的竞争对手是谁?宾馆潜在的竞争对手将是谁?"

"去年一年中因服务不周引起房客不满的事件有多少起?服务不周的症结何在?"

对这样一些极其普通而又极为重要的问题,这位公共关系部部长竟张口结舌,无以对答。于是,那位被请来的公共关系顾问这样说道:"先搞清这些问题,然后再开始你们的公共关系工作。"

---

① 部分内容参考 http://www. hc - pr. com/。

(三)策划要周全,操作要严密

公关活动策划很重要的一点就是周全,这是因为公关活动给我们的成功或失败的机会只有一次。公关活动不是拍电影、电视,不能重来,每一次都是现场直播,一旦出现失误无法弥补,绝不能掉以轻心。

(四)化危机为机遇

大型公关活动有一定的不可确定性,为了杜绝意外事件发生,公关人员在策划与实施的过程中要抱有强烈的危机意识,充分预测到有可能发生的各种风险,并制定出相应的对策。只有排除了所有风险,制定出的策划方案才有实现的保障。发生紧急事件时,要随机应变,不要手忙脚乱,不要抱怨,应保持头脑清醒,要冷静,迅速查明原因并确认事实的真相。已造成负面影响的,一种方法是及时向公众谢罪,防止再发生,不要跟媒体建立对立关系,避免负面报道,策略性处理媒介与公众关系,否则修复较难;另一方法是,化危机为机遇,借助突发事件扩大传播范围,借助舆论传播诚意,争取公众的支持,反被动为主动。

[案例]

中美史克从容应对康泰克"PPA 事件"

2000 年 11 月 15 日,国家药监局下发通知:禁止 PPA!康泰克被醒目地绑上媒体的审判台。在很多媒体上都可以看到 PPA 等于康泰克或者将两者相提并论的现象。人们相互转告,忍痛割爱,将康泰克纷纷扔进了垃圾箱。危机降临了!

11 月 16 日,中美史克接到天津市卫生局的暂停通知后,立即组织了以下危机管理小组:(1)危机管理领导小组,制定应对危机的立场基调,统一口径,并协调各小组工作;(2)沟通小组,负责信息发布和内、外部的信息沟通,是所在信息的发布者;(3)市场小组,负责加快新产品的研发;(4)生产小组,负责组织调整生产并处理正在生产线上的产品。由十位公司经理和主要部门主管组成危机管理小组,十余名工作人员负责协调,跟进。

16 日上午,危机管理小组发布了危机公关纲领:执行政府暂停令,向政府部门表态,坚决执行政府法令,暂停生产和销售;通知经销商和客户立即停止康泰克的销售,取消相关合同;停止广告宣传和市场推广活动。

17 日中午,召开全体员工大会。总经理向员工通报了事情的来龙去脉,表示了公司不会裁员的决心,赢得了员工空前一致的团结精神。同日,全国各地的五十多位销售经理被迅速召回天津总部,危机管理小组深入其中做思想工作,以保障企业危机应对措施的有效进行。

18 日,他们带着中美史克《给医院的信》《给客户的信》回归本部,应急行动纲领在全国各地按部就班地展开。公司专门培训了数十名专职接线员,负责接听来自客户、消费者的问讯电话,作出准确专业回答,以打消其疑虑。21 日,15 条消费者热线全面开通。

20 日,中美史克公司在北京召开了新闻媒介恳谈会,做出不停投资和"无论怎样,维护广大群众的健康是中美史克公司自始至终坚持的原则,将在国家药品监督部门得出关于 PPA

的研究论证结果后,为广大消费者提供一个满意的解决办法"的立场和决心。面对新闻媒体不公正宣传,中美史克并没有做过多追究,只是尽力争取媒体的正面宣传以维系企业形象,其总经理频频接受国内知名媒体的专访,争取为中美史克公司说话的机会。

对待暂停令后同行的大肆炒作和攻击行为,中美史克保持了应有的冷静,既未反驳也没有说一名竞争对手的坏话,表现了一个正确对待竞争对手的最起码的态度与风度。一番努力,终于取得了不凡的效果,用《天津日报》记者的话说:"面对危机,管理正常,生产正常,销售正常,一切都正常。"

2001年9月底,新的康泰克即将上市前夕,中美史克在多家媒体发布了消息。下面是《北京晚报》的新闻报道——

新康泰克不含"PPA"了

本报讯(记者张雪梅) 改良后的康泰克即将上市,药名就叫"新康泰克"。原来其中的PPA成分将被伪麻黄碱代替。这是记者今天上午从天津中美史克制药有限公司了解到的。

因含PPA,"康泰克"2000年11月15日被国家药监局宣布暂停使用。而即将上市的是不含PPA的新康泰克,已经获得国家药监局的正式批准。该公司负责人说他们不是在"PPA事件"出现后才着手去研究新配方的。因此,现在能推出改良后的新康泰克,在时间上完全是一种巧合。对于不含PPA的新康泰克,中美史克投资了1.45亿元,其疗效与旧康泰克一样。

作为感冒药的重要配方,PPA已经使用了五十多年,安全性相对很高。在国外,有患者为了减肥等某种目的,长期地大量服用"康泰克",而大部分的副作用与此有关。当时每个国家根据自己不同的情况做出决定,如美国、中国、加拿大等决定含PPA的感冒药撤出市场,日本等国则决定继续使用,而在其他国家则将PPA改为处方药。由于康泰克的知名度较高,不少人已经把PPA与"康泰克"画上等号。其实不仅是"康泰克"含有PPA,暂停使用的含有PPA的药品,涉及13个厂家的58个品种。

(五)进行全方位评估

在对公关活动进行评估时,往往是只评估实施效果,这种评估不够全面。如能在评估时,除实施效果外再评估活动目标是否正确、卖点是否鲜明、经费投入是否合理、投入与产出是否成正比、公众资料搜集是否全面、媒体组合是否科学、公众与媒体关系是否更加巩固、社会资源是否增加、各方满意度是否量化等,则公关活动的整体效果才能体现出来。这种全方位评估有利于活动绩效考核责任到人,更能增加经验,为下一次公关活动的策划与实施打好基础。

(六)公关活动不能等同于促销活动

社会上对公关活动的认识不同时期存在不同误区,加之部分媒体的错误引导,更加深了这种错误认知的蔓延。近年来,对公关的认识又有了新的误区,把公关活动等同于促销活动。实际上两者的目的、重心、手段不同。公关活动的目标是提高美誉度,提升亲和力;促销活动的目标是提高销售额、市场占有率。公关活动的重心是公众、媒体、政府,促销活动的重心是消费者。企业同时需要营销、公关两种职能,两种职能不能通用。公关是社会行为,营销是经济行为,公关活动关注公众,促销活动关注消费者,公关与市场区别较大,营销的手段不适用于解决公关问题。公关活动的公众非常多,消费者只是公众的一种。不同的公众使用的公关手段也不一样。所以,要走出"公关活动就是促销"的误区,用公关手段解决公关问题。

第四节 文化营销策划

企业卖的是什么?麦当劳卖的仅是面包加火腿吗,答案是否定的,它卖的是快捷时尚个性化的饮食文化(QSCV 形象)。柯达公司卖的仅是照相机吗? 不是,它卖的是让人们留住永恒的纪念。中秋节吃月饼吃的是什么,我们难道只吃的是它的味道吗? 不是,我们吃的是中国民族传统文化——团圆喜庆。端午节吃的是粽子吗? 不是,端午节我们是在纪念屈原——"吃"历史文化。过生日吃的是蛋糕吗? 也不是,吃的是人生的希望与价值。喝百事可乐喝的是它所蕴涵的阳光、活力、青春与健康;喝康师傅冰红茶喝的是它的激情、酷劲与时尚。

通过以上例子我们看到,在产品的深处包含着一种隐性的东西——文化。[1] 营销学的泰斗菲利浦·科特勒曾经指出,文化的因素(包括文化、亚文化和社会阶层)是影响购买决策的最基本的因素。企业向消费者推销的不仅仅是单一的产品,产品在满足消费者物质需求的同时,还满足消费者精神上的需求,给消费者以文化上的享受,满足他们高品位的消费。文化营销作为一种强有力的营销方式正在被越来越多的企业所运用,文化对消费者的渗透力,对消费者购买心理潜移默化的影响力,在营销过程中显示出惊人的力量。

一、文化营销策划的概念

文化营销是一个组合概念,简单地说,就是利用文化力进行营销,是指企业营销人员及相关人员在企业核心价值观念的影响下,所形成的营销理念,以及所塑造出的营销形象,两者在具体的市场运作过程中所形成的一种营销模式。[2]

而文化营销策划就是指以文化为主体,利用文化进行营销活动及设计营销方案的过程。文化营销策划应该明确先有企业文化、商品文化,后有商品营销,也就是说,先卖文化,后卖商品。[3]

文化营销策划既包括浅层次的构思、造型、装潢、包装、商标、广告、款式的设计,又包含对营销活动的价值评判、审美评价和道德评价。一般来说,它包括三层含义:

---

① 谭小芳:《企业文化营销如何策划?》,www. sino - manager. com。
② 王博文:《文化营销》,博锐管理在线 2006 年 3 月。
③ 杨明刚:《营销策划创意与案例解读》,上海人民出版社 2008 年 8 月版,第 384 页。

其一,企业借助于或适应于不同特色的环境文化开展营销活动;

其二,文化因素渗透到市场营销组合中,综合运用文化因素,制定出有文化特色的市场营销组合;

其三,企业充分利用 CI 战略与 CS 战略全面构筑企业文化。

文化营销策划的核心就是要发现并利用文化的力量,影响和激发深埋于目标顾客内心深处的意识形态,力图建立一种企业精神、品牌与消费者在这一意识形态上和谐共鸣的契合点,从而有效建立消费者对产品的价值感知和情感依赖,促进消费者对产品保持忠诚行为。所以,植根于品牌和企业文化,有计划地、有策略地开展文化营销,将有助于提升品牌价值,塑造品牌形象,聚焦目标客户,赢得市场竞争。这是一种"随风潜入夜,润物细无声"的功效,现在越来越多的企业意识到这一点,文化营销将成为营销策划的主旋律之一。

二、文化营销策划的内容①

企业文化营销内容体系包括产品文化营销、品牌文化营销和企业文化营销三个层次。

(一)产品文化营销

从文化营销的角度看,产品仅是价值观的实体化,它表现为设计、造型、生产、包装、品牌、使用等各个方面。产品文化营销是文化营销的核心。

(二)品牌文化营销

品牌文化营销是产品文化营销的进一步发展。品牌文化包括了整个社会对品牌的信任和保护;包括了消费者使用名牌的行为,反映了消费者的价值选择;也包括了厂商创立名牌、生产名牌的行为,作为生产者的品牌文化营销与之有密切关联。厂商创名牌的过程,就是不断地积累品牌文化个性的过程。当品牌竞争在质量、价格、售后服务等物质要素上难以突破时,给品牌注入文化内涵,其身价就不仅仅是物质因素的总和,也不是原来意义上的竞争,而是一种更高境界的较量。

(三)企业文化营销

企业文化营销包括制度文化营销、理念文化营销等。制度文化是企业营销文化的基础,它具体表现为文化营销中对传统文化的继承、改造与发展。理念文化营销是在营销中能体现出企业的文化理念,其核心内容就在于寻求为顾客所接受的价值信条作为立业之本,从而促进顾客对整个企业包括其产品的认同。美国 IBM 公司经营的宗旨是:尊重人、信任人,为用户提供最优服务及追求卓越的工作业绩。IBM 的价值观曾具体化为 IBM 三原则,即为职工利益、为顾客利益、为股东利益。后来,三原则又发展为以"尊重个人"、"竭诚服务"、"一流主义"为内容的三信条。这些成为 IBM 的核心和灵魂,并为公司树立了良好的企业形象。

---

① 巩少伟、阎修忠:《市场营销理论与实务》,工商出版社 2002 年版。

三、文化营销策划的模式①

(一)按创意模式分类

文化营销与传统营销有一个很大的区别:传统营销以产品或服务的功能利益为诉求点,而文化营销以品牌所蕴涵的文化内涵作为诉求。依照所借鉴的文化类型,按不同的创意方式,文化营销可分为传统文化和流行文化两类。

1. 基于传统文化的文化营销策划

传统文化创意模式的关键是找到适合产品或品牌的传统文化,将两者联系起来。一旦产品或品牌融入了传统文化,人们对传统文化的认同感将会转移到品牌上面,从而使品牌具备与生俱来的市场接受度。传统文化的范畴非常广泛,大到国家形象、民族特征,小到民俗风情、特色物品。很多品牌与国家的民族性文化相关联,如可口可乐、麦当劳、万宝路、好莱坞等品牌代表的是美国自由文化,LV、香奈儿、迪奥、爱马仕、卡地亚等品牌代表的是法国的尊贵文化,这些品牌在来源国的光环下充满了文化气息。

长期历史积淀下的民俗文化渗透在百姓生活的各个角落,因此以民俗文化作为营销诉求点容易拉近与消费者的距离。越是民族的,越是世界的。很多特有的经典文化已上升为一种国家文化符号,对于异国市场而言吸引力巨大。比如,青花瓷、中国功夫、脸谱、兵马俑等典型的中国传统文化符号,一经运用就会使得产品呈现浓郁的中国文化气息。如今在国外,不仅一些影视作品大量沿用中国文化元素,就连一些奢侈品企业也频频从中国元素当中获得设计灵感,如《功夫熊猫2》当中大量采用了太极、舞狮、皮影戏、担担面等中国元素,让中国观众倍感亲切。法国爱马仕设计了取材于中国汉代拓片图案的"天堂之马"限量版丝巾,法拉利推出了一款青花瓷版跑车……

[案例]

精细化打造"福文化"

2012年12月26日,随着"中华福爷爷"全球形象华彩亮相,中华福文化开始有了新的人物图腾。而中粮福临门对"中华福爷爷"全球形象甄选活动,不仅在一定程度上推动了"中华民族复兴"与"中华文化复兴"的进程,更顺应了国人对传统文化回归的愿望与呼声,重塑民间文化信仰,最终为中国百姓找到了属于自己的传统文化精神偶像。

中粮福临门此次的文化营销路线是:将人文、文化纳入品牌发展体系中,从而抢占先机;先细节化地打造整个步骤,并利用时下最受关注的平台、热点来将此扩大化。不过,如何传承和弘扬中华特有的传统文化,如何重塑传统文化的时代价值,是始终萦绕在中粮福临门面前的一个考题。

2012年11月15日,中粮福临门发起"中华福爷爷"人物形象设计征集活动,中国民间文

---

① 本节内容部分参考《文化营销》,《销售与市场》2011年第8期。

图8-5 中粮集团

艺家协会指导,艺术与设计杂志社主办、中粮福临门承办形式,以百万奖金全球甄选的大手笔,在全球范围内进行。最终,此次活动由两岸三地艺术届、文化界、设计界的知名大家,在来自全球数以千计的福爷爷设计作品中,经过从创意、文化内涵、专业设计等多个维度的专业评审和层层甄选后,融合现代社会人文需求创作而成。

接下来的营销手段则运用了时下最流行的新媒体。据悉,为了让中华福文化更多元的得到传承和推广,在活动主办方活动期间,用户登录活动官网fuyeye. fulinmen. com. cn即可参与互动,观看赛事视频,参与微博分享,为自己中意的参选作品投票,还特为广大的网友设立了"娱乐组"的设计体验,只要网友登录大赛指定网站,根据网站提供的"福爷爷"形象素材,就可以进行自由组合拼图。

今后,中粮福临门还将借助其丰富的产品线,广泛深入的营销网络,围绕"中华福爷爷"形象实施一系列品牌营销新举措,不仅将"中华福爷爷"打造成为家喻户晓的中国传统节日的标志性人物,更有机会走向世界,让更多的人接受、认同这一中华福文化的使者。

凝聚东方智慧的"中华福爷爷"形象不仅是中华福文化的代表,也是中粮福临门对品牌价值的又一次创新提升。专家认为,能成功地将中国传统福文化与经典文化资源相结合,将中国元素与时代需要及全球性文化交流热潮相结合的品牌并不多见,中粮福临门运用文化营销、艺术跨界、公益慈善等多种方式,让渊源数千年的中国传统文化薪火相传,重新焕发生机与活力,令品牌的文化情结完美圆梦。

2. 基于流行文化的文化营销策划

流行意味着热点,在文化营销策划当中,抓住流行文化,也就抓住了市场的引爆点。特别是在互联网时代,流行文化的传播速度和广度得以大幅度提升,更增添其商业价值。

以古汉字"囧"的流行为例,这个原本没几个人认识的古汉字读音与"窘"完全相同,而字形则正好与人"窘"的时候的表情相像,非常适合网络表情,因此从2008年开始在网络上火爆一时。在大量网民运用"囧"字表达自己的无奈时,这个字也像病毒一样迅速传播开来,产生了一股强劲的流行风。很多精明的商家意识到这一点,开始围绕"囧"字来设计产品和策划营销。比如,一直在追求品牌年轻化的李宁公司,专门开发了一款李宁囧鞋,鞋的侧面印满了各种囧的表情头像和文字。该鞋一推向市场便被抢购一空,屡屡卖断。而英特尔也搭上"囧"风,上线英特尔破囧网站,推出了上班族代表张行与网络红人小胖遭遇各种囧境的搞笑视频,此外还推出博客话剧《破囧英雄6+1》,以突显英特尔科技破囧之能。

[案例]

个性化通信"我做主"①

"我的地盘,我做主",如此个性飞扬的品牌宣传词由一向稳健的中国移动喊出来,颇让年轻一族神往。作为全国首个为年轻、时尚用户度身定做的业务品牌,"动感地带"摆脱了此前移动通信业务单纯以资费标准分类的模式,将用户体验和个性特点放在了更重要的位置。这其中,广东移动推出的系列针对目标顾客群的营销方案获得业界肯定。由此,中国移动品牌亦赢得了一个潜力非凡的市场——目前中国移动仅花了一年的时间,动感地带用户超过一千万。

其实"动感地带"的发迹要追溯到它全面推出两年前的广东移动。

作为移动集团内部最大而且最具创新意识的省级分公司,广东移动在继续保持市场份额领先的同时,也逐渐意识到此前"全球通"、"神州行"等通过业务来划分品牌的方式已经不再能完全满足市场和用户个性化需求的变化。尤其是短信类无线数据业务的异军突起,更是让其认识到了一直以来对以数据消费为主的年轻人市场的忽略。

需求就是市场,精明的广东移动在发现了新的商机之后,马上就展开了相应的动作,经过短暂的前期准备,一个名为"动感地带"的新品牌在广东移动用户面前正式登场。和"全球通"、"神州行"不同,这是移动第一次以市场而非业务为导向推出的品牌,而个性化的服务则成为这一品牌的最大亮点,特别是时尚动感的 M 仔、M 女使得中国的移动通信服务第一次有了形象代言人的概念,虽然营销的手法略显粗糙,但是移动精心打造一个流行文化品牌的用心已昭然若揭。

然而这仅仅是一个开始,2003 年年初,中国移动决定将"动感地带"向全国推广,而在集团的统筹规划下,"动感地带"的品牌营销开始进入到一个有步骤的实施阶段。

第一步:清晰定位——"我是你的"

对于品牌营销而言,定位无疑是一项基础而又关键的步骤,在这方面,从一开始移动的目标就十分清晰。数量庞大而潜力非凡的年轻人市场,正是"动感地带"最终要争取的目标客户。因此在全国性"动感地带"的品牌推广阶段,中国移动旗帜鲜明地打出了"我是你的"、"我专为你而生"的宣传口号,希望通过广告语所传达的专属感来获得年轻用户的认同。而这步棋,移动无疑走得相当成功。在短短三个月内,中国移动就获得超过 300 万年轻用户的支持。

第二步:满足需求——"我这里有你喜欢的一切"

抓住目光只是营销的第一步,留住用户则是品牌营销中更实质性的内容。中国移动在借助"第一个年轻人专有的移动通信品牌的概念"吸引不少年轻用户后,为其量身定做个性化的服务也就提上了议事日程。

对此,中国移动打出的口号是"我这里有你喜欢的一切"。具体的动作则在年轻人最有兴趣的短信类服务上展开。根据中国移动年报披露,2002 年四季度的短消息使用量为 133

---

①　王博文:《文化营销》,博锐管理在线 2006 年 3 月。

亿条,而 2003 年一季度就达到了 174.5 亿条,呈现出明显的上升趋势。

"动感地带"在推出之初就将重点放在了短信业务的推广上。短信优惠套餐以及网内低廉的话费,使得"动感地带"一出现就很快获得了年轻人的追捧。此后,为迎合年轻人爱玩的心态,"动感地带"又提供了大量新的数据业务,如游戏、聊天、天气预报等,更具吸引力。

除业务挽留之外,品牌代言人的打造也成了"动感地带"在发展第二步中的一项重要工作。经过一番审慎选择后,中国移动最终找来了人气超高的"亚洲小天王"——周杰伦。借助周杰伦对年轻人的超强号召力以及其所代表的年轻、时尚、个性、活力的形象,"动感地带"的品牌形象在用户心目中也逐渐清晰和明确起来。

第三步:整合传播——"你在任何地方都能感受我的存在"

在建立和深化了品牌形象之后,中国移动在"动感地带"上的品牌建设工程开始了由单纯的移动通信业务品牌向流行文化的推进。对于市场营销而言,这显然是一种更加具有渗透力和影响力的方式,文化营销的结果,产品和服务将会超越产品经济的范畴,进入体验经济的领域。而这种独特体验所带来的品牌增值效应,将会是单纯和产品销售和服务支持所无法比拟的。

在这个阶段,中国移动无论是在广告宣传上还是在营销手法上都发生了较大的变化。从简单的"一起玩吧"到个性化的"我的地盘,听我的"、"年轻人的通讯自治区","动感地带"的品牌形象开始越来越多地从为移动通信服务宣传的角色中抽离出来,向塑造年轻人流行生活模式的势态演进。同时,"动感地带"在这个阶段还大量举办短信征文比赛、动漫展、街舞比赛、电影推广等年轻人的流行文化活动,试图将自身的品牌形象直接和流行文化画上等号。而这种直接和年轻人生活接轨的方法显然是非常有效的,在将用户数量提升到 700 万规模的同时,移动品牌的忠诚度也在"动感地带"用户中迅速提升,这无疑将"动感地带"用户向移动"全球通"高端品牌转换埋下了伏笔。

第四步:开创潮流——"我可以带你走得更远"

作为国内领先的移动通信运营商,在中国移动高层中一直存在着这样一个共识:"我们不仅要满足需求,我们还要创造需求。"在"动感地带"的品牌营销过程中,这种理念绝对得到了体现。

经过将近一年时间的运作,中国移动的"动感地带"用户总数已经超过了 100 万。绝大部分的年轻人用户已经对于"动感地带"的品牌所代表的时尚、活力表现出了高度的认同。但是,中国移动并没有止步于此,进入下半年,他们迅速将"动感地带"的业务推广由此前的短信类服务向更加时尚、新潮的 GPRS 类数据服务推进。以广东移动为例,它在 8 月份就向"动感地带"用户推出了 GPRS 服务,并且将此前"全球通"用户才能使用的"彩信"、"百宝箱"类服务全部向"动感地带"用户开放,并且提供包月套餐等更加优惠的资费政策,试图在"动感地带"用户中形成"玩转 GPRS"的新热潮。此外,游戏、移动 QQ、竞猜、订制笑话、天气预报等创新服务也是层出不穷,"动感地带"的业务创新即使在移动各大品牌的内部也绝对走在了最前沿。

"我可以带你走得更远",这是"动感地带"此后的宣传口号,我们不难预计,"动感地带"的品牌魅力将会走得更远。

中国移动在"动感地带"上的成功，无疑是国内电信运营商在从垄断经营到面向市场竞争这一历史变革中积极转化思路的一次成功演绎。"动感地带"的最大成就在于敏锐地发现并培养了一个新生市场——喜爱数据业务但是整体消费偏低的时尚、年轻用户。其成功的营销思路也是移动成功的关键因素，从品牌宣传到文化营销，移动在"动感地带"的每个推广步骤中都牢牢抓住了年轻人的个性特点和消费取向，成功也就理所当然。

（二）按传播模式分类

从本质上讲，文化营销传播就是利用文化的影响力来触动消费者内心的精神世界，以达到推广品牌的目的。根据文化对品牌推广的促进作用不同，可将文化营销策划按不同的传播方式，分为以文化为核心的模式、以文化为担保的模式和以文化为促销的模式。

1. 以文化为核心的文化营销策划

这种模式将文化作为品牌传播战略之核心，所有的传播都以建立品牌的文化核心为目的。在这一模式下，消费者选择品牌的根本原因是认同品牌的文化内涵，一些以价值观为诉求点的产品类别往往会采用这种文化营销传播模式。

如烟酒行业的品牌传播通常都以诉求人生哲理和生活态度为主，是典型的文化核心模式。在白酒品牌中，金六福酒一直以"福文化"为诉求点，舍得酒显示了"大舍则大得"的宽阔胸襟，糊涂仙酒则以郑板桥的"难得糊涂"四字真言来彰显一种处世态度；在烟草业，芙蓉王讲述着"天地人和"的传统文化精髓，红河展示了"万牛奔腾"的气势和雄风。文化核心模式的成功关键在于品牌持之以恒地宣扬特定的文化理念，而所策划的文化营销活动也必须紧紧围绕核心文化来展开。

2. 以文化为担保的文化营销策划

在这一模式下，文化往往与品牌核心价值密切相关，但文化并非作为品牌之核心来吸引消费者，而是作为品牌的担保来对品牌的核心价值提供支持，使人们更容易感受这些品牌的独特魅力。比如，高端矿泉水昆仑山从命名到水源都在强调海拔 6000 米的昆仑山，纯洁、巍峨而神秘的昆仑雪山文化为该矿泉水提供了品质担保，但雪山文化本身并不是该矿泉水的核心价值点，其核心价值点是该矿泉水富含微量元素和矿物质。

3. 以文化为促销的文化营销策划

大量的品牌以流行文化产品作为品牌的促销传播手段。文化在这些品牌传播当中充当了战术性、短期性的促销角色。在这些文化产品影响下，一些原本普通的产品吸引了更多的眼球。不仅如此，还可能将这些文化形象的内涵转移到新的产品上面。一些卡通形象的品牌授权是这一模式的集中体现。

比如，《喜羊羊与灰太狼》的成功捧红了喜羊羊、美羊羊、灰太狼等一大批卡通明星，这些形象被广东原创动力公司成功授权给儿童服饰、文具用品、食品行业、儿童日化、家居用品、图书发行等多个行业使用后，大大促进了原有产品的销路。又如，《功夫熊猫 2》席卷中国影院，形形色色的"功夫熊猫"品牌授权商品闪亮登场，美特斯邦威的熊猫服装、好丽友的熊猫派派福食品、维达的熊猫纸巾等本土产品大受国人青睐;而快餐巨头麦当劳也搭上熊猫的顺风车,除在广告当中利用功夫熊猫来激情推广最新套餐外,还在全国各终端上演"中国功Food"主题同乐会,并向购买开心乐园套餐的小朋友赠送功夫熊猫玩具。正所谓"大树底下好乘凉",这些做法都明显说明文化对品牌所起的促销作用。

(三)按盈利模式分类

为产品营造文化氛围并不是文化营销策划的初衷,如何借文化来赢利,才是判断文化营销策划成败的关键。目前实施文化营销模式的企业有文化企业和传统企业,这两类企业的业务都有可能通过对文化收费或免费来获得赢利。将业务类型和收费方式组合起来,文化营销策划,按不同的盈利方式,可以有四种模式:

1. 开发模式

开发模式适合文化企业,指通过对文化及其衍生产品的收费来获得赢利。这一模式的具体做法是:先通过创意与传播做大做强文化品牌,然后向各类相关产业的企业出租品牌使用权。盈利点来自文化产品的销售和品牌授权费。

迪斯尼是这一模式的典范。从其盈利思路来看,首先是迪斯尼的动画节目以电影、电视、录像带、出版物等形式在全球发行,依靠版权获得赢利,同时也捧红了各大动画形象品牌;之后,在全球各地创办迪斯尼乐园,进入旅游、酒店业,进一步将迪斯尼旗下的各位动画明星置于其中,吸引大量游客游玩;最后是迪斯尼品牌和形象大规模的商品授权、促销授权和连锁授权,全球三千多家企业获得迪斯尼授权。这一轮又一轮的开发使得迪斯尼实现了多点盈利和持续成长。

2. 媒体模式

这种盈利模式就像媒体一样,先通过极低价格甚至免费的方式来推出有趣的文化产品,以便快速吸引大量受众,然后将所获得的市场关注点作为战略资源向广告主或者被授权方收费。媒体模式要求公司具有一定的实力,能够通过"烧钱"来支撑起前期的免费或低价战略,而缩短"烧钱"时间的关键还在于该文化产品本身的创意设计能否迅速吸引人气。这种模式适合以文化为业务主导的公司,如门户网站、社交网站、游戏网站等互联网企业都是典型代表。

如当前最受推崇的社交网站 Facebook 就是一例。这家为人们提供网络免费交友平台的网站发展异常迅猛,从 2004 年至今已吸引全球注册会员超 5.5 亿人,且每天有 50% 的活跃会员登录。巨大的市场潜力为 Facebook 带来了巨额的广告费和虚拟商品盈利,据市场调查公司 eMarketer 的报告,2011 年 Facebook 的广告收入将达到 21.9 亿美元。全球火爆的手机小游戏《愤怒的小鸟》用"免费下载"的模式打开市场,目前已拥有超过 2 亿次的下载量,各类衍生品销售也超过 5000 万英镑。

3. 溢价模式

溢价模式是指一些非文化企业通过将文化融入到传统产品当中,凭借文化的魅力而使产品获得高额利润的盈利思路。这种模式以马斯洛需要层次为基础,抓住了人们对文化的精神需求,通过增添精神价值来提高品牌的总体消费价值,最终实现溢价。溢价模式的关键在于能够找到对目标市场有强大吸引力的文化形态,以及将该文化形态与传统产品建立关联。

如回力鞋畅销欧洲市场就是一例。2005 年,经过法国人派特斯·巴斯坦的一番营销,在地摊上廉价到 12 元一双的回力鞋,重命名为"勇士"后,到国外竟然卖上 50 多欧元。不仅如此,勇士的"粉丝"横跨演艺圈和时尚圈,就连最权威的时尚杂志《ELLE》法国版也对它进行专题报道。该品牌系列的命名大多来自中国功夫,如"少林精神"、"螳螂"、"龙尘"、"猴爪"等。回力鞋在欧洲的火爆充分说明了中国传统文化对海外市场有巨大吸引力,具有溢价的潜质。也就是说,溢价的奥秘就在于文化所带来的附加值。比如,星巴克溢价的基础是其极品咖啡文化,麦当劳溢价的基础是其快乐文化,哈根达斯溢价的基础是其浪漫文化。

4. 服务模式

很多传统行业本身与文化的联系并不紧密,但也将文化作为一种额外的服务项目或是促销方式来维系客户关系,通过文化营销策划塑造品牌形象。这种模式称为"服务模式",其中文化活动并非其盈利之关键,而只是作为企业提供给消费者的一种福利。服务模式充分利用了消费者对文化的价值需求,提高了消费者的满意度。

如深圳移动推出的全球通演出季即为一例。为回馈全球通 VIP 客户,深圳移动于 2003 年开始每年推出演出季活动,邀请 VIP 客户免费欣赏。该演出季囊括电影、话剧、演唱会、音乐剧等各种艺术形式,品位高雅,受到深圳各界赞誉,目前已成为"深圳十大文化盛事"之一以及"深圳市经典文化名片"。以文化作为一种服务来赠予 VIP 客户,不仅容易维持与 VIP 客户的关系,而且有助于增加原有产品或服务的艺术品位,促进品牌形象升级。

(四)按文化表现形态分类

传统的文化营销是基于形态的分类,对这些分类的研究,只能给营销人提供创意的素材,启发性借鉴。新文化营销是从形态分类深入到源类型分类。形态分类与源类型分类是文化营销分类思维的两端:一个在末端的表现形态,一个在源头的聚类规律。形态分类是聚类规律的基础,但聚类规律可以为持续创造新的形态提供战略思维与创意方法论。因此,源类型分类对于营销人来说具有更强的实战价值。

1. 文化产品的营销策划

文化产品的营销策划即传统的、狭义的文化营销,指文教产品、出版物、影视、演艺、娱乐、运动、动漫、电子阅读、网游等产品品类的营销,这个部分仍然是文化营销策划最核心的内容。

(1)文教产品

文教产品不仅包括文具如晨光文具、贝发笔,教材如新概念英语、剑桥英语等,教辅如星火英语巧记速记系列、开心作文、志鸿优化等,课外读物如书虫英语读物等,而且包括论坛、讲座如百家讲坛、前沿讲座等。文教产品的营销是一个热点,由于正在从传统的国有体制、主渠道向民营、渠道多元化方向发展,产品品牌与出版商品牌的打造成为竞争的焦点。

（2）出版物

涌现出一大批新兴的出版策划机构与专业作家,如蓝狮子、磨铁图书、唐码图书等,青少年读物作家杨红樱、郑渊洁、郭敬明等。独特的主题策划,如《藏地密码》系列;高人气的作家,如韩寒等,都是图书市场的码洋保证。

（3）影视作品

电影、电视剧的策划、制作、消费已经成为文化营销最大的产业链之一,中国电影市场连续四年30%以上的票房递增,电视剧更是千亿广告的重要号召源。从全球到中国,影视产业链体系日渐成熟,也成为文化营销策划的主战场之一。

（4）演艺

太阳马戏团创造了世界纪录,中国的刘老根大舞台、德云社、周立波海派清口、时空之旅马戏等,也在创造中国演艺的新传奇。传统戏曲、新剧潮剧、音乐会等消费市场也在风起云涌,演艺市场的品牌化、企业化,才刚刚开始。

（5）娱乐

中国的洗浴市场2010年利润高达1000亿元,桑拿、夜总会正在被浴场酒吧、会所、KTV等新娱乐终端取代。这是一个比影视产业规模要大得多的产业,从灰色、黑色走向绿色、白色。

（6）运动

运动或者叫休闲运动,是与娱乐产业一样庞大又具有影视产业链完整性的大规模文化产业。运动包括休闲运动的本质是文化,在这里媒体、产品、场所、明星、人群诸要素皆齐备,休闲运动是未来五年中国文化营销策划最具活力的产业链。

（7）动漫

动漫既是儿童的乐土,又是成人的童话。中国动漫产业链正在逐步形成,喜羊羊与灰太狼、兔斯基等本土动漫形象取得初步的成绩,尽管与迪斯尼、皮克斯等世界顶尖公司还有巨大差距,但中国动漫市场的潜力无限。

（8）电子阅读

移动互联网时代,电子阅读的硬件环境——网络信号、终端、操作系统已经成熟,电子阅读内容提供商即广义的电子出版,只有与MID硬件产品系统链接,才有最后的出路。

（9）网游

中国的网游产品多师承日韩,最后都以武侠文化为依归。而《愤怒的小鸟》风靡全球,给网游产业带来了一缕干净的空气。在《愤怒的小鸟》面前,中国网游业者需要思考的是人性,而未必都是江湖。

2. 体验式的文化营销策划

体验式的文化营销可以理解为以旅游产业链为核心的"大服务"产品的文化营销,包括多个形态:节日、民俗、景点、旅游服务等。

（1）节日

过节是全世界人类的共同兴趣,以各种节日为核心的目标消费群、场所、产品供应,是日常消费生活的一个亮点。节日文化营销,实际上是很多产品品类提升销量,包括品牌打造的重要驱动因素。比如思念汤圆、五芳斋粽子、情人节的巧克力等,实际上,节日产品可以成为众多低兴趣度产品营销"咸鱼翻身"的重要杠杆。

(2)民俗

与节日一样,民俗也是产品文化内涵的重要支撑。十三香、马奶酒、羊肉泡馍等,都是地域产品借助民俗文化的魅力,突破地域消费的营销案例。

(3)景点

景点是最大、最完美的文化。2005年,《中国国家地理》的《最美中国》特刊,成为开启景点文化消费的启动按钮。此后,各种旅游地理杂志不断出现,带动了从中国到全球的景点消费热潮。

(4)旅游服务

旅游服务是体验式文化营销产业链中不可或缺的一环。这是由"服务人"——即受过专门服务训练,以服务为兴趣与职业的一群人组成的庞大的服务消费市场,它是无形的,却无处不在;它没有具体的产品,却是决定游客心情的最重要的产品。这个市场在中国,除五星级以上的酒店及会所有所体现之外,还是一片等待开垦的荒地。中国能否出现可以与国外酒店管理集团相抗衡的巨型服务品牌,旅游服务管理可能是唯一的机会市场,这个市场的本质同样是文化营销。

3. 日用品的文化营销策划

日用品的文化呈现可以说无处不在,比如谭木匠的梳子、双虎筷子等,至于白酒、茶叶、保健品等中国本土的产品类型,文化更是营销的主要驱动力。

从产业市场看,时尚品、奢侈品是中国日用品需要"恶补"的文化营销课。时尚、奢侈并非是某些类型产品的专属,如时装、服饰、化妆品、皮具、饰品、钟表、酒类、数码等,时尚、奢侈品是消费升级的庞大产业集群,是优质产品的唯一正确的营销武器。

中国日用品企业需要用时尚、奢侈的思维,反过头来研究自己产品的时尚基因或奢侈基因,运用时尚文化、奢侈文化的方法重新规划产品的营销组合。这是一个普遍性问题,是文化营销需要为中国制造加分的核心所在。

(五)按文化起源类型分类

文化营销的本质是某种有意味的形式组成的符号世界,符号世界的核心是视觉要素,视觉影响人类思维的比重高达80%,而颜色又是视觉思维的核心。从营销实践看,所有成功的品牌都"占有"一种颜色,并且有意识地将品牌的核心理念及气质通过颜色的运用表达出来。我们在这里针对主流文化将中国人的色彩感知形态,归纳为四种色彩的基本源类型模型。

1. 红色文化

同样是中国人,在香港、台湾地区,红色绝没有在大陆这样的影响力,因为共和国的60年,将红色元素变成了一种凝聚着革命记忆的色彩,因此,红色文化对国内的企业和品牌的影响之深,不是海外企业可以理解的。红色代表民族化、强势的、张扬的、热烈的、男性的气质。在彩电市场,长虹、TCL 甚至 SONY/Bravia 都采用的是红色为主识别元素。当然,红色也有不少负面影响元素,比如强势、坚硬、缺乏情感。因此,很多品牌在红色主色调上,通常加入蓝色、白色进行调和,让大气之中蕴涵着内敛的气质,比如茅台酒、红花郎、红西凤、王老吉等。红色变体的紫色就很好地中和了红色的张扬与贵气,也得到不少追求个性品牌的青睐,如 BENQ。

2. 蓝色文化

天空与海洋是蓝色文化最坚实的自然基础,在世界范围内,蓝色实际上是最通用的色彩元素,中国人对蓝色的偏好弱于西方。蓝色内敛、深沉、包容,视觉耐受时间较长,被耐用消费品、科技产品广泛使用,如福特、通用电气、IBM、微软等,在快消品中,宝洁、联合利华、百事可乐等也将蓝色作为主识别元素。科技公司使用蓝色很多,如联想、海尔、方正,但中国的蓝色风暴却是由洋河蓝色经典引发,不仅突破了白酒使用红色、金色等传统的用色习惯,而且让蓝色成为一种文化,特别是中国文化里最缺乏的海洋文化气质。随着中国崛起,对海洋权益的重视,蓝色文化在中国市场营销的潜力与驱动力会越来越强,80 后、90 后未必如前几代人对革命的红色有多深的情感,《蓝色生死恋》、《海豚湾情人》等韩剧,使新生代消费者对于海洋文化、蓝色元素产生偏好,这是营销人需要注意的动向。

3. 绿色文化

绿色元素总体代表了生命意志、健康、自然等偏向女性柔美风格的气质,亲和性是绿色元素的最大优点。绿色在产品上的运用,在牛奶这个品类之外并不多见。蒙牛、伊利、光明都使用绿色作为产品包装的主元素,是希望将洁净、自然、安稳注入品牌文化之中。啤酒这种希望带给人清凉感受的品类,绿色的使用是主流,如喜力、嘉士伯、雪花、青岛等。

绿色的弱点是内敛到低调、安静,对消费者缺乏强烈的刺激,所以真正使用绿色的品牌实际是不多的,这可能也是中国商业社会发展还处于初级阶段的一种现象。但绿色在国际上,尤其是联合国下属机构、NGO 如绿色和平组织等使用频繁,为绿色注入了强大的生命、和平、安全的文化基因。

4. 白色文化

如果说黑色是时尚、奢侈品永恒的主色,那么白色则是时尚、奢侈品的王冠之色,只有顶级品牌、顶级产品才敢使用白色,如 GUCCI 的手表、CHANNEL 的化妆品等。

现代中国人对于白色并不喜欢,所有的中国产品,白色都是作为底色而很少作为主色去使用,因为中国传统文化里有关白色的文化记忆,都是消极的事物关联。

将白色文化带入主流殿堂的不能不首推苹果。一家公司,用单色统一全球消费者的审美品位,苹果是唯一品牌,苹果创造的不仅是营销神话,更是一次文化的奇迹。服装、休闲运动品类广泛使用白色为主元素,白色家电、数码产品更是给白色注入了科技、简洁等文化内涵。

作为白色变体的银色,也具有较大的影响力,几乎成为科技的标准色,它代表了平等、信赖、洁净以及高贵。

中国的小众文化也有几种独特的中国式色彩类型,如:

黄色文化。黄色在中国是权贵、皇家的象征,中国本土的奢侈品喜欢用黄色为主识别元素就是这个原因,如香烟里的天子、黄鹤楼等;

青色文化在中国具有典型中国特色,这是一种似有若无、似有实无的"空灵"感受,是中国独特的士文化的核心。中国的白酒、化妆品、时尚品等很多已经在运用青色作为主识别元素,仿青花瓷的包装更是成为高雅的符号,如青花瓷汾酒、茅台不老酒等;

黑色文化在西方有悠久的历史,黑色在西方是庄重、正式的颜色,是时尚、奢侈品的永恒主色,中国人对黑色普遍较为排斥,只有极小众、高端的产品,才会使用黑色为主元素。

四、文化营销策划中应注意的问题

文化营销策划不是喊口号,不是玩花拳绣腿,它不止是一个形式的问题,而更是一个内容的问题。在文化营销策划时应注意以下几个方面:

(一)处理好内容与形式的关系

内容决定形式,形式是内容的体现,二者辩证统一。我们在文化营销策划时往往只重视形式忽略了内容。有的企业只注重产品的包装不重视产品的质量;有的企业在文化建设中只提出一些口号,实际中并不执行;有的企业只知道做广告做宣传,只重视企业视觉识别系统(VI设计),不强调企业理念(MI)和企业行为(BI)建设,造成了"金玉其外,败絮其中"的结果。

(二)要用系统的观点对待文化营销策划

企业的文化营销包括三个层面,它是一个整体,一个有机的系统。我们在进行文化营销策划时不能断章取义,只抓一点不及其余,而要把三者有机结合起来。企业文化建设是企业文化营销的前提和基础,企业没有良好的健康的全面的文化建设,文化营销就成了无源之水、无本之木。企业分析和识别不同环境的文化特点是文化营销的中间环节和纽带,在企业文化建设的基础上,只有对不同环境的文化进行分析才能制定出科学的文化营销组合策略,制定文化营销组合策略是前两者的必然结果。企业在进行文化营销策划时往往忽视了前两者,只重视了文化营销组合策略的运用,结果是收效甚微。

(三)选择合理的文化定位

文化定位是文化营销策划成功实施的关键,对文化营销策划效果的获取起着决定性的作用。每个企业的基本条件、产品和目标市场都不同,所形成的文化也就各具特色。因此,任何要实施文化营销的企业必须根据企业实际情况选择合适的文化产品定位。企业在进行文化定位时,要根据其实际情况进行具体分析,毕竟文化营销的实质是文化适应,而不是文化硬套。

(四)积极采取文化适应策略

对于从事跨国营销活动的企业,需要按照国外消费者的需要来设计、提供主产品。这就是通过对目标市场的文化环境的了解和体会,在营销中充分考虑其文化特点,避免与当地文化、宗教禁忌等相冲突。通过积极主动的采用文化措施,巧妙使用文化策略,以达到"以夷制夷"的目的。这要求企业应按照外国文化特点、习俗和规范来确定文化营销策划的目标和相应业务问题。我们必须寻找文化的沟通与协调,通过文化适应来磨合文化差异,找到国际市场的文化共鸣点,造就有利于自己的国际市场格局。

　　一个非常典型的案例就是丰田的广告词:"车到山前必有路,有路必有丰田车。"车到山前必有路,是中国社会一种特定的文化观念,它表示人们在起步阶段不必考虑太多的问题,等发展到特定阶段之后,就能找到解决问题的方法。这一理念极大地反映了中国人的自信,而丰田公司把这样一个文化俗语同自己的广告语结合在一起,在很大程度上提升了这一广告被中国市场接受的程度。

(五)发挥文化品牌长期效应

　　如今已进入网络信息时代,文化营销也必须与时俱进。文化营销应充分整合现代营销中的各种文化要素,并体现在网上购物、网上书店、网上教育等各种网络营销活动中。以文化营销促进企业品牌建设,不能照搬教条,必须根据具体的市场环境综合运用各种因素才能达到目的。同时,要利用文化品牌进行积极的延伸,开发出相关的衍生产品,发挥文化品牌的长期效应。

(六)构建文化营销策略体系

　　在产品设计时,融入一些相关的文化元素,应充分考虑到保护其原有的文化底蕴,企业应推出文化内涵丰富、品味独特和具有恒久魅力的产品。在分销过程中,将产品本身与其历史上或文化中相匹配的分销渠道相结合,发挥独有的营销优势。在进行产品定价的过程中,将文化的价值融入产品价格之中,发挥文化溢价功能,使文化能有效地提升消费者对品牌的认知价值,并产生相应的品牌溢价。在促销中,将文化作为产品的卖点之一进行宣传,赋予促销的品牌文化个性和精神内涵,将传统文化元素和商业元素进行有机融合和创新。

第五节　体育营销策划

　　"体育,拥有改变世界的力量!"这是南非前总统曼德拉在出席第一届"劳伦斯世界体育奖"颁奖典礼时说的一句话。当时这句话被认为是"惊人之语"。而如今,它被看作是对体育力量的一种"客观诠释"。体育不但是世界各国人民喜爱的活动,也逐渐成为企业的新宠,许多企业都与体育营销结下不解之缘,并取得不俗的成绩,其中既有像可口可乐、三星这样的体育营销先行者,又有联想、红塔、安踏之类的后起之秀。在2008年北京奥运会和2012年伦敦奥运会上,我们看到越来越多的中国企业开始关注体育营销,并希望借助体育营销扩展自己的品牌。

体育营销被誉为营销中的顶尖手段,只有具备战略眼光的营销策划人,才能真正把握它的精髓。

一、什么是体育营销策划

(一)基本概念

体育营销(sport marketing)就是以体育活动为载体来推广自己的产品和品牌的一种市场营销活动,是依托于体育活动(赞助形式),将产品(或企业)与体育结合,把体育项目内涵赋予企业品牌,形成特有的企业识别、形象解码转移、品牌内化演绎的价值增值的系统工程。它堪称21世纪最有效的市场推广工具之一,是企业经营中的一种战略,各行各业已认同体育营销对达成商业目标的效用。[①]

对于体育营销,要想获得预期的效果,必须对体育营销有一个正确的认识,有一个系统的规划。对这种体育营销活动进行的策划就是体育营销策划。

体育营销包括两个层面:一是指将体育本身作为产品营销。从一支球队和它的运动员,到一场赛事、一次运动会,都可视为营销学意义上的产品,这个层面可以称之为"体育产业营销"。另一种是指以体育赛事为载体而进行的非体育产品的推广和品牌传播等营销现象,也就是借助体育活动而进行的其他产业的营销。比如我们在每四年一次的奥运会、足球世界杯中所看到的赞助商的一切活动和身影,以及它们产品、品牌的巧妙展示等。我们通常所说的体育营销策划是指后一个层面。

一般来说,体育营销至少包括三重含义,对此,在策划中,我们必须正确理解,科学把握。

一是体育营销的组成元素包括赞助方、体育项目和观众,所有体育营销都是建立在三者基础之上,呈现出稳固的"体育三角形",缺任何一方都不能称其为成功的体育营销。

二是体育营销是围绕赞助而展开的,赞助(sponsorship)能将运动项目形象(event image)与企业品牌形象(brand image)有机结合起来。转移机制的起点是赞助,形成认知、产生兴趣、依恋,增强渴望,直至顾客购买,转移过程结束,运动项目内涵附着于品牌,而转移效果的强弱决定于调节变量,即运动项目与赞助企业的相似性、赞助级别、运动项目的频率及产品的复杂程度。

三是赞助是开展体育营销的首要因素,但仅有赞助是不够的,在取得与运动项目或组织建立联系后,我们不仅要从营销传播技术的角度去营造品牌,从企业发展的角度去管理品牌,更重要的是能否做到从全新的品牌视角进行品牌价值的营造、管理。实际上,品牌营造、管理已经成为一项战略性管理主题,是否有能力创造品牌价值并使其保值、增值,日益成为企业成败的关键。

[①] 参考朱小明、张勇:《体育营销》,北京大学出版社2006年10月。

[案例]

长虹品牌　无奈归零①

借助中国乒乓球队代言，打民族牌的长虹虽然没有赞助奥运会，却博得了极大的关注效应，长虹等离子电视的奥运热销就是有力的佐证。然而，这次几近完美的体育行销却几乎没有为长虹的品牌形象留下多少痕迹。

CHANGHONG 长虹®
—— 快乐创造 **C** 生活 ——

巧打"奥运擦边球"

一段时期以来，长虹"彩电大王"的固有认知和形象，曾让它大伤脑筋。当长虹集团正在为品牌大计挠头的时候，突然发现企业传播的热点已经开始转向了 2008 奥运会。

家电企业对奥运十分热衷，松下、三星是奥运会的 TOP 赞助商，海尔是北京奥运会的赞助商，TCL 赞助了中国网球队。这些直接竞争对手强势的奥运营销，给长虹带来了很大的压力。作为"中国的第一品牌和新时代国企的代表"，举国盛事，岂能没有长虹的声音？长虹决定以奥运为契机，重塑"新民族品牌"的形象。

在品牌代理商的策划和协助下，长虹力压数家强劲对手，获得了中国乒乓球队的主赞助商资格，赞助期为四年，从 2007 年直到 2011 年，并可在奥运会后再次评估和优先续约。在外界看来，屡拿金牌的乒乓球队是最有价值的体育赞助资源。

拿到中国乒乓球队后，长虹停止了原来"快乐创造 C 生活"的品牌形象推广，开始全面转向与中国乒乓球队合作的奥运"擦边球"推广，同时明确了品牌任务，首先通过中国乒乓球队实现长虹品牌的广泛曝光，其次是希望依托中国乒乓球队，整合各产品线长期各自为政、散乱无章的广告传播行为。

经过反复商榷，长虹形成"国球长虹"的核心传播概念，和"一起来，打动世界"的全线整合的传播主张。以此概念为基础，推出了一系列平面和影视广告，并在赛事密集的 2008 年与央视建立乒乓赛事栏目与广告投放的紧密合作。

长虹的奥运推广极大地丰富了品牌联想和品牌活力，也显著提高了长虹的企业影响力和社会形象。来自 CTR 市场研究机构的调查显示，长虹赞助中国乒乓球队获得极高的认知和认同，在奥运会赞助商的选项中甚至超过了海尔，成为奥运会"擦委会"中最大的赢家。

比起直接赞助奥运的天价，长虹赞助乒乓球队花费的成本非常小。粗略估算，2008 年长虹赞助中国乒乓球队仅在央视赛事转播中的品牌曝光价值就超过了 10 亿元，是年度赞助费用的 50 倍。

---

① http://info.txooo.com.

无奈归零

虽然获得非常好的媒介传播效果，但2008年奥运之后，长虹并没有趁热打铁，在推广中持续运用中国乒乓球队资源，更没有意识到已经建立了高端稀缺资源的品牌资产，乒乓球队终于被其束之高阁。

2008年结束后，长虹停止了相关媒体的广告投放。实际上长虹集团对于中国乒乓球队的资产已经不做管理。长虹的"国球大本营"的官网备受冷落，至今仍停滞在奥运夺冠的恭祝内容上。2009年初，长虹的部分赞助权益被腾讯抢用，广告传播素材被361°盗用，而依然是乒乓球队赞助商的长虹一直没有主张权利，可以看出已经没有人负责和过问。

究其根源，长虹上下始终认为，赞助乒乓球队的目的是在奥运，而不认同乒乓球可以成为长虹独特的品牌资产，甚至各产品线也认为，乒乓球难以和产品功能结合在一起。有一个细节可以说明长虹的态度，据说，国家体育总局乒羽中心成立不久，国家乒乓球队曾慕"长虹"之盛名，派代表亲赴绵阳寻求赞助合作，却被拒绝。虽然长虹没有干脆地终止赞助，还开了续约的新闻发布会，但是长虹对乒乓球队资源的利用基本归零。

无疑，长虹当初赞助乒乓球队仅仅是为了获得奥运曝光机会，是短视的投机行为。事实上，乒乓球队的价值远胜于奥运宣传，首先，他们都具有"民族第一"的天然属性，对于长虹持续建立新"民族品牌"只有加分的作用；其次，当初的合作非常有默契，在众多企业争抢体育资源的今天，体育资源价格一路走高，隐性放弃乒乓球队非常失策；第三，对赞助资源的使用需要持长期投资的心态，如阿迪达斯一直赞助足球联赛，几十年来从未间断，耐克赞助美国NBA亦是如此。品牌资产的建设非一日之功，贸然决定，又贸然放弃，企业形象变来变去，消费者能记住你是谁呢？

（二）体育营销策划的特征

体育消费者倾向于将自己与体育联系在一起，创造了增强对相关赞助产品品牌忠诚度的机会；而体育营销恰恰以其特有的公益性、互动性和成本效益优势成为消费者和商家共同青睐的品牌传播方式。

1. 蕴涵无限商机

随着体育热潮的广泛传播，体育以观赏性、竞技性和游戏性的特点，成为全人类的主要盛典之一，也是最被广泛认同的人类活动。由此产生的注意力经济和体育经济，深深影响着企业发展或品牌增值。很多的企业已深刻认识到体育营销塑造品牌的魔力，同时更清醒地认识到体育活动背后蕴藏着无限商机。

2. 公益性和公信力高

体育是人类共同的事业，赞助体育或者进行其他形式组合的体育营销，其观众注意力、品牌渗透力和影响力，是其他类型的广告所不能达到的。传播效果易被接受，受众的排斥阻力相对弱一些，商业性及功利性不明显。同时，它可以激发个人情感依恋以及群体性和晕轮效应。

3. 沟通面广,针对性强

在重大比赛现场,观众数量之多是其他事件营销所不能企及的;赛事直播,媒体受众更是广泛。体育本身就是一种世界性语言,它打破了信仰、文化、语言和种族等种种障碍,联结社会、企业与消费者的关系,因此非常有利于企业与目标对象进行有效的沟通,快速提升品牌价值,快速推进国际化品牌赛程及品牌国际化增值。

二、体育营销策划法则

通过所赞助的体育活动来推广自己的品牌,这在全球市场已成为大众认同率最高的市场推广策略之一。但是,我们在体育营销策划时需要遵循"4 - 1"法则。①

(一)提升知名度和美誉度

你想跳多高,就会跳多高。这作为企业品牌运作的观念,同样如此。一个好的品牌急需要进行提升知名度和美誉度,体育营销或许是最为直接和有效的。很多企业品牌都是通过体育营销来达到提升自身品牌知名度或美誉度的。

例如,韩国的三星曾经被戏称是"廉价家电制造商",不仅在国际上属于名不见经传的三流品牌,即使在韩国本国的竞争中,也略逊色于对手金星社(LG 的前身)。但是,借助成为"1988年汉城奥运会"赞助商的契机,三星使得全世界从奥运五环标识的旁边认识了韩国品牌"SAMSUNG",并借助奥运赞助商的高端形象,逐步摆脱了以往产品和企业的低端形象。后来,三星一直致力于奥运营销,并进一步成为了国际奥委会的 TOP 赞助商。此后,三星实现了其品牌的质的飞跃,从一个低端的小品牌成长为国际一线大品牌。2003 年,三星彻底和低端告别,开始将自己的产品定位于高端市场。到了 2005 年,三星首次在品牌价值的排名中超越了索尼。2006 年,三星的品牌价值更是达到了创纪录的 162 亿美元。三星由此成为了奥运营销史上的"传奇"和"经典"。

再如,我国民族汽车品牌——吉利汽车通过参与 F1 方程式赛车的方式加入体育营销的行列,它们生产的方程式赛车不仅在外形设计上完全符合方程式比赛要求,而且装载了吉利自主研发的发动机,可以随时参与方程式比赛。通过方程式赛车这一顶级的体育赛事,全面打消已经习惯技术引进模式的汽车业界对于吉利自主研发汽车核心技术的怀疑,从而使得吉利汽车作为民族汽车品牌的骄傲,提高国产品牌的知名度和信任度。

还如,一个是中国足球球迷望穿秋水而终于出线的中国足球队领军者米卢,一个是在国内空调界还是个小角色但急于跳高的奥克斯,这两者的结合,奥克斯空调聘请米卢代言,使得"奥克斯"一跃成为空调界的新锐品牌。

(二)把体育文化融入到品牌文化中

有别于企业为博取消费者的好感而采取的厂商主导式的传播,体育营销策划的基本

---

① 魏玉祺:《体育行销的"4 - 1"法则》,市场部网。

效用就是,为企业和消费者之间搭建一个真诚交流的文化平台,其红线就是把体育文化融入到品牌文化中,让消费者对企业品牌产生认同,使得由此塑造出来的企业形象深入人心。

事实上,并不是每一个企业组织都适合做体育营销的,这一点,在进行策划时必须注意。例如,白沙集团的"鹤舞白沙,我心飞翔"的广告语虽然与"刘翔"的"翔"字相吻合,并且有飞腾的味道。可是在白沙集团的广告里,一只白鹤轻歌曼舞的姿态,却怎么与刘翔"亚洲飞人"的形象也吻合不起来。

(三)追求"四两拨千斤"的作用

只有占领头脑,才会占有市场。这是体育营销必须融合于文化营销的关键所在。

打个比方说,北风和南风比威力,看谁能把行人身上的大衣脱掉。北风首先来一个冷风凛冽寒冷刺骨,结果行人为了抵御北风的侵袭,便把大衣裹得更紧了。南风则徐徐吹动,顿时风和日丽,行人因为觉得春暖上身,始而解开纽扣,继而脱掉大衣,南风获得了胜利。这实际上说明了一个道理,就是要学会开动脑筋,用有效的体育营销策划来达到"四两拨千斤"作用。

例如,农夫山泉参与矿泉水市场争夺战时,就已经面对着娃哈哈和乐百氏等几大巨头,农夫山泉通过赞助一分钱的"阳光工程",通过一则公益广告:一群孩子在一起踢球、跳绳、比赛。画外音告诉我们:"您的一分钱我们是这样花的,2002年,农夫山泉阳光工程已为24个省的377所学校捐赠了5029028元的体育器材。您的一分钱让20万孩子第一次感受到运动的快乐。"这些全民运动的体育营销,从打动消费者内心的温情着手,更能贴近普通百姓对于农夫山泉品牌的信任和肯定,从而拉升了农夫山泉在饮料行业里的高端品牌形象。

(四)定位于适合自己品牌属性的特定消费群体

孔雀总是为自己喜欢和爱美的人开屏,体育营销也必须定位于适合自己品牌属性的特定消费群体。

奥迪汽车品牌在中国参与体育营销时就强调"动感",如它的A6款广告语就是更激情、更动感、更尊贵,使品牌与体育营销之间产生了一种必然联系,"动起来更精彩",这拉近了奥迪品牌与体育赛事的距离。

但是,同为2008年奥运赞助商,作为国内垄断性行业的中国电信、国家电网,还有中国人保财险、统一企业等几家企业在北京奥运会几乎失声,如国家电网,人们几乎无法从其公司产品和公司网站之外的地方看到其和北京奥运会的联系。再如宁波贝发集团作为一家国内最大的制笔企业之一,也搭乘奥运经济的吉祥物,这样的营销方式会使其生产的笔产生"运动起来"的特性么?企业重要的不仅仅是知名度,还有美誉度和忠诚度。我国的企业在做体育营销策划时要进行筛选,对体育赛事进行分类,不是所有的体育营销都能达到效果的。

[案例]

联想为什么要退出奥运会 TOP 赞助商？

作为国内最为知名的 PC 机和笔记本的制造商，联想赞助了北京奥运机会，但之后不久，他们即表示，不再续签温哥华/伦敦奥运会顶级合作伙伴的合约。他们将更加侧重针对策略性目标市场的赛事赞助，这样可以更好地满足联想在各国家和地区深入发展业务的需要。

事实上，在联想成为奥运会的 TOP 赞助商之后的四年里，联想面临着一个从 IBM 到 LENO-VO 的过渡，奥运会的宣传效应无疑给联想一个最佳的宣传自己品牌的时间和过程，尤其是北京奥运会的影响力是相当巨大的。我们可以看到，北京奥运会对联想是一个极大的机会，一则是奥运会在中国本土进行，影响力空前，二则联想的大本营在中国，这里是联想的基地，是联想全球化的根据地。而在联想取得第一阶段的品牌认知后，继续在奥运会 TOP 中寻求更大的空间已经意义不大。随着北京奥运会的结束，人们对中国公司的注意力势必也会下降，因此联想及时调整，在更多的体育赛事中寻求新的近距离宣传手段应是非常明智的一个选择。

（五）打造系统的体育营销策划战略

事实上，体育营销在一定程度上是文化营销的另外一种载体，体育营销也必须要遵循能够打动消费者和深入消费者情感深处的文化属性。而这一切需要一个系统的品牌战略，我们如果疏忽了任何一个法则，往往会成为"零效应"。

可口可乐在雅典奥运会之前可起用新星刘翔和滕海滨时，不仅延续了原来的"要爽由自己"的品牌主题，把原来的娱乐明星的代言与体育营销有机结合起来，而且通过两人闪电般的夺金速度，当刘翔最终以 12 秒 91 的成绩完成奥运会历史上的传奇，而滕海滨也在失误之后重拾信心赢得一块体操金牌时，勾起每个人想要体验奥运激情的运动文化，从而与消费者自己主宰情感欲望和审美视觉的"爽"字呼应。

我们国内很多企业在体育营销上，往往缺乏系统的、全方位的营销策划，而是把体育本身作为事件营销的一种载体，对体育明星或者体育赛事进行直接的、单一的宣传和推广，缺少相关的品牌推广、促销方式、展览展示、广告投资、产品推介等系统工程。大家把注意力几乎全都集中在商家花费、采取方式与选择的体育赛事几方面，却较少关注因为赞助而实际获得了什么品牌经营与销售效果方面，一些区域性的体育营销最终往往都归于"零效应"。

三、体育营销策划应注意的问题

（一）充分考虑体育营销的高风险性

体育因其具有的健康向上、不断拼搏及公益性特点，易被广泛的接受和追随，效果明显。但是，毋庸讳言，体育赞助资金投入也是到目前为止所有企业赞助中费用最高的一项。往往在企业赞助某个体育项目后，它就占据了营销费用的很大比重，全年基本上从资金、物力、推广主线都围绕着它来进行，且逐年大幅增长。因而，赞助项目的成败对全年乃至长远的品牌建设影响极大。而且因每家企业实际情况的不一样,对体育赛事的赞助评估、计划、资金实力、执行等的不足,体育赞助并非都能够取得预计的理想效果。据统计,在赞助亚特兰大奥运会的二百多个企业中,大约只有 25% 的企业得到回报,有些企业只得到一些短期效益,有些企业甚至血本无归。

[案例]

北京奥运会之后的李宁公司

中国企业虽然在体育营销上取得一定成就,但是和国际巨头三星、可口可乐等公司相比,还很幼稚。

2008 年,李宁高举祥云火炬绕鸟巢一周时,奥运营销让他个人和李宁公司的品牌都达到了巅峰,奥运体育营销看起来无比美妙。

受益于 2008 年北京奥运会的营销攻势,李宁公司曾经表现出了良好的上升势头,在国内的销售额首次超过了阿迪达斯。也就是从那时起,李宁开始了一场巨大的战略转型,这些转型包括布局多个品牌,向户外、乒乓球、羽毛球和运动时尚等领域扩张。但显然这次转型并不能算成功,上年李宁公司的净利润仅仅为 3.86 亿元,同比下降 65%,更可怕的是这个数字尚不及匹克的净利润,就更不要提安踏的 17 亿元了。

而在 2012 年伦敦奥运会开始时,李宁公司已经陷入困局。首先与美国合作伙伴的协议已

图 8-7　李宁

终止,与西班牙代理商成立的销售公司也破产。公司发布预警称,今年第四季度订货总订单金额出现高双位数下降,全年营收及利润恐将出现负增长。很显然,中国体育服装品牌的主战场依然在国内,李宁能否再度借势翻身,困难颇多。

毫无疑问,体育本身是一个非常优质的传播平台,从长期来看,对企业的品牌认知度和美誉度都有非常重要的价值,从短期来看对推荐新产品、扩展渠道、提供品牌曝光度都有积极的意义。但是也应看到,企业的营销主要取决于自身的产品实力,体育营销策划只能提供一个渠道,不能解决企业的全部问题。只有企业在产品方面有核心竞争力,体育营销策划才能让你的产品和你的目标受众有情感联系,这才是体育营销策划能起的作用。

另外,对体育赛事的走向趋势预测也同样存在风险。因为体育比赛的风险就在于每一个运动员都有可能突然失误,和演艺明星不同,体育明星最大的风险是成绩,而消费者往往只记住冠军。所以,赞助某项体育赛事,签约某个运动员有点像"热点押宝",处于成长期的运动员不但性价比较高,同时因为没有过度开发,具有较大的开发潜力,如果押中,就能带来

巨大的商业价值,如果押空,就损失一大笔营销费用。对此,同样需要我们在进行体育营销策划时给予充分考虑,提前做好预案。

[案例]

刘翔的成与败

2006 年 7 月 12 日凌晨 3 点,瑞士洛桑国际田联超级大奖赛上,随着"砰"的一声枪响,刘翔迅速发力,超过所有竞争对手,率先冲过男子 110 米跨栏决赛终点。12 秒 88 的成绩在瞬间被定格,沉睡了 13 年的世界纪录被刘翔刷新。刘翔,这个黄皮肤的亚洲人当之无愧地成为世界男子 110 米跨栏第一人。

图 8-8　2008 年耐克的刘翔平面广告

刘翔打破世界纪录是任何人都没有预料到的,尽管此前大家对刘翔取得好成绩都很有信心,但包括刘翔本人也很难预料自己是否能打破世界纪录,更无法预料在哪一场比赛中会打破世界纪录。

机会突然从天而降,另一场速度比赛也悄无声息地展开了。

当时刘翔的签约赞助商共有八个,其中一级代言分别是伊利、耐克、可口可乐和 VISA 等,伊利是一级代言商中唯一的中国企业。2006 年 2 月,伊利刚刚花费巨资签下刘翔作为其品牌形象代言人。签约刘翔对于伊利品牌是一件极其重要的事情,在刘翔打破世界纪录事件之后,伊利集团董事长潘刚在第一时间对品牌管理部作了部署。

面对突如其来的这样的机会,原有的评估、决策体系就显得冗长、缓慢,我们无法用现有的模式去判断、策划和决策,必须站在更高的高度,敢于创新,敢于冒险。伊利品牌管理部接到指示后,立刻成立了专案小组,招集全部合作伙伴,包括广告创意公司、公关公司、体育咨询公司、广告购买公司以及公司内部的公共事务部、产品事业部等,聚在一起出谋划策。伊利将刘翔打破世界纪录的新闻事件用到了极致,三天之内就将所有的媒介广告、公关文章和销售终端的海报及主题陈列覆盖到了全国。而伊利将刘翔夺冠与伊利产品的冠军品质相关联,很好地提升了伊利的美誉度,拉动了产品销售。伊利通过协调公司内外部资源,通力合作,特事特办,在极短的时间内打了一场漂亮的营销战。

六年之后,2012 年 8 月 7 日,刘翔在伦敦奥运会 110 米跨栏预赛中,在第一道栏就摔倒了。这一摔,很是出乎各路赞助商的意外。

2008 年北京奥运会刘翔第一次因伤退赛的时候,有十多家企业与刘翔签代言合同,包括一家代言 1500 万元/年的企业,到 2009 年时只有一家续约。2010 年,除了耐克公司外,27 岁的刘翔几乎没有任何商业代言,飞人代言身价也一度降至 200 万元/年。

2010 年之后,刘翔伤愈归来,先后获得亚运冠军、钻石联赛冠军,追平世界纪录。广告商开始重新上门,代言身价重回千万元。到伦敦奥运会之前,刘翔至少已经代言八大品牌耐克、伊利、可口可乐、青岛啤酒、安利纽崔莱、宝马、舒肤佳和腾讯微博。

耐克和伊利都表示,早做好了刘翔不能夺冠的准备,并有多套方案。但摔倒在第一栏,还是出乎他们的意料。

耐克几分钟后就在微博上推出定制的文案:"谁敢拼上所有尊严,谁敢在巅峰从头来过,哪怕会一无所获……"其实,因之前刘翔伤病的消息传来,他们一直就很担心刘翔是否能跑完全程。所以在刘翔比赛前,耐克公关团队就做了好多个预案,甚至他们的营销策划方案主题就定为"活出你的伟大",并不在乎输赢,这一次切合刘翔因伤退出比赛的文案也是其中一个。这个让网友"跪拜"的文案神作,使很多人误以为耐克是伦敦奥运合作伙伴,而事实上,阿迪达斯才是真正出钱的那个。

图 8-9　2012 年耐克的刘翔平面广告

伊利在奥运之前也准备了好几个方案,也做好了刘翔不能夺金的心理准备。所以他们在广告中并没有强调刘翔的比赛结果,这与其整体的营销策略有关。这次奥运会,伊利的主题是"平凡人的奥运",很多活动都是围绕这个展开的,与刘翔个人倒没有很大的关系。

其他各路赞助商也在第一时间展开微博传情,如宝马中国发出的是:"总会有人记得你为国人所带来的感动与荣耀,也一定会有人明白你所背负的重压与伤痛。"可口可乐的是:"从你踏上赛场的那一刻起,输赢就已经被放下。这只是人生一道坎,我们会和你一起跨过去!"Just DoIt 的是:"谁敢在巅峰从头来过,即使身体伤痛,内心不甘。让 13 亿人都用单脚陪你跳到终点。"

(二)体育赞助必须门当户对

体育营销策划中有一个很重要的方面就是体育赞助。体育赞助指向某一体育项目付出一定数额的现金或实物,作为与该体育项目合伙参与开发以达成各自组织目标的一种特殊商业行为。体育项目是企业赞助行为发挥商业效应的基本载体,是评估是否赞助、如何赞助最重要的指标。因此,体育赞助必须门当户对,主要需从以下几个方面考量:

1. 赛事是否适合目标消费群体?

如果所赞助的体育项目不是目标消费群,也不被他们所钟爱,也就无从谈商业价值,无从谈赞助了。这是门当户对最基本的考量因素。这似乎再简单不过了,然而却有企业在实际操作过程中觉得某个项目不贵,有很多人关注,或者受到政府部门的重视就草草决定赞助,而实际上除了与非主要目标群打个招呼,图个脸熟而已,别无他用。

2. 体育赞助项目或运动员与品牌定位、产品特性是否相符?

体育赞助不管采取什么样的形式,投入有多大,其终极目标都是为建立、巩固一个强有力的品牌定位服务,从而影响销售的。

首先我们所想要赞助的体育项目与销售的产品特性是否相一致,产品特性包括:产品的功能、特点、销售区域范围。比如一家区域性销售的女性保健品就不太适合赞助全国性的足球联赛。

还有,体育赞助项目必须与品牌的定位相一致。万宝路香烟品牌多次赞助欧洲一级方程式赛车,将世界顶级车手的阳刚与万宝路的男子汉气概的品牌内涵联系在一起。而后,万宝路把这一策略移植到了中国,在中国,万宝路先后冠名赞助了中央电视台《体育大世界》栏目和中国的甲A联赛。其赞助策略又成功地使中国受众将万宝路与激动人心的体育赛事和体育精神联系到了一起,阐发了万宝路的品牌内涵——自由、粗犷,具冒险精神,再次获得了广大受众的青睐。万宝路一直赞助具有这种特征的赛事,一级方程式赛车、足球赛。那是为万宝路的品牌定位服务的,如果离开这个品牌定位的赞助,将是南辕北辙,毫无意义。

3. 赛事或运动员是否被普遍认同,且处上升趋势?

所赞助的体育项目是否被普遍认同,这将决定品牌的传播广度和被公众认同程度。体育赛事一样遵循波浪式发展的规律,如果在当时是体育方面的热点,是被议论的话题,当然传播就广,效应要比被动传播好得多。赛事呈上升或下降趋势,将影响品牌的美誉度,赞助一个充满生机正在上升的赛事,往往让消费者感觉到你的品牌是年轻而具活力的;赞助一个让目标受众失望,处于走下坡路的赛事,往往也会相应让消费者觉得,赞助品牌是老套的,不受欢迎的。

[案例]

奥运代言,企业的押宝式赌局

21岁的孙杨伦敦奥运会力夺400米自由泳、1500米自由泳金牌,迅速成为全民偶像,夺冠效应也已显现。

来自晋江的闽企361°,在奥运前已经成功押宝孙杨。虽然361°未透露具体代言金额,但这将是一笔划算的买卖。孙杨拿下两枚历史性的中国男子游泳奥运金牌后,361°公司当日下午股价一度飙升8%至1.89港元,一度盘中大涨5.26%。

图8-10　孙杨代言361°

无独有偶,在伦敦奥运会上,孙杨、叶诗文、焦刘洋等几位代言人频频夺冠,无疑也让伊利成为最受关注的奥运商家之一。事实上,从2005年与北京奥组委签约开始,"奥运营销团队"早已是伊利内部常设的专业部门,在奥运"休战"期间,物色潜力运动员作为广告代言人便是他们的日常工作。

选择代言人的标准,实际上和伊利的品牌战略是一脉相承的,公司首先考虑的是运动员和企业品牌的契合度,包括运动员的公众形象、个人特点等,都在他们的考虑范围之内,在此基础上,他们会从性价比、可成长性等多个角度进行综合考虑。

"确定潜力奥运明星,并不是胡乱选择。我们在前期选定赞助代表队之后,会对代表队内运动员本身情况作大量的分析,对于特别有潜力的队员,我们会进行事前单独沟通,并签订代言协议。"伊利集团相关负责人透露:"早在奥运会开赛之前,孙杨作为我们这届的主要代言人之一就已经确定下来。"

2012 年 8 月 3 日,就在孙杨决战 1500 米自由泳决赛之前,伊利集团发起的"邀你来奥运"互动活动正式上线。凭借着孙杨的超高人气和前期的精心筹划,活动的访问量也一路水涨船高,上线首日即突破 10 万人次。该活动也随即成为继可口可乐"奥运节拍"和麦当劳"实战奥运赢冠军"之后,又一在短期内收获高人气的网络互动活动。而孙杨夺冠后,该活动人气更随之水涨船高。

业内预计,孙杨金牌的含金量比肩 2004 年的刘翔、2011 年的李娜。伦敦奥运会后,孙杨将成为下一个"广告宠儿",身价可与当年的刘翔相比,将是赛前的数倍至数十倍,代言费至少需要上千万元。

其实,挑选体育明星做代言是一场押宝式的赌局,选择在什么时候"入局"很重要。中国品牌目前还没有能力培养完全青涩的运动员,一般是在其运动生涯的中早期介入,这样才能以最少的花费实现最大的商业价值。而国际品牌则这种"潜力股"更早介入,2002 年耐克就开始关注刘翔,对李娜则进行了十多年的培育。

4. 看竞争对手赞助情况

体育营销策划涉及对体育项目的赞助还要看自己的主要竞争对手。假如竞争对手赞助了同样或相类似的体育项目,且比你计划要赞助的项目更高一个级别,那建议你马上放弃,否则你将成垫底的牺牲品。因为你选择的是与竞争对手直接作战,而对手明显强过自己,那最后只能留给目标消费者这样一个印象:提起所赞助的体育项目时,消费者所记得的是竞争对手品牌,而忘记了你,即使知道你,也自然而然的觉得你比竞争对手差。这种情况可以寻找一个适合自己定位,又能与竞争对手相区别的体育项目。

相反,你赞助的项目比竞争对手强,且有能力做好,那就建议与竞争对手抢夺这一赞助品牌为己有。

(三)坚持体育营销的连贯性

1. 从战略的角度来看

对所赞助的体育项目缺乏长期的规划和经营,短视行为严重,这是中国企业的软肋。1996 年亚特兰大奥运会中国代表团的赞助商有 37 家之多,到 2000 年悉尼奥运会时就只剩下李宁公司一家了,这个数字变化说明了很多公司在体育营销策划上还不成熟,对体育营销的理解还太简单或片面,使企业没有因此获得应有收益,有的甚至背上了沉重负担,所以被迫退出。

反观国外企业,它们都有一整套长期的体育营销计划,甚至将体育赞助作为企业营销战略的一部分,成立专门部门,专司赞助项目公关策划工作,或由总裁挂帅,瞄准体育赞助这一巨大市场,从研发到市场、从资金到人才,全面调动。真正把体育营销,打造自身品牌成为公司战略实施的一部分,并贯彻执行到位。

2. 从战术的角度来看

企业必须做到计划实施中的连贯性和节奏性,受众只会对连续而又有节奏的刺激产生印象,这是体育营销策划的生命。

由于体育营销是以心理效应为主,各种收益只有经过长期不懈的努力方能实现,很难一蹴而就,因此,体育营销贵在坚持,无论是赞助目标还是赞助项目,都要保持相对稳定,使之形成系统、完整的赞助品牌形象,切忌朝三暮四、一曝十寒。

(四)具备完善的配套执行能力

体育营销策划是一个复杂的系统活动,要使赞助项目发挥出最好的赞助效益,必须具备完善的配套执行能力。而国内很多企业往往以为,企业出了赞助费用,有了广告方面等的权益后就完事了。其实这是一个误区,即使有了好的赞助项目,却舍不得多花点人力、物力做配合性的放大工作,这就好比买了一匹好马,却舍不得配上一个好鞍。真正要发挥好赞助的效益,必须通过高空媒体的宣传、地面的促销推广活动、新市场的开拓及企业内部的产品开发等方面相配合。

1. 制订长期而完善的配合执行计划

体育赞助因其非单纯的企业行为,它还涉及被赞助方、媒体、体育经纪公司等机构,且由于体育赞助活动的规模较大,涉及的营销工具与宣传手段丰富,往往不是企业能单独承担的,只有权衡各方关系,在互惠互利、密切合作中,才能共同创造一个体育赞助的良好效益。而对于企业来说,体育赞助已成为公司重要的营销战略,因此制订长期而完善的配合执行计划势在必行。一般来讲分两个部分:一是中长期营销战略计划,在这个计划中系统地说明其在公司整体战略中的地位,需要达到的目标,分几步走,每一年的目标计划如何,大致预算为多少。二是每年的详细执行计划,一般包括该年的营销目标、传播核心、配合此项目需要分几步走,如何配合(促销推广、媒体投放、产品配合等),人员组织等。

2. 配备专业的执行队伍

复杂的体育营销策划要求活动组织人员具有全面的、专业的实践经验与统筹组织能力,以调动整个执行团队完成任务。体育营销策划在中国仍是一个比较新颖的策划活动,未形成较为成熟的专业队伍与操作模式,这使企业在实施过程中碰到很大困难,企业可以从外借助体育经纪公司在这方面的丰富经验,培养公司主要的策划组织人员。同时,短期内对公司整个运作环节人员进行培训,并慢慢引导成为一个专业的执行人员,这种执行者既不离原有岗位,又能胜任体育赞助的工作。

做好计划,培养并配备好执行队伍,保证资金投入到位,才能发挥好赞助效应。防止因某个部门或环节的工作做得不充分,敷衍了事而导致整个赞助活动链条断节,使企业蒙受损失。

[案例]

马拉多纳中国行　一场乱哄哄的闹剧

2003 年 11 月 13 日,"前世界球王"马拉多纳在七年后再次来到中国。

旅居意大利的温州商人陈宏雷拥有意大利马拉多纳集团(马拉多纳的经纪公司)75%的股份,马拉多纳拥有其余股份。由于马拉多纳在中国有极高的知名度,陈宏雷的计划是以马拉多纳这个牌子,推出一系列包括打火机、鞋、袜子和服装在内的商品,最终目标是达到 50 亿元人民币的销售额(约合 6.04 亿元美元)。而也有人在质疑马拉多纳品牌的前景:"这样一个和毒品、气枪、绯闻联系在一起的人物,能让他的品牌光大吗?"然而老马的中国合作者对自己的前景很有信心:"因为球王马拉多纳,只有一个!"但是事实并不像他设想的那样美好。

此次中国行,陈宏雷为马拉多纳作了详细的活动安排,包括参观长城、大学演讲、商业晚餐等。而 11 月 13 日到达后,原计划中的机场媒体见面会即被取消。

第二天,马拉多纳出席了媒体见面会,但并没有登上长城,也没和北京球迷见面,其他时间都挥洒在了高尔夫球场。

第三天,老马更是擅作主张,干脆住进了高尔夫俱乐部,并在那里又打了一天的高尔夫球。

第四天,马拉多纳私自通过国际长途对阿根廷电台发表谈话,抱怨陈宏雷违约,拒绝付给他钱,并说他要马上离开中国。随后,陈宏雷也大吐苦水:"马拉多纳太随心所欲了,只知道喝酒、按摩、高尔夫,花的都是公司的钱,也拒绝了我们的活动安排。事实上,是马拉多纳先违的约。"

11 月 21 日晚上,马拉多纳以"生病"为由在北京滞留了几天之后,和陈宏雷签订了一份全新的价值 50 万欧元的合同,马拉多纳的中国之行才得以继续。马拉多纳在新闻发布会上高兴地表示:"从现在开始,我要进行艰难的工作了。我为以前的一些不愉快表示道歉。"

11 月 25 日下午,马拉多纳终于"开工",来到浦东,为一家以他的名字命名的公司揭牌。

12 月 6 日,马拉多纳又一次失约海南。陈宏雷为马拉多纳安排见面的海南中足公司董事长沈峰非常生气:"陈宏雷破坏了商界遵守的诚信法则,让海南球迷再也不敢相信这位曾风光十足的世界级足球明星了。"

12 月 7 日,带着满满五箱的礼物,球王马拉多纳终于正式结束了中国之行,从上海踏上归途。一幕持续了二十多天的乱哄哄的"马拉多纳闹剧"终于收场了。

马拉多纳中国行,带来的是"口诛笔伐",带走的是"牢骚满腹"。马拉多纳中国行的策划活动之所以失败,有几点值得探讨:

(1)策划的明星人物选择不当

有媒体评论,"垂垂老矣"又浑身是刺的老马,不是人见人爱的皇马,请马拉多纳来中国参与商业推广,或许一开始就是一个错误。马拉多纳是一位已经"过了气"的球星,其影响力本身就大打折扣;他一直是一个饱受争议的人物,是一个常常和毒品、气枪、绯闻等负面新闻联系在一起的人物,选择他来进行商业推广,无疑是有一定风险的。上海一家报纸曾就马拉多纳在上海引起的关注度进行了调查,在马拉多纳下榻的酒店所在的长乐路、瑞金一路的路口,记者随机采访了几位行人,只有一个问题:"你对马拉多纳来上海感兴趣吗?"14 位受访者均为中青年,结果,一人不知马拉多纳为何人,三人不知马拉多纳来上海,一名女学生模样的表示"一般感兴趣",其余九人称"不感兴趣"、"没意思"、"别理他"。

(2)策划实施时准备工作做得不够

原计划中的机场媒体见面会取消了;原定下午 5 时 30 分召开的马拉多纳新闻发布会最终拖到晚上 8 时才进行;没有登上长城,也没和北京球迷见面;失约海南,等等。事后才得知,马拉多纳和陈宏雷只是在来华之前进行了一个口头的"君子协议",并没有签订具有法律效力的合约。没有完备的具有约束力的合同,双方的"扯皮"也就在所难免了,所以活动实施过程中各种安排始终在被动地变化着,许多日程安排都没有兑现。而且当策划活动出现突发的危机事件时,策划方又缺乏应对策略。

(五)要考虑媒体的参与程度,放大赞助权益

体育营销、体育赞助本身并不能产生多大的传播效果,真正起效果的是企业如何借助营销手段,善用传播策略,这是企业体育营销价值的精华所在。

体育赞助是一种借助体育项目品牌带动企业品牌的借力行为,通过体育公益性、广泛性的特点,使品牌悄然深入民心,并对品牌产生好感。在这个过程中,媒体对赞助品牌的曝光与曝光程度显得至关重要。然而在中国目前的媒体环境中,你的最基本赞助权益也会被媒体无情扼杀,因为媒体不认同你的赞助与他相关,也就不会提起你这个赞助商。所以过后发现,人们只记得精彩的体育赛事,至于谁花了多大血本赞助就无人知晓了。基于这种环境,在体育营销策划中,企业必须考虑与关键的媒体形成长期、深入的合作关系,如专业的体育类媒体、重点市场的大众媒体等,放大赞助的传播效果;通过媒体的空中传播,结合企业的地面促销等推广活动,接触并吸引目标顾客的群体参与,加深对品牌的了解。

(六)要有足够的财力支持

没有足够的资金,任何创意都不可能实现。国际上成功的体育营销经验显示,配套执行费用是后期的市场推广和配合的营销活动还需要赞助费的 3 ~ 5 倍的资金支持,甚至更多。假如企业花了 1000 万元赞助某个赛事,那至少得再预算 3000 万元作为相关的配套推广费用,才能取得好的效果。

比如,早在 1996 年,可口可乐公司就在全球市场全年共投入了 4.5 亿美元用于体育,而用于赞助本身的经费仅为 4000 万美元,其他的 4 亿多美元全部用于外围的配合与市场的巩固。可口可乐公司每投入 1 美元的赞助费就要在外围和各目标市场投入 11 美元进行传播配合和巩固业绩。

再如,"奥运赞助"并不像买票入场那么简单,支付赞助费只是一个开始。据传闻,韩国

三星公司成为第五期(2001—2004 年)TOP 赞助商时候的赞助费是 6000 万美元左右,但仅 2001 年一年,其用于品牌宣传的费用就高达 2 亿美元左右。联想成为 2005—2008 年奥运会全球合作伙伴,向国际奥委会支付 6500 万美元以上及为此花费的 3~5 倍配套资金,合计将超过 20 亿元人民币。可见,赞助费用只是一张入门券,维持整个配合推广活动是进行赞助的价值所在,因此长足持续的资金支持投入是关键。任何对体育赞助的误解及操作的不规范,只会让体育营销这把冲向市场的利器变得黯然无光,成为企业阵痛的"烧钱运动"。

思 考 题

1. 试分析比较一下本章里五种类型的策划在操作上的不同。
2. 寻找 2012 年你认为最成功的一次策划,并简述之。
3. 以小组为单位,自拟主题,作一次文化营销策划。

参考文献

1. 菲利普·科特勒、凯文·莱恩·凯勒:《营销管理》,上海人民出版社 2006 年第 12 版。

2. 杨荣刚:《现代广告策划》,机械工业出版社 1989 年 9 月版。

3. 吴粲:《策划学》,北京师范大学出版社 2008 年 7 月版。

4. 何成:《我型我塑:磨炼策划》,南京大学出版社 2006 年 1 月版。

5. 沈骏等:《策划学》,上海远东出版社 2006 年 3 月版。

6. 杨明刚:《营销策划创意与案例解读》,上海人民出版社 2008 年 8 月版。

7. 陈火金:《策划学全书》,中国社会出版社 2009 年 3 月版。

8. 雷鸣雏:《顶尖策划》Ⅲ,企业管理出版社 2003 年版。

9. 陈放:《策划学》,蓝天出版社 2005 年版。

10. 陈放:《营销策划学》,蓝天出版社 2005 年版。

11. 胡屹:《策划学全书》,中国社会出版社 2000 年版。

12. 陈放、陈晓云、唐建:《文化策划》,蓝天出版社 2005 年版。

13. 丁俊杰:《现代广告通论》,中国物价出版社 2003 年版。

14. 程道平:《策划学》讲义。

15. 刘语明:《名家策划 100》,广东旅游出版社 1998 年 9 月版。

16. 杨明刚:《市场营销 100:个案与点析》(第二版),华东理工大学出版社 2004 年版。

17. 李道平:《实用策划学》,中国商业出版社 1996 年 6 月版。

18. 马中红:《广告整体策划新论》,苏州大学出版社 2007 年版。

19. 倪宁:《广告学教程》,中国人民大学出版社 2009 年 9 月版。

20. 周黎民:《公关策划》,华中理工大学出版社 1997 年 11 月版。

21. 崔晓西、周建昌:《策划训练》,武汉大学出版社 2003 年版。

22. 叶万春、叶敏:《营销策划》,清华大学出版社 2005 年 9 月版。

23. 唐·E·舒尔茨等:《整合行销传播》,中国物价出版社 2002 年版。

24. 曾兴:《策划学概论》,中国广播电视出版社 2008 年 10 月版。

25. 邱伟光、罗国振:《公共关系实务》,东方出版中心 1997 年 2 月版。

26. 巩少伟、阎修忠:《市场营销理论与实务》,工商出版社 2002 年版。

27. 马晓宇:《迷失的中国策划》,《中国中小企业》2010 年第 1 期。

28. 申良君:《谈中国智业的历史与发展》,博锐管理在线 2005 年 8 月 20 日。

29. 周培玉:《中国策划正在焕发第二次青春》,在第三届中国策划大会上的发言,2004 年。

30. 乔均:《企划知识讲座第十讲 企业促销策划》(上),《销售与市场》1996 第 11 期。

31. 国强:《促销活动策划必须遵从一些基本原则》,http://blog.sina.com.cn/s/blog_6a5cb1be01015n0p.html。

32. 龙啸:《死地促销法》,《中国商业评论》2006 年 9 月。

33. 王博文:《文化营销》,博锐管理在线 2006 年 3 月。

34. 《销售与市场》2011 年第 8 期。

35. 魏玉祺:《体育行销的"4－1"法则》,市场部网。

36. 中国营销传播网

37. 中国策划专业网

38. 致信网

39. 中国咨询策划网

40. 中华策划网

后 记

2010年，媒体创意专业委员会主任官承波老师安排我给媒体创意专业的学生讲授"策划学概论"的时候，我还处于"生孩傻三年"的阶段。懵懂、忙乱之中，接手了这门课程，现在回想起来真是有些糊涂胆大——

对于媒体创意专业的学生来说，这是一门打基础的课，需要为他们夯实策划的基础理论知识；同时，它又是一门实践性、操作性极强的课，要激发学生策划创意的兴趣，引领他们进入策划创意之门。这样一门兼具理论与实践的重要课程，对于我这个策划"业外人士"来说，要讲好它，难度可想而知。

备课之初，我就一头扎进了"策划"里：尽可能多地查阅策划学相关书籍和资料，尽可能多地收集策划案例，尽可能多地熟悉策划的实际操作情况，这才对策划有了进一步的了解。策划发端在中国，作为一种行为，它已有几千年的历史，而作为一个行业，则是从中国改革开放以后才有的，至今只有三十多年的历史；真正开始具备成为一门学问的特质，也是从市场经济进入中国开始的。它有着丰富的实战案例，却缺乏完善的理论体系。面对这古老的策划、年轻的策划学，我心里开始没底了：到底要给学生讲什么？又怎么去讲呢？

但是开课在即，已经没有退路了。好在有官老师的一再鼓励，有家人们在背后的鼎力支持，凭着十几年从业新闻媒体练就的一股子"钻劲"，我对自己下了狠劲——每天晚上年幼的儿子睡下后，我即开始"策划学概论"的备课。我试图在前人研究、教学的基础上，形成这样的教学框架，总体上分成两大部分：上编——基础理论；下编——实际操作。上编里，希望说清楚"策划是什么？""策划是怎么来的？""策划有什么？"等几个问题，通过对策划与其他相关概念的分析比较，初步厘清策划的基本概念，尽量发掘策划在中国发展的前世今生，特别是梳理作为现代策划在当代发展的简单脉络，介绍策划中经常会用到的古今中外的相关理论知识，力图去把握策划的精髓。下编里，则按照策划实践的前、中、后三个阶段，结合实例，分解策划活动的操作过程及其技巧，解决好"怎么做"的问题。

惶恐之中完成了第一轮教学，学生们在评教中居然给了"优"的评价，在脑力和体力严重透支的情况下，这无疑是对我的极大安慰和鼓励！

正当我想懈怠的时候，感谢官老师又一次推着我往前走，敦促我完成教材的编著工作。这使我有机会进一步深入认识策划及策划学，全面了解当前策划及策划学发展的最新动向，把几年来的教学心得和认识进行一次系统的梳理。

　　与奋战在策划实践一线和科研教学一线的前辈们相比,四年的"策划学概论"讲授实在是资历太浅。课堂教学及本书编著都大量吸收和参考了他人的相关著述,虽已尽量在注释和参考文献中列出,但难免挂一漏万,在此表示深深歉意和由衷的感谢! 虽已尽了最大努力,但毕竟本人能力、水平有限,不足和错误在所难免,恳请业界和学界方家不吝赐教,以便进一步修订和完善。

　　完稿欣慰之余,由衷地感谢年迈的家中老人,感谢默默地辛苦支持的老公,感谢可爱懂事的儿子;还要感谢上过我"策划学概论"课程的媒体创意专业的同学们,是你们给了我很多启发和灵感。

　　累并快乐着……

成文胜
2014 年 2 月 5 日

媒体创意专业核心课程系列教材
（已出版书目）

1.《创新思维训练》
2.《图形创意》
3.《摄影基础教程》（第二版）
4.《动画概论》（修订本）
5.《现代报刊概论》
6.《广播电视概论》（第二版）
7.《新媒体概论》（第四版）
8.《媒介融合概论》
9.《数字媒体艺术导论》
10.《流媒体原理与应用》（第二版）
11.《传播学纲要》
12.《新闻历史与理论》
13.《新闻业务》
14.《大众文化通论》（第二版）
15.《文化创意产业总论》
16.《影视声音艺术概论》（第二版）
17.《媒体市场调查与分析教程》
18.《策划学概论新编》
19.《广播电视创意与策划》
20.《报刊编辑与策划》（第二版）
21.《报刊创意与策划》
22.《出版策划》
23.《广告策划》
24.《新闻报道策划》
25.《媒体创意专业英语》（第二版）

图书在版编目（CIP）数据

策划学概论新编／成文胜编著． -- 北京：中国广播电视出版社，2014.5

媒体创意专业核心课程系列教材／宫承波主编

ISBN 978-7-5043-7131-7

Ⅰ.①策… Ⅱ.①成… Ⅲ.①决策学—高等学校—教材 Ⅳ.①C934

中国版本图书馆 CIP 数据核字（2014）第 051147 号

策划学概论新编

成文胜　编著

责任编辑	李晓霖
封面设计	丁　琳
责任校对	张莲芳

出版发行	中国广播电视出版社
电　话	010 - 86093580　010 - 86093583
社　址	北京市西城区真武庙二条 9 号
邮　编	100045
网　址	www. crtp. com. cn
电子信箱	crtp8@ sina. com

经　销	全国各地新华书店
印　刷	廊坊报业印务有限公司

开　本	787 毫米×1092 毫米　1/16
字　数	353（千）字
印　张	17
版　次	2014 年 5 月第 1 版　2014 年 5 月第 1 次印刷
书　号	ISBN 978-7-5043-7131-7
定　价	37.00 元